철학의 도구상자

Der philosophische Werkzeugkasten

철학의 도구상자

라이너 루핑 지음, 강윤영 옮김

초판 1쇄 인쇄 · 2009. 6. 20.
초판 1쇄 발행 · 2009. 6. 30.

발행처 · 청아출판사
발행인 · 이상용 이성훈

등록번호 · 제 9-84호
등록일자 · 1979. 11. 13.

경기도 파주시 교하읍 문발리 출판문화정보산업단지 507-7 우편번호 413-756
대표 031-955-6031 편집부 031-955-6032 팩스 031-955-6036

＊값은 뒤표지에 있습니다. ＊잘못된 책은 구입한 서점에서 바꾸어 드립니다.

ISBN 978-98-368-0396-4   03160

홈페이지 : www.chungabook.co.kr
E-mail : chunga@chungabook.co.kr

"새로운 것이 생성되면
이미 존재하던 것은
사라지는 법이다.
질서를 정돈하는 시간이
지나고 옛것과 새것은
저지른 불의에 대해
서로 응당한 징벌과 배상을
주고받는다."

아낙시만드로스 (기원전 610년~546년)

고대 그리스 밀레토스 학파 철학자. 천문학의 창시자이자 우주론을 체계적으로 전개한 최초의 사상가. 세계를 양적, 질적으로 무한한 아페이론이라는 지각할 수 없는 실체로 보고 자신의 철학적 사유를 확립해 갔다. 이 개념은 플라톤, 아리스토텔레스, 헤겔 등 후세의 많은 철학자가 사용하였다.

세계 법칙이라고도 불리는 아낙시만드로스의 이 단편적인 문장은 철학사의 첫 장을 이룬다. 이 문장에 담긴 사물의 생성과 소멸은 인간들에게 경고와 위로를 동시에 준다. 선한 것이든 악한 것이든 청춘이든 고통이든 모든 것은 왔다가 사라진다. 세상 위에는 더 높은 정의가 존재하여 살인자들을 벌하고, 전체주의 체제를 패배시킨다. 모든 문명과 국가, 제국들은 흥망성쇠를 겪으면서 죄와 속죄를 끊임없이 새로 이어간다. 투쟁 기간 후에는 휴식의 때가 오며, 경기가 침체된 뒤에는 머지않아 부흥의 시기가 온다.

아낙시만드로스는 정의와 죄 같은 윤리적 개념을 자연현상에 응용했다. 우리는 여름의 더위와 메마름이 겨울의 추위와 습기로 바뀌어 가는 것을 본다. 건조함이 너무 오래 지속되면 이것은 '불의'가 되기에 균형을 되찾기 위한 반작용이 일어난다. 아낙시만드로스의 세계관에서는 더위와 추위, 혹은 불이나 공기 등이 주로 대조되어 서로 투쟁한다.

아낙시만드로스에 대해 알려진 것은 별로 없다. 철학의 기초를 이룬 탈레스의 제자였거나 어쩌면 친척이었으리라는 점 정도가 고작이며, 늘 당당한 자세로 다녔고 옷차림과 말투 또한 엄숙했다고 한다.

그와 탈레스는 둘 다 '존재하는 모든 사물의 근원은 무엇일까?' 하는 질문을 던졌다. 탈레스는 세상 만물 속에 물이 깃들어 있다고 생각했다. 탈레스와 달리 아낙시만드로스는 모든 것을 생성하는 근본물질을 불특정하게 '아페이론(Apeiron, 무한자)'이라고 불렀다. 이 무한하고 영속적인 것으로부터 모든 유한한 것들이 생겨난다는 것이 그의 이론이었다.

고대의, 그리고 중세의 모든 철학자들이 그러했듯 아낙시만드로스도 우주(그리스어 'Kosmos'는 본래 잘 정돈된 장식을 뜻한다)를 조화롭게 정돈된 전체로 여겼다. 신들은 우주를 완벽하게 구축하여 '잘 만들어냈다'. 그리스 사상가들은 이 잘 만들어진 전체를 사색하며 진중하게 감상하는 것이 인간의 의무라 보았다.

아낙시만드로스에 따르면, 갑작스러운 지진처럼 세계의 질서를 해치는 것들은 단지 일시적인 현상에 불과했다. 전체적인 견지에서 보자면 그런 현상 또한 세상에 없어서는 안 되는 일부였다. 아낙시만드로스는 스파르타 지역에서 지진이 일어날 것을 예견하여 많은 사람들의 목숨을 구했다고 한다.

자연을 관찰하다 보면 특정한 원소나 생물종이 다른 것을 희생시켜 번성하는 것을 목격할 수 있다. 한곳에서는 사바나 초원이 원시림을 잠식하고, 다른 장소에서는 원시림이 사바나 초원을 덮는다. 천적이 사라지면 동물 종은 지나치게 빨리 번성하는데, 도를 넘는 번성은 늘 한계에 부딪힌다. 만약 한 원소나 동물 종이 너무나 성공적으로 주위를 잠식할 경우 자연의 균형이 깨져 재앙이 닥칠 것이다.

그러나 질서를 정돈하는 시간이 지나면 한 원소의 부당한 침해는 한계에 도달하고, 다른 원소가 지나치게 번성한 원소를 본래 자리로 돌려보낸다. 생태의 균형이 회복되는 것이다. 한 존재가 너무나 오래 머물려는 것 또한, 이를테면 영원히 살기를 욕심내느라 새로운 생명을 방해하는 것 또한 '죄'가 될 수 있다. 그러므로 우리는 오래된 것이 언젠가는 새로운 것에게 자리를 내 준다는 것을 받아들여야 한다.

오스트리아-헝가리 제국의 작가 외돈 폰 호르바트가 1937년에 발표한 소설 《신 없는 청춘》에서는 아낙시만드로스의 문장이 중요한 역할을 한다. 소설 속에서 젊은이들은 교사를 고발하고, 어느 노파의 물건을 도둑질하고, 비겁한 살인을 저지르며, 나치주의에 심취한다. 소설의 결정적인 대목에서 교사와 목사는 젊은이들이 이렇게 된 원인에 대해 이야기를 나눈다. 교사가 사회적, 경제적 요인들에서 이유를 찾는 반면, 목사는 서구 문화의 근본적인 가치 타락에서 온다고 보았다. 서구 문명이 신이 창조한 자연 질서에서 너무 멀리 떨어졌기에 젊은이들이 더 이상 아무것도 믿지 않거나 잘못된 가치를 신봉하는 것도 당연한 귀결이라고 주장한다. 그것이 전형적인 기독교적 시각이라고 교사가 반론하자 목사는 아낙시만드로스를 인용하며 기독교 이전 고대 그리스인들 또한 신의 규칙을 믿었으며 따라서 아무것도 신의 처벌을 피할 수 없음을 입증한다.

아낙시만드로스의 세계 법칙은 가치 타락뿐 아니라 인간과 자연의 관계에 관해서도 토론의 물꼬를 틀 수 있다. 인간이 균형이 깨질 때까지 자연을 수탈했다가는 언젠가는 그 대가를 치러야 한다. 그 예로 인류가 야기한 기후 변동의 결과를 들 수 있다. 우리는 자연이 제공해 주는 것에 만족하여 풍력이나 태양력처럼 늘 새로이 공급되는 에너지원에 집중해 향후에도 지속 가능한 경제 체제를 이루어야 한다.

아낙시만드로스에 따르면 세상 만물은 필연적으로 연관되었다. 질서 정돈의 시기를 거치면서 그들은 서로에게 응당한 벌을 내리고 스스로의 부당함을 속죄한다. 우리가 성장과 산업화, 자원 수탈과 풍요의 바퀴를 지나치게 돌려댈 경우 어딘가 다른 곳에서 대가를 치르게 될 것이다. 삼백 년 동안 지구를 수탈하며 환경에 해를 입혀왔으니 이제는 새로운 목표물을 찾아야 한다. 어쩌면 세상의 조화를 가만히 완성하는 것이야말로 가장 고귀한 과업이라는 그리스인들의 정신적 자세가 오늘날 우리에게도 해답이 될 수 있을지 모른다.

하지만 요사이 인간들은 과학과 기술의 거대한 힘으로 우주를 정복하고 영혼을 샅샅이 분해하여 설명하는 데 골몰하고 있는 판국이라 아낙시만드로스처럼 경건하게 사색하며 세계를 우러를 시간은 없어 보인다. 그러나 적어도 앨 고어의 다큐멘터리 〈불편한 진실〉과 앨러스테어 포서질의 〈지구〉가 나온 후로는 점점 많은 사람들이 우리들의 행성이 파괴되기 쉽다는 것, 그리고 무언가 새로운 길을 가야 할 때임을 각성하고 있다.

자연과 조화되는 삶을 살아야 한다는 관점에서 보자면 인간들이 평균 수명을 늘이고자 소망하는 것도 비판적 검토의 대상이 된다. 생명공학이 발달한 결과 얼마 후면 유전자 조작을 통해 인체의 노화 과정을 확연히 늦출 수 있을 것 같다. 그러나 언제나 더 오래 살고자 욕심내는 것이 과연 의미 있고 정당한 일일까?

여러 문명의 종교적인, 그리고 비종교적인 가르침은 이런 항노화(Anti-Aging)의 소망을 배격한다. 인간이 늘 자기 자신에 대해서만 생각하며 삶을 연장하기를 욕망한다면 인간됨의 근원적인 특성 무엇인가를 잃게 되기 때문이다.

생명윤리학자들은 요즘 세상에서 죽음이 불공평해졌다는 도덕적 근거를 대고 있다. 사하라 이남과 같은 저개발 국가들에서는 마흔 살을 넘기기가 힘든 반면에 부유한 나라들에서는 평균 수명이 그 두 배에 이른다. 이미 남들보다 더 오래 살고 있는 이들의 수명을 더더욱 늘리는 것은 정당하지 못하다는 것이다.

"수는 만물의 근원이다."

피타고라스 (기원전 570년경~497년)

그리스 철학자이자 수학자, 종교가. 만물이 존재하는 질서는 수학적 규칙에 의거하여 밝혀 낼 수 있으며, 세계의 한 주기가 지나고 나면 모든 것이 다시 되돌아올 것이라고 주장했 다. 그의 이런 철학적 사유는 고대 스토아 학파와 수학, 합리철학의 발달에 기여하였으며, 과학적 사고를 확립하는 데 큰 역할을 하였다.

그리스 철학자 피타고라스는 다채롭고 복잡한 이 세상이 사실은 수학에 불과하다는 명제를 내세웠다. '수는 만물의 근원이다'라는 말은 흔히 인용되는 피타고라스의 글귀다. 그는 하늘의 별과 음악의 비례를 관측한 후 이 혁신적인 이론을 내놓았다.

현이 하나뿐인 실험용 악기 모노코드를 이용하여 피타고라스는 옥타브와 5도 음정, 4도 음정의 간격이 2:1, 3:2, 4:3의 비율임을 발견했다. 수가 우주와 음악의 질서를 이룬다면 수를 통해 다른 모든 것을 정의할 수 있을 거라고 피타고라스는 생각했다. 그의 생각에 수는 비례를 구성하기 때문에 아름다움과도 연관이 된다. 만물이 존재하는 것은 질서 덕택이며, 그 질서는 수학적 규칙에 의거하여 밝혀낼 수 있다. 예를 들어 숫자를 통해 건축과 조각의 미적인 원칙이나 시의 운율을 밝혀내고 실현할 수 있는 것이다.

피타고라스는 사모스 섬에서 태어났다. 스무 살 때 그는 지적 야심을 품고 철학자 탈레스와 아낙시만드로스를 찾아 밀레투스로 떠났다. 밀레투스 다음에는 천문학과 수학, 지리학을 더 배우고자 이집트까지 갔다. 사모스로 돌아온 후 그는 이런저런 말을 한 것 때문에 불온한 행동을 한다고 비판받았다. 그래서 그는 이탈리아로 옮겨 칼라브리아의 동쪽 해변 크로토네에 철학 학교를 세웠다.

그의 추종자인 피타고라스 학파는 동물에게도 영혼이 있고 영혼은 환생한다고 믿어서 꿀과 야채, 기장 빵이나 보리 빵으로 연명했다. 피타고라스는 어부들에게 돈을 지불하여 잡은 물고기들을 도로 방생하도록 시켰다고 한다. 심지어 식물마저도 그는 경건하게 존중했다. '삼각형의 두 변의 제곱의 합이 빗변의 제곱과 일치한다$(a2+b2=c2)$'라는 '피타고라스의 정리'는 이전부터 알려져 있었지만, 논리적으로 증명한 것은 그가 처음이었다.

피타고라스에게 수학은 학문일 뿐 아니라 치료법이기도 했다. 수학은 추상적인 사고를 통해 세계를 탐구하고 설명해낼 수 있다는 증거였다. 수의 세계를 통해 우리는 신의 제국을 들여다볼 수 있는데, 우리들의 지상 세계는 신의 제국을 불완전하게 모방한 것에 불과하다. 숫자로 이루어진 신의 순수한 세계는 무질서한 지상과 대비된다. 수의 세계에서는 모든 것이 대칭되고 명확한 반면 지상은 우연과 불균형, 모난 구석으로 가득하다. 그러나 수학을 공부하는 자는 육체의 감옥에 갇혀 있던 영혼을 찾아 밝혀낼 수 있다는 것이다.

피타고라스 학파는 특이한 규칙들을 가진 일종의 비밀종파였다. 학파 일원들은 콩을 먹어서는 안 되고 빵을 부러뜨려서도 안 되며 하얀 닭을 만지는 것도 금지되었다. 그들은 공동 장원에서 살았고, 저녁마다 모든 사람들은 세 가지 질문을 스스로에게 던져야 했다.

1. 오늘 나는 무슨 악행을 저질렀는가?
2. 나는 무슨 선행을 했는가?
3. 무슨 해야 할 일을 미루었는가?

이 방법을 통해 피타고라스 학파는 기억력을 단련시켰다. 환생을 믿는 그들은 기억을 통해 전생을 탐구할 수 있다고 생각했다. 피타고라스는 제자들이 자신을 볼 수 없도록 장막 뒤에서 가르치거나 설교하는 버릇이 있었다. 다섯 해 동안 말없이 듣기만 한 다음에야 제자들은 스승의 얼굴을 볼 수 있었다.

이런 기이한 방식들 때문에 피타고라스에게는 적이 많이 생겼다. 그의 집에 불이 놓인 적도 있었고, 학교도 공격당해 무너졌다. 그 자신은 목숨을 건졌지만, 그 후 얼마나 더 살았는지는 불확실하다. 일흔 살부터 백오십 살까지 그가 죽은 나이에 대한 추측은 다양하다.

피타고라스는 우주의 숫자적 조화뿐 아니라 우주의 소리에 대해서도 설파했는데, 피타고라스 자신 말고 이 소리를 들을 수 있는 자는 극히 드물었다. 아마도 우주의 소리라는 이론은 오르페우스 종파의 영향을 받았을 것이다. 전설에 따르면, 오르페우스는 노래를 통해 자연에 마법을 걸고 동물과 말을 나눌 수 있었다. 피타고라스는 여기서 우주의 음 이론을 이끌어냈던 것으로 여겨진다.

우주에 비밀스러운 소리가 흐른다는 주장은 일견 신비주의적으로 들린다. 놀라운 것은 원자들 뒤에서 스트링(String, 매우 작은 현) 현상을 계산해낼 수 있다는 현대 물리학 이론이 피타고라스의 주장과 닮아 있다는 점이다. 요한 볼프강 폰 괴테 또한 우주의 소리에 깊은 인상을 받아 《파우스트》〈천상〉편의 프롤로그에서 대천사 가브리엘로 하여금 다음과 같이 말하게 했다.

"태양은 옛날과 같이 천구의 형제들과 노래로 경쟁한다."

이미 언급했듯 피타고라스는 숫자 뒤에 흔히 사람들이 생각하는 것보다 더 많은 것, 이를테면 치유의 힘이 숨어 있다고 여겼다. 그에 따르면 은판에 마방진을 새겨 넣으면 페스트를 예방할 수 있다. 여기 마방진의 한 예가 있다.

13	3	2	16
8	10	11	5
12	6	7	9
1	15	14	4

이 표의 숫자들을 가로나 세로, 혹은 사선으로 합쳐 보면 늘 34라는 합이 나온다. 중앙의 네 숫자를 합치거나 각 모서리의 작은 사각형의 네 숫자를 합쳐도 결과는 같다.

수의 질서를 믿던 피타고라스는 사각형의 대각선 길이가 짝수가 아님을 알았을 때 큰 충격을 받았다. 무리수의 존재를 인정해야 한다는 것은 그의 학파의 위기였다. 그래서 이 발견은 학파 밖으로 알려져서는 안 되었다. 때문에 이 비밀을 떠벌린 제자 히파소스는 배신자 취급을 당했다.

지나치게 관념과 수에 의존하고 실제적 경험을 경시하는 사고방식의 문제는 다음 예에서 드러난다. 십진법, 즉 10이라는 숫자에 확고한 의미를 두었던 피타고라스는 행성의 숫자를 10에 맞추기 위해 새로운 행성 하나를 지어냈다. 우주의 조화에 대한 교리가 흔들리기보다는 차라리 천구의 숫자에 대해 거짓된 지식을 갖는 편이 그에게는 마음 편했다.

피타고라스는 비물질적인 수의 세계가 존재한다는 사실에서 영혼 또한 존재한다는 논거를 이끌어냈다. 인간이 수의 세계를 이해할 수 있다면 인간 안에도 수와 같이 영속적인 불멸의 무언가, 바로 영혼이 존재할 것이다. 이미 언급했듯이 피타고라스는 영혼의 윤회를 믿어서 그 자신이 이미 몇 차례 전생을 살았다고 확신했다. 어떤 사람이 개 한 마리를 걷어차자 그는 이 개가 한때는 사람이었을 것이라고 말하며 말리기도 했다. 피타고라스는 육체를 영혼의 감옥이라 불렀다. 삶이란 한 번뿐인 축제지만, 철학자들이 거기에 너무 크게 휩쓸려서는 안 된다는 것이 피타고라스의 주장이었다. 세계의 한 주기가 지나고 나면 모든 것이 다시 되돌아올 것이라는 주장, 즉 동일한 것의 영원한 반복(피타고라스는 "나는 언젠가 이 지팡이를 들고 다시 너희들을 가르칠 것이다."라고 말했다고 한다)은 고대 스토아 학파와 근대의 프리드리히 니체에게 영향을 주었다.

피타고라스 학파의 치유법은 유명했다. 피타고라스가 직접 가르친 제자인 의사 알크메온은 그 당시 통설과 달리 심장이 아닌 뇌가 정신적 작용을 하는 기관임을 밝혀냈다. 알크메온에 따르면 건강하기 위해서는 육체가 조화를 이루어야 했다. 피타고라스 학파가 사용한 주요 치유법은 음식 섭취량과 휴식 시간을 적당히 조절하는 식이요법과 음악의 힘을 이용한 치료였다.

서양 철학과 문화에 피타고라스가 끼친 영향은 아무리 강조해도 모자라지 않는다. 플라톤은 그의 유명한 아카데미의 문 위에다 수학을 모르는 자는 들어올 수 없다고 적었다. 오늘날까지도 수학은 학교에서 배우는 주요 교과목 중 하나이고 학생들의 학업성취를 측정하는 근본 기준으로 통한다. 근대 초에 갈릴레오 갈릴레이와 아이작 뉴턴이 숫자를 가지고 물리학의 토대를 닦은 이래 수학적 세계관은 온갖 곳에 침투했다. 오늘날 주요 학문 어디서나 통계와 도표를 사용하며, 학문적 근거라는 것은 곧 수치화할 수 있는 데이터와 거의 동일시된다.

그러나 피타고라스가 수학을 연구한 것은 모든 것을 획일화하거나 억지로 똑같은 기준 아래 세우자는 뜻은 아니었다. 반대로 그는 수학을 통해 세계의 비밀스러운 영혼이 남긴 흔적을 좇고 이해하자 했다. 죽기 직전 그는 제자들에게 언제나 모노코드를 연주하라는 지시를 내렸다.

03 Parmenides

"보이지 않는 눈과
들리지 않는 귀,
혀를 믿어서는 안 된다.
이성으로만 명제를
증명할 수 있다."

파르메니데스 (기원전 540년~470년)

이탈리아에서 태어난 고대 그리스 철학자. 형이상학의 창시자로 유명하며 사물의 형태 변화 및 운동은 단 하나의 현상일 뿐이라며 '변화'에 대한 논리가 비논리적임을 설파했다. 이성만이 진리이며, 모든 감각은 오류의 근원이라고 한 그의 주장은 후대 존재론과 인식론에 영향을 미쳤다.

누구나 이런 착시를 겪은 적이 있을 것이다. 열차 안에 앉아 기차가 출발하는 줄 알았는데 정말로 움직인 것은 반대편 선로의 기차다. 이런 개별적인 착시 현상은 금세 알아차릴 수 있다. 그러나 그리스 철학자 파르메니데스는 거기서 더 나아가 우리가 세상에서 감지하는 모든 변화와 움직임은 환상에 불과하다는 대담한 명제를 내세웠다.

파르메니데스는 어떤 변화도 믿지 않았다. 이 세상에 진정으로 존재하는 것은 언제나 변화 없이 존속한다. 시간과 공간 속에서 움직이는 것들은 겉보기일 뿐이다. 그는 세상은 잘게 나눌 수도 없고 움직이지도 않는 거대한 구체라고 여겼다. 변화와 움직임은 모두 눈속임 아니면 거짓이라는 것이다. 그러므로 파르메니데스의 이론을 따르자면, 진실을 판별할 때는 눈과 감각 기관을 믿어서는 안 된다. 우리가 경험하는 세상과 진짜 세상 사이에는 깊은 골이 파여 있다.

파르메니데스는 존재를 변하지 않는 한 덩어리로 간주한 첫 철학자였다. 그에게 있어 무엇이 존재한다는 것은 일시적인 외관이 아닌 영속하는 속성을 가진다는 뜻이었다. 따라서 인간들이 특정한 시대나 시점에만 진실이라고 여기는 것은 진짜 존재라고 할 수 없다. 존재의 진실성을 믿고자 하는 자는 주변의 움직임에 현혹되어서는 안 되고 영속적으로 존재하는 것에 눈을 돌려야 한다. '인간의 길에서 벗어나' 존재와 겉보기를 명확히 구별하고 숙고하여 진실에 이를 수 있는 자는 많지 않다.

후에 플라톤 역시 유명한 '동굴의 비유'에서 파르메니데스와 비슷하게 경험의 세상은 환상일 뿐이고 변하지 않는 영원한 이데아의 제국만이 진실하다는 주장을 펼쳤다. 플라톤의 비유에 따르면, 인간들은 동굴 안에 묶여 있어 한쪽 벽만을 볼 수 있다. 벽 위로는 불에 비친 그림자가 투사된다. 묶여 있는 인간들은 이 어른거리는 허상(Eidola)을 진짜라고 여긴다. 사슬을 끊을 수 있는 자만이 진실을 깨달을 수 있다. 플라톤과 파르메니데스의 가르침은 마치 오늘날의 대중 매체가 자아내는 허상을 예고한 것 같다.

파르메니데스는 기원전 540년경 이탈리아 남부의 엘레아에서 태어났다. 그에 대해서는 고향에서 존경받는 시민이었고, 제논과 엠페도클레스를 제자로 키웠다는 것 외에는 알려진 바가 거의 없다.

도입부의 인용문은 그의 교훈시 〈자연에 대하여(Peri physeos)〉 중에서 따온 것이다. 이 작품에서는 150줄가량의 일부만이 현재까지 남아 있지만, 이 단편이 전체 작품의 3분의 1이나 절반 정도의 분량은 되었을 거라고 여겨진다. 여기에는 파르메니데스가 정의의 여신 디케에게서 받은 신탁의 내용이 적혀 있다. 이 교훈시는 두 부분으로 나뉜다. 전반부는 진실(그리스어로 '감추어지지 않음'을 뜻하는 'aletheia')에 대해 가르치고 있고 후반부에서는 단순한 의견이나 속임수(그리스어로 'doxa')를 설명한다. 여신이 그에게 내린 가장 중요한 가르침은 절대로 감각 기관이 아닌 이성에 의지해야 한다는 것이다.

보이지 않는 눈과 들리지 않는 귀, 혀를 믿어서는 안 된다. 이성으로만 명제를 증명할 수 있다.

여신의 가르침을 가장 인상적으로 따른 이는 파르메니데스의 제자 제논이다. 그의 역설은 오늘날까지 자주 토론의 대상이 되었다. 패러독스(그리스어로 'para'는 '~에 반하여', 'doxa'는 '의견'이라는 뜻이다)란 일견 널리 퍼져 있는 생각에 반대되는 것 같지만, 잘 뜯어 보면 진실의 핵을 품고 있는 말을 의미한다. 예를 들어 세상에는 자연수(1, 2, 3, 4, 5, 6, 7, 8, 9… 등)와 똑같은 만큼의 짝수(2, 4, 6, 8, 10… 등)가 존재한다는 것은 말이 안 되는 듯이 보인다. 그러나 좀 더 생각해 보면 자연수와 짝수는 둘 다 무한하다.

제논의 유명한 사고실험 '아킬레스와 거북이의 경주' 또한 비슷하다. 고대의 가장 유명한 운동선수 아킬레스가 거북이와 달리기 시합을 하면서 거북이에게 일정 거리를 앞서 출발하도록 허락했다. 곧바로 아킬레스가 거북이를 따라잡을 것은 뻔하다. 그러나 제논의 역설에 따르면 아킬레스는 절대로 거북이를 따라잡을 수 없다. 아킬레스가 거북이를 따라잡았을 때마다 거북이는 그 사이 얼마간 더 앞으로 나가 있다. 그러므로 아킬레스는 영원히 거북이 뒤를 졸졸 따를 수밖에 없다. 이와 비슷한 역설로는 활에서 쏘아져 허공을 날지만 실은 멈춰 있는 화살이 있다. 이런 역설을 통해 제논은 세계의 움직이는 겉모습과 멈춰 있는 진실에 대한 파르메니데스의 명제를 증명하려 했다.

파르메니데스와 제논의 가르침이 정말로 옳은가는 제쳐두고(알베르트 아인슈타인의 이론은 그들과 닮은 데가 있다), 아킬레스와 거북이 이야기는 오늘날 사회에 대한 은유로 읽힐 수 있다. 현대의 스피드 사회에서는 만사가 시간 절약과 속도로 귀결된다. 그러나 기이하게도 우리가 시간을 확보하면 확보할수록 그 시간은 빠르게 흘러간다. 이는 거북이를 따라잡으려는 아킬레스의 헛된 노력을 연상케 한다. 게다가 우리는 이 과학 기술의 세상에서 근본적으로 새로워진 것은 아무 것도 없다는 느낌을 받는다. 분명히 모든 것이 더 빨라지고 편리해졌는데도 정말로 변한 것은 없는 것처럼 여겨지는 것이다.

진실과 겉보기를 구별하는 파르메니데스의 이론은 포장이 본래의 내용물을 능가하는 요즘의 소비미학과도 연관될 수 있다. 소비미학이란 상품에 미적인 치장을 더함으로써 구매욕을 불러일으키려는 기술을 의미한다. 그리하여 제공되는 상품은 본래보다 더욱 가치 있게 보인다. 그래서 종종 디자인(색깔과 장식, 형태)이 상품의 질보다도 더 중요해진다. 정계에서는 후보자가 매체를 '잘 홀리도록' 홍보 담당이 힘쓴다. 때로 암시 기법까지 동원하여 상품이나 정치가를 가급적 많은 구매자와 유권자 그룹에게 매력적으로 보이도록 조작하려 한다. 이 모든 것들이 오늘날 디케 여신의 조언을 따라 '오로지 이성으로' 깨끗한 판단을 내리는 것을 어렵게 만든다.

"모든 것은 흐른다."

헤라클레이토스 (기원전 550년~480년)

그리스 철학자. 세상이 대립되는 것에서 생겨났다는 사실이 곧 세상의 로고스임을 설파했다. 그의 주장에 따르면 로고스는 서로 반대되는 것 사이의 근본적인 관계에서 잘 드러나며, 서로 반대되는 것의 관계를 이해함으로써 세계의 복잡하고 다양한 성격을 이해할 수 있다.

파르메니데스가 존재란 영원히 멈추어 있다고 설파한 반면 헤라클레이토스는 세상이 끊임없이 흐르고 있다고 믿었다. 과거의 모습대로 남는 것은 아무것도 없고 모든 것은 대비되는 것들의 충돌로 인해 변하고 소멸한다. 헤라클레이토스는 사물들이 영원하고 끊임없이 변모한다는 생각을 그의 철학의 토대로 삼았다. "같은 강물에 두 번 발을 담글 수는 없다."라고 그는 말했다. 우리가 다시 그 강물 안으로 들어가더라도 흐르는 물은 새로운 물이고, 우리 또한 강을 떠나 있던 사이 변한다. 시간과 움직임을 멈추는 것은 불가능하다. 그럼에도 변하지 않는 것이 있다면 역설적이게도 모든 것은 언제나 변한다는 사실 자체다. 진리의 내적 본질은 변화다. 그리고 변화란 늘 평화적으로 이루어지지 않고 때로는 자연 속에서, 혹은 사람들 간의 긴장 관계에서 연유하기도 한다.

헤라클레이토스는 움직임, 그리고 상호 대비되는 것들 사이의 투쟁을 설파한 철학자였다. 그의 의견에 따르면 사회 또한 늘 영원한 투쟁 상태에 있다. 세계의 보편적인 원칙은 전쟁이다.

전쟁은 모든 것의 아버지다.

어디서나 헤라클레이토스는 불협화음과 긴장을 보았다. 그러나 이것은 그의 철학의 한 단면일 뿐이다. 다른 측면에서 모든 극단 뒤에는 거대한 조화, 우주적인 합리성이 숨어 있다. 그러므로 헤라클레이토스가 변화에 대해서만 사고하고 통일성을 부정했다고 이해해서는 곤

란하다. 반대로 그는 모든 것의 기저에 놓여 있는 상호연관 관계를 이해하자고 제안한다. 헤라클레이토스는 세계의 뒤에 숨어 있는 이 구조적 통일성을 세계의 '로고스(Logos)'라고 불렀다.

헤라클레이토스는 에페소스의 신분 높은 집안에서 태어났다. 에페소스는 오늘날 터키에 속하는 지역으로 고대 7대 불가사의 중 하나인 아르테미스 신전이 서 있던 곳이었다. 헤라클레이토스에 관해서는 많은 전설들이 전해진다. 아르테미스 신전에서 심오한 정치 이야기에 골몰하는 것보다 어린 아이들과 주사위 놀이를 하는 것을 더 즐겼으며, 사교성이 풍부한 편은 아니었고 다른 사람들을 깔보곤 했다. 에페소스 사람들이 그들의 도시에서는 아무도 평균보다 뛰어나서는 안 된다는 이유로 헤라클레이토스의 친구 헤르모도로스를 추방했을 때, 그는 에페소스 사람들에게 다 함께 자살이나 하라고 말했다.

'우리들 중 아무도 다른 이들보다 뛰어나서는 안 된다, 정 뛰어나고 싶거든 다른 이들 틈으로나 가라'라며 그들 중 가장 뛰어난 이 헤르모도로스를 쫓아낸 에페소스인들은 한 사람씩 목이나 매는 것이 옳으리라.

분노한 그는 산으로 들어가 풀만 뜯어먹으며 연명했다. 아마도 이 편식 때문에 그는 60세가 되었을 때 수종증에 걸려 죽었다.

그가 수수께끼 같고 이해하기 힘든 표현을 구사했기 때문에 후세인들은 그를 '어두운 자'라고 불렀다. 라파엘의 유명한 벽화 〈아테네 학당〉에서 그는 왼손에 턱을 괴고 깊은 생각에 잠긴 모습으로 그려졌다. 고독 속에서 집필한 《자연에 관하여》를 그는 아르테미스 신전에 남겨두었는데, 그 책을 이해할 수 있는 이는 거의 없었다. 그럼에도 헤라클레이토스의 철학은 프리드리히 니체나 마르틴 하이데거 같은 철학자들에게 영향을 미쳤다. 존재는 언어적 정의로 헤아릴 수 없는 것이기에 철학자들은 무릇 헤라클레이토스처럼 모호한 방식으로 말해야 한다고 하이데거는 그를 칭송했다. 니체는 헤라클레이토스의 오만한 성격을 받들어 강조했다.

홀로 길을 걷는 것이 철학자의 본질이다.

헤라클레이토스는 로고스 개념을 도입한 첫 그리스 철학자였다. 그리스 단어 '로고스(Logos)'는 말, 단어, 혹은 진리나 이성 등을 의미한다. 로고스란 인간을 뛰어넘는 비개인적인 세계 원칙으로 인간은 거기에 복속된다. 보편적인 로고스를 따를 때 개개인의 정신은 강해질 수 있다. 헤라클레이토스에게 자유란 모든 것이 변하고 흘러갈 수밖에 없음을 인정하는 것이었다. 인간은 정신적 존재로서 이 로고스를 이해할 능력이 있으며, 인간 안에는 로고스에 닿을 수 있는 길이 있다. 그러나 대부분의 인간들은 정말로 거기에 도달하지는 못한다.

이 영원한 세계 원칙 로고스를 인간들은 이해하지 못한다.

헤라클레이토스는 변증법적인(서로 대조되는 것에 기반을 둔다는 뜻이다) 세계상을 설파했다. 아파 봐야 건강의 소중함을 알고, 악함 때문에 선함의 가치를, 굶주림 덕에 배부름을, 피로 덕에 휴식의 소중함을 배울 수 있다. 긴장 속의 조화라는 세계관을 그는 이렇게 표현했다.

> 서로 투쟁하면서 함께 간다. 각기 다른 길을 가면서 가장 아름다운 결합을 이룬다.

세상이 대립되는 것에서 생겨났다는 사실이 곧 세상의 로고스다. 이 대조 속의 통일성에 대한 상징이 활과 리라였다. 헤라클레이토스는 활을 '서로를 당겨 긴장시키는 조합'이라 불렀다. 활의 몸체는 스스로 구부러지면서 활줄을 당겨 긴장시키고, 당겨진 활줄은 또 활의 몸체를 굽어지게 하기 때문이다. 이 조합이 이루어져야 비로소 사냥 때 화살이 날아갈 수 있다. 리라에서도 같은 원칙을 볼 수 있다. 리라의 현이 팽팽하게 당겨져야만 음악이 흘러나온다.

반대되는 것에서 로고스가 탄생한다는 것을 그는 음악이나 전쟁에서뿐 아니라 하나하나의 생명에 관여하는 모든 힘들에서 보았다. 살아 있는 것이 세계를 이루는 곳에서는 어디나 투쟁과 긴장이 생겨난다. 휴식이란 '죽은 자들을 위한 것'이다.

그가 말했다는 '모든 것이 흐른다(Panta rhei)'라는 문구는 현재까지 전승되는 그의 단편적인 기록에는 남아 있지 않다. 그러나 플라톤의 대화편 〈크라튈로스〉에서 소크라테스는 헤라클레이토스에게서 이 문구를 배웠다고 주장한다. 미하엘 고르바초프는 캅카스에서 독일 수상 헬무트 콜을 만나 독일 통일을 논의할 때 이 문구를 인용했다. 헤라클레이토스와 마찬가지로 고르바초프 또한 변화는 멈출 수 없는 것이라고 말했다. 움직임과 투쟁, 그리고 대비라는 헤라클레이토스의 철학은 우리 시대의 특징 또한 잘 표현한다.

베를린 장벽 붕괴와 세계화, 컴퓨터나 인터넷 같은 기술적 발전은 우리의 삶을 급격히 변화시키고 있다. 현대의 사회적 변화들은 한편으로는 진보를 가져왔지만 다른 한편으로는 비싼 대가나 희생을 요구한다. 얼핏 문명적으로 보이는 우리 사회 속에는 끊임없는 폭력성이 숨어 있어 외국인에 대한 증오나 범죄, 혹은 축구장의 난동 등으로 터진다.

헤라클레이토스가 보기에는 역사가 흘러가는 특정한 목표지점이란 존재하지 않았다. 우리가 아는 것은 단지 '모든 것이 흐른다'라는 것과 시간의 영원성에 견주어 볼 때 우리는 하루살이에 불과하다는 점이다. 역사가 도달해야 하는 목표지점이 따로 존재하지 않는다면 현재는 그 자체로 의미를 얻는다.

헤라클레이토스는 신전에서 즐겨 어린 아이들과 함께 놀며 시간을 보냈다. 그에게는 주위의 가장 단순한 것들이야말로 가장 큰 가치를 지닌 것들이었다. 신성은 어디에나 깃들어 있다. 단지 대부분의 인간들에게 로고스를 꿰뚫어 볼 힘이 결여되어 있을 뿐이다.

날마다 마주치는 것들이 그들에게는 낯설기만 하다.

"인간은 만물의 척도다."

프로타고라스 (기원전 490년~411년)

그리스의 사상가이자 교사, 소피스트. 진리의 절대적 기준을 부정하고 인간은 만물의 척도라는 상대주의적 입장을 취했으며, 진리의 기준을 인간 개개인의 감각에서 찾으려 하였다. 도덕과 정치 문제에 대한 당시의 인식과 사상에 큰 영향을 끼쳤으며, 신에 대한 믿음에 불가지론의 태도를 보여 불경죄로 고발당했고, 기원전 415년경 아테네에서 추방당했다.

고대 철학자 프로타고라스는 소위 소피스트들 중 가장 유명한 인물이다. 소피스트(문자 그대로는 지식의 전문가들을 뜻한다)는 한 무리의 추종자들을 이끌고 여러 도시를 떠돌아다니며 돈을 받고 가르치는 방랑교사들을 가리킨다.

소피스트들은 인간이 사회 속에서 어떻게 자아를 실현하느냐의 문제에 관심을 가졌다. 그들은 공개적인 모임에서 참가자들을 설득할 수 있는 말재주를 가르쳤다. 아테네의 정치 체제가 발달함에 따라 시민들에게는 광장(agora)이나 재판장에서 자신의 이익을 관철해내는 것이 중요해졌다. 소피스트들은 인간 개개인의 주관적 해석과 동떨어진 객관적 진리란 없으며, 말만 능숙하게 잘하면 모든 사안에 찬성과 반대를 둘 다 성공적으로 주장할 수 있다고 믿었다.

프로타고라스는 오늘날 그리스와 터키의 국경에 위치한 트라키아의 압데라에서 태어났다. 훌륭한 연설가가 되기 전 그는 고향에서 상인들의 상품을 포장하고 운반하며 먹고 살았다. 스물다섯 살의 그가 일하는 것을 본 철학자 데모크리토스는 그가 철학에 재능이 있다고 여겼다. 프로타고라스처럼 커다란 장작 무더기를 능숙하게 나귀에게 실을 수 있는 자는 생각 또한 깔끔하게 정리할 수 있다는 게 데모크리토스의 의견이었다.

데모크리토스에게 가르침을 받은 프로타고라스는 곧 더 큰일을 하고 싶어서 아테네로 갔다. 거기서 그는 언변술 선생으로 성공을 거두었고, 희곡작가 에우리피데스, 위대한 정치가 페리클레스와 친교를 맺었다. 불행히도 프로타고라스가 자연과학과 행정학, 신들과 야심, 진리 등에 대해 저술한 책들은 전체 중 여덟 군데만이 남아 있다.

프로타고라스가 말한 '인간은 존재하는 것과 존재하지 않는 것 만물의 척도다'라는, 소위 인간이 모든 것의 척도(Homo Mensura)라는 의미의 문장이 그의 저서 《진실 혹은 상대를 꺾을 수 있는 말》의 도입부에 등장한다.

여기서 그가 만물의 척도라고 주장하는 인간이 인류 전체를 집단으로 가리키는지 아니면 인간 개개인을 뜻하는 것인지는 논란의 여지가 있다. 만약 그가 인류 전체를 뜻한 것이라면, 이 문장이 의미하는 바는 인류 전체가 보편적으로 타고난 인식틀로 자연을 체계화할 수 있다는 것이다. 그러나 이 문장이 각각의 개인을 가리킨다면, 그가 뜻하는 바는 모든 인간이 각자의 기준과 전제 조건으로 만사를 판별한다는 것이다.

여러모로 볼 때 프로타고라스가 후자를 의도했다는 것이 설득력 있다. 그러나 종종 오인되는 것처럼 그가 이 문장을 통해 인간이 자연 위에 군림한다고 주장하려던 것은 아니다.

지식이 금전적 가치가 있다고 생각한 프로타고라스는 제자들로부터 100므네를 받았는데, 이는 당시 대략 400만 리터의 곡물을 살 수 있는 금액이었다. 그 대가로 그는 가정살림을 잘 꾸리는 법과 정계에서 의견을 펼치는 기술을 가르쳤다.

프로타고라스는 "난 신들에 대해서는 그들이 존재하는지, 존재하지 않는지, 형태는 갖추어져 있는지 알 수 있는 게 아무것도 없다." 라고 말했다가 소크라테스처럼 신성모독죄로 고발당했다. 사태는 심각해져서 사형에 처하겠다는 협박까지 나왔지만, 원칙에 충실한 소크라테스와 달리 프로타고라스는 탈출할 기회를 거절하지 않고 아테네를 떠났다. 도주 길에 그는 시칠리아 해안 앞에서 배가 좌초해 죽었다고 한다. 그러나 다른 전승에 따르면 그는 망명지에서 자연사했다고도 한다.

프로타고라스는 우리가 감각 기관을 통해서만 정보를 받아들일 수 있으며 감각과 기분은 시시각각으로 변하기 때문에 객관적인 진실이란 존재하지 않는다고 주장했다. 굶주린 자의 눈에 보이는 세계는 배부른 자의 것과는 다르다.

추위에 떠는 자에게는 바람이 시리나 떨지 않는 자에게는 그렇지 않다.

모든 사람은 제 나름의 감정 세계에서 산다. 누구의 어느 감각이 옳은 건지 어떻게 판단할 수 있으랴? 감각으로 인지되는 것은 모두 (phantasiai) 딴에는 다 진실하다.

모든 사안에는 서로 상반되는 두 가지 진술(의견)이 존재한다.

이 중 어느 판단이 진실인지는 아무도 확신할 수 없다. 그러므로 모든 사람은 자기 나름으로는 만물의 척도다. 중요한 것은 이런 조건에도 인간들이 서로 합의하여 행동할 수 있는 방도를 찾아내는 것뿐이다. 프로타고라스는 제각기 다른 감각과 관점 뒤에도 보편적이고 객관적인 이데아의 제국이 존재한다고 주장하는 플라톤과 정확히 반대 지점에 서있다.

토론에 있어 주장의 내용뿐 아니라 주장을 펼치는 방식 또한 중요하다는 것은 오늘날에는 당연하게 여겨진다. 정치가와 경영자, 학자들은 물론이고 아직 학교를 다니는 청소년들도 토론법을 연습한다는 점은 '토론하는 젊은이들' 캠페인(독일에서 고등학생을 대상으로 하는 토론 경연 대회. 여러 재단과 각 주의 문화부에서 후원한다. 각 반 단위로 예선을 시작해서 학교 단위, 학교 연합 단위, 주 단위로 범위가 넓어지다가 나중에는 전국의 각 주 대표들이 결선을 치른다. - 역자 주)이 얻은 인기를 보아도 알 수 있다. 이전에는 소피스트들이 현학적이고 정의롭지 못하며 말과 개념을 꼬아 어지럽힌다는 이유로 오래도록 비난받았다. 괴테의 희곡에서 파우스트는 "너는 거짓말쟁이에 소피스트고 앞으로도 그럴 것이다."라고 메피스토를 공격한다.

그러나 근래에는 소피스트들에 대해 다른 조명이 이루어지고 있다. 소피스트들은 인간을 다양한 사회적 관계 속에서 살아가는 존재로 파악하려는 시도를 한 첫 세대의 철학자들이다. 어떤 명제를 가지고 토론하든 누구나 반박의 대상이 될 수 있다. 빅뱅 이론이든 다윈의 진화론이든 과학 이론의 진실성에 대해서는 끊임없이 의심과 비판이 나온다. 보편적인 진리란 존재하지 않는다.

학문의 세계에서도 통일된 견해는 항상 나오기 힘들다. 학자들 역시 언제나 동료 학자들에게 자신이 주장하는 이론의 토대가 정확함을 입증해야 한다. 이를테면 의학이나 생태학 논쟁에서는 질병이나 기후 변화의 원인을 놓고 매우 상반된 논의들이 치열하게 충돌한다. 학문 연구 세계에도 권력과 특권, 연구 자금이 걸려 있긴 매한가지이기 때문이다.

"나는 내가 아무것도 모른다는 것을 안다."

소크라테스 (기원전 469년~399년)

그리스 철학자. 거리에서 사람들과 철학적 대화를 나누는 것을 주된 일과로 삼았다. 특히 자기 비판 없는 삶은 살 가치가 없다고 주장했다. 소크라테스를 시작으로 우주의 원리에만 골몰해 있던 철학자들이 비로소 자신과 자기 근거에 대한 물음을 철학의 주제로 삼기 시작했다.

"나는 내가 아무것도 모른다는 것을 안다."라는 말은 소크라테스가 기원전 399년 재판받던 도중 행한 변론(Apologie)에서 나온 것이다. 71세의 그는 아테네 거리와 광장에서 끊임없이 사람들을 붙들고 용기와 명예, 정의나 신실함 같은 미덕들이 과연 무엇이냐는 대화를 시도하다가 고발당했다. 그가 "과연 ~란 무엇인가"라는 질문들로 사람들을 괴롭히기를 그치지 않았기에 금세 진절머리가 난 시민들은 그를 등애(myops)라고 불렀다.

소크라테스 이전에는 남들이나 전통이 선하다고 인정하는 것을 그대로 따라하는 사람이 선하다는 평판을 얻었다. 그러나 소크라테스는 모든 사람들이 명예와 용기가 진정 무엇인지 스스로 숙고하기를 바랐다. 스스로의 내면의 소리를 들으라는 그의 요구는 아테네 젊은이들에게 특히 영향을 미쳤고, 젊은이들은 순순히 아무 말이나 듣고 따르던 일을 그만두었다. 그래서 불안해진 아테네 시민들은 젊은이들을 타락시키고 신을 모독했다는 죄목으로 소크라테스를 고발했다.

기원전 399년 봄 재판 날에 시민 500명이 소크라테스에 대한 판결을 내리기 위해 아테네 광장에 모였다. 고발 근거 중 하나는 그가 이성으로 해답을 찾으면서 필연적으로 신들에 대한 옛 믿음을 뒤흔든다는 것이었다. 이 주장을 논박하기 위해 소크라테스는 그가 아무것도 모른다는 점을 변론의 핵심으로 내세웠다. 그는 친구 카이레폰이 델포이의 신탁에게 아테네에서 가장 현명한 자가 누구냐고 질문했던 일화를 이야기했다. 신탁은 대답했다.

"현명한 이는 소포클레스다. 더욱 현명한 이는 에우리피데스다. 그러나 그들 중 가장 현명한 자는 소크라테스다."

신탁이 진실인지 시험해 보기 위해 카이레폰은 아테네의 정치가와 시인, 기술자들을 붙잡고 질문을 던지기로 마음먹었다. 대화 결과 그는 사람들 대부분이 삶에서 가장 중요한 것들에 대해 얼마나 멋대로 아무렇게나 판단을 내리는지 알게 되었다. 모든 사람들이 제한된 지식만으로 충분한 자기비판 없이 의견을 내놓는 오류를 범했다. 그제야 그는 신탁이 어쩌면 옳고, 정말로 그가 다른 사람들보다 조금은 앞선 것인지도 모르겠다고 생각하게 되었다고 한다.

"모르는 걸 아는 척하지 않는다는 사소한 점에 있어서는 제가 남들보다 현명한 것 같습니다."

이 주장이 배심원들의 마음에 들지 않은 것 같다. 280 대 220로 소크라테스는 유죄 판결을 받았다.

아테네에서 재판을 하면 유죄인가 무죄인가 뿐 아니라 형량 또한 표결로 정했다. 고발자는 소크라테스에게 독미나리 즙을 마시는 형벌에 처할 것을 주장했다. 소크라테스는 스스로의 형량을 제안할 권리가 있었는데, 그 과정에서 얼마간 사형을 자초했다. 그는 자신이 공공의 이익에 기여했으므로 공짜 식사를 대접받아야 한다고 요구했는데, 이것이 재판정을 도발했다. 결국 강경해진 배심원들은 360 대

140으로 그에게 사형을 언도했다. 당시에는 마침 아테네의 사절들이 델로스 섬으로 가는 중이었고, 이 기간 동안에는 사형 집행이 금지되었기 때문에 형 집행까지는 한 달이 남아 있었다. 그래서 소크라테스는 감옥에서 친구들과 많은 대화를 나눌 수 있었고, 제자 플라톤이 모든 것을 글로 기록했다.

소크라테스는 아테네의 중산층 가정에서 태어났다. 그의 아버지 소프로니스코스는 석수였고 어머니 파이나레테는 산파였다. 그는 아버지가 남긴 적은 유산으로 생계를 유지했던 것 같다. 소크라테스는 옷을 대충 차려입고 맨발로 아테네의 거리를 돌아다녔다고 한다.

쉰 살에 그는 크산티페(그리스어로 황금빛 털의 말이라는 뜻이다)와 결혼하여 아들 람프로클레스를 얻었다. 소크라테스는 안정된 직업을 얻어 일하는 대신 온갖 인간들과 토론이나 한다고 아내에게 자주 욕을 먹었다고도 한다. 아테네와 스파르타 사이에 전쟁이 벌어졌을 때 그는 젊은 알키비아데스의 생명을 구해내는 용기를 발휘해 돋보였다.

소크라테스의 인생 속 여러 에피소드들이 그의 확고한 도덕관념을 보여 준다. 30명의 참주들로 이루어진 정부의 수반이었던 크리티아스가 죄 없는 사람 한 명을 체포하라고 명령을 내렸을 때 소크라테스는 자신의 생명이 위험해질 수 있다는 것을 알면서도 명령을 무시했다. 또한 소크라테스가 제비뽑기로 재판관이 되었을 때, 분노한 군중이 뚜렷한 증거 없이 어떤 사람을 사형에 처하라 요구하는 것을 거부했다. 이런 경우 소크라테스는 그가 '다이모니온'이라고 부르는 내면의 소리에 귀를 기울였고, 이 소리는 그가 불의를 저지르는 것을 막아주었다. 예수와 공자, 부처처럼 소크라테스도 스스로는 저서를 남기지 않고 직접 사람들을 대하면서 가르침을 펼쳤다.

'나는 내가 아무것도 모른다는 것을 안다'라는 말을 세상에는 어떤 지식도 존재하지 않는다는 뜻으로 해석해서는 안 된다. 이 말은 소크라테스의 방식이라 불리는 수업법의 특징을 가리킬 뿐이다. 동료 시민들과 대화를 나누면서 소크라테스는 어설픈 지식을 배격했다. 소크라테스는 우선 용기와 신실함, 영리함 같은 미덕들을 어떻게 정의하냐고 물었다. 질문 받은 이들이 처음 한 대답들을 꼼꼼하게 검토해보면 불완전한 허점이 드러난다. 다시 수정한 대답은 진실에 더 가깝지만 아직도 부족한 데가 있다. 개념을 완벽하게 정의하는 것은 불가능했다. 질문들을 계속 던져 시험하면서 소크라테스는 결국 상대방이 질문 받은 개념들을 정의할 수 없음을 실토하도록 몰아 갔다. 이것이 소크라테스의 '나는 내가 아무것도 모른다는 것을 안다'의 의미다. 이 말은 우리가 스스로 가진 지식을 정확하게 평가하도록 가르친다. 특히 과학 기술의 세계에서는 언제나 자신이 가진 지식의 한계를 명확히 아는 것이 중요하다.

이성을 통해서 자연과 인간 사회의 많은 부분들을 더 잘 설명할 수 있지만, 그 과정에서 전체나 중요한 가치들을 보는 시각을 잃기도 한다. 전체와 가치를 보는 눈은 자기 자신이 가진 시야의 한계를 인식하고 소크라테스처럼 대화를 통해 다른 이들의 가르침을 찾고 받아들일 때 얻을 수 있다. 그 방식을 통해 사안의 여러 측면들을 두루 알아보고 자기 자신의 생각을 비판적으로 검토하는 게 가능해진다. 소크라테스처럼 스스로의 무지를 인식하는 것은 시대를 초월해 유효하다. 왜냐하면 과학이 발달하면서 우리가 참이라 여겼던 이론들이 거짓으로 밝혀지는 경우가 늘 생기기 때문이다. 뿐만 아니라 우리가 한 걸음 앞으로 나가고 과학자가 실험을 통해 한 가지 문제를 풀어내면 또 다시 새로운 문제들이 들이닥치기에 지식 탐구는 영원히 끝나지 않는다.

플라톤이 남긴 소크라테스와의 대화를 찬찬히 살펴보면 소크라테스가 단지 정확하게 개념을 정의하는 데만 골몰한 것은 아님을 알게 된다. 그와 대화를 하게 된 사람들은 스스로의 삶에 어떤 잣대를 가지고 있는지 또한 고백해야 했다. 소크라테스는 언제나 인간들이 스스로 주장하는 잣대를 정말로 따르며 살고 있는지 물었다. 정말로 인간은 자신이 선택한 입장의 모든 결과를 짊어지면서 신념대로 살고 있는가? 소크라테스는 선과 악에 대한 우리의 판단이 얼마나 흔들리기 쉬운지 보여 주었다.

소크라테스는 자기비판 없는 삶은 살 가치가 없다고 끝까지 주장했다. 500명의 배심원들 중 다수가 그에게 사형을 언도했을 때 그는 친구들이 권유하는 대로 도주하는 대신 죽음을 두려워하지 않으며 스스로의 무죄를 확신함에도 독배를 들었다. 스스로 늘 주장하던 무지의 원칙에 따라 소크라테스는 죽음이 가장 큰 불행인지 아니면 반대로 복 중에서도 제일가는 복인지 알 수 없다는 의견을 폈다.

죽음이 어떤 것인지는 아무도 모른다. 그러나 사람들은 그것
이 제일 끔찍한 불행인 줄 아는 것처럼 죽음을 두려워한다.

소크라테스의 대쪽 같은 원칙주의와 끊임없는 진리탐구 정신은 오
늘날까지도 감명을 준다. 끈기 있게 대화를 나눔으로써 각기 다른 의
견들의 근본을 탐색하는 그의 방식은 오늘날과 같은 다원화 사회에
서 점점 더 중요하다. 소크라테스의 전통에 따라 한 문제를 놓고 자유
롭게 대화하는 방식은 현대의 학교 수업에서도 비중 있게 응용된다.
학생들은 글을 읽고 지식을 쌓는 공부만 하는 게 아니라 특정한 신념
을 택하는 것이 진짜 삶에 어떤 영향을 미치게 되는지도 배우고 싶어
한다. 객관적으로 의견을 나누는 훈련을 통해 학생들은 스스로의 입
장을 비판적으로 점검하고 다른 이들의 정당성을 인정하는 삶의 방
식을 연습하게 된다.

"철학자가 왕이 되고 왕이 철학자가 되어야 한다."

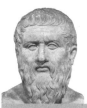

플라톤 (기원전 428/7년~348/7년)

그리스 철학자로 서양 문화의 철학적 기초를 마련하였다. 그는 소크라테스를 통해 삶의 의미에 대한 중요성을 배웠으며, 논리학, 인식론, 형이상학 등에 걸친 광범위하고 심오한 철학 세계를 전개하였다. 아카데미를 창설해 평생을 교육에 바쳤으며, 주요 저서에는 《소크라테스의 변명》, 《향연》, 《국가》 등이 있다.

귀머거리에 근시인데다 항로에 대한 지식도 없는 사람이 선장인 배 한 척이 바다에 떠 있다고 가정해 보자. 배 위의 모든 사람들은 누가 키를 잡느냐를 놓고 다투고 있다. 배가 출발하자마자 직위와 식량을 서로 차지하겠다고 다툼이 벌어졌고, 그저 재미만 찾는 주정뱅이들이 정처 없이 배를 몰게 되었다. 다들 배의 방향을 잡는 게 지극히 쉬운 일이라 치부하고 진지하게 배의 위치를 알아내려 노력하는 사람은 쓸데없이 하늘의 별이나 보고 있다고 조롱당한다. 승객들은 '진짜 키잡이'에 대해 전혀 아는 것이 없고, 설령 진짜 키잡이가 배 위에 있다 한들 다른 이들로부터 아무 짝에도 쓸모없이 말만 많은 작자라고 욕만 먹는다.

'진짜 키잡이'에 대한 은유를 통해 플라톤은 민주주의 체제에서 제일 훌륭한 이들을 선출하는 데 실패한다면 어떤 혼란이 닥칠지 그려 보인다. 플라톤의 의견으로는 철학 교육을 받은 자들(철인왕)만이 국가와 인간들을 통치할 자격이 있었다. 다른 이들의 신뢰를 받을 수 있고 가장 적합한 자질을 가진 엘리트들이 폴리스(그리스의 도시 국가)에서 결정권을 지녀야 한다. 플라톤이 구상한 이상 국가에서는 당시 풍습대로 노예 제도가 존재하지만 여성의 역할은 크게 증대되어서 여자들 또한 정치적 지위를 얻을 수 있다. 플라톤의 시대에 아테네에서는 완전한 시민권자만이 정치적 의사결정권을 가졌고, 여자와 노예, 절반의 시민권자들은 목소리를 내지 못했다.

아테네의 유서 깊은 가문에서 태어난 플라톤은 본래 극작가가 되고 싶어 했다. 그러나 스무 살 때 소크라테스를 만나고서 소크라테스와 친교를 맺은 무리에 끼어 철학에 몰두했다. 플라톤은 소크라테스의 열렬한 추종자가 되어 소크라테스의 생애 마지막 여덟 해 동안 가르침을 받았다.

소크라테스가 부당하게 처형당했다고 믿은 플라톤에게 스승의 처형은 인생의 전기였다. 그것을 계기로 그는 무능하고 부패한 정치인들이 도시를 다스릴 때 얼마나 위험한 일이 닥치는지 깨달았다. 소크라테스의 죽음 후 아테네에서 박해받는 것이 두려워진 플라톤은 스승의 정신을 펼치기 위하여 세계를 여행했다. 시칠리아 섬에 세워진 그리스 식민지 시라쿠사에서 그는 좋은 기회를 얻었다. 그곳을 다스리던 디오니소스는 지식인들에게 둘러싸이기를 좋아해서 플라톤 또한 자신의 궁정으로 불러들였다.

그러나 소크라테스의 가르침을 현실 정치에서 펼쳐 보이려던 플라톤의 시도는 실패로 돌아갔다. 그는 디오니소스의 궁정의 느슨한 풍기를 비판했다가 총애를 잃고 발목에 쇠사슬을 단 채로 광장에서 노예로 팔렸다. 친구들이 그의 몸값을 치르고 그가 아테네로 돌아갈 수 있게 주선해 주었다.

기원전 387년 그는 아테네에 철학 학교, 그 유명한 아카데미를 세웠는데 이는 오늘날의 대학들의 조상뻘이다. 기원후 529년 황제 유스티니아누스가 폐교시킬 때까지 아카데미는 고대에서 가장 중요한 교육 기관이었다. 플라톤은 그의 정치적 구상을 실현하고자 두 번 더 시칠리아로 여행했지만 실패로 돌아갔고, 여든 살의 나이로 죽었다.

도입부의 인용문은 그의 저서 《국가론》에 나오는데, 그는 이 책을 스파르타와의 전쟁의 여파로 아티카의 민주주의가 위협받는 동안 썼다. 선동가들이 민중을 부추기고 다녔고, 민주주의 체제도 귀족들의 지배도 아테네를 국가로서 번영시키는 데 실패했다.

플라톤의 국가론을 이해하기 위해서는 우선 그의 인간관을 알아야 한다. 플라톤은 인간의 영혼을 욕망과 용기 그리고 지혜를 얻을 수 있는 이성이라는 세 부분으로 나누었다. 이성은 머리에 깃들어 있고 용기는 가슴 속에 자리하며 욕망은 뱃속에 도사린다. 개개인이 이성으로 의사 결정을 내려야 하듯 국가에서도 철학자들(지혜의 친구들)이 의사결정권을 가져야 한다. 플라톤은 철학자들만이 객관적 진실을 파악할 수 있다고 믿었다.

플라톤의 이상 국가는 군인 계층, 생산 계층, 교육 계층으로 나뉘는 계급 국가였다. 이 세 가지 계층은 인간 영혼의 세 부분을 본뜬 것이다. 이성 부분은 지배자(가르치는 계층), 감정 부분은 전사(지키는 계층), 욕망 부분은 산업 종사자(생산하는 계층)에 해당한다. 이 계급들 사이에 질서가 유지되고 모든 이들이 응당 속하는 자리를 얻을 때에야 한 국가에는 정의가 선다. 플라톤에 따르면 국가 내에서 각 계층의 과업을 수행할 사람들이 잘못 배치되었을 때 불의가 생겨난다.

플라톤은 부패하고 무능한 이들이 국가를 이끌 때 나랏일이 흔들린다고 주장했다. 그래서 잘못된 인선을 막기 위해 가장 훌륭한 이들을 엄격하게 선발하자고 제안했다. 지배자들이 정신적 업무에만 집중할 수 있도록 그들에게는 개인 재산을 소유하는 것을 금지한다.

종종 사람들은 플라톤이 그의 국가 개념을 곧바로 현실에서 실현하고자 했다고 오해한다. 그것은 사실이 아니다. 그에게 우선 중요했던 것은 이성을 통해 사회적 삶을 규정할 수 있는 국가 모델을 만들어내는 일이었다. 플라톤은 사람들 대부분이 불충분한 지식밖에 갖지 못한다고 생각했다. 완벽한, 혹은 완벽에 가까운 국가를 수립하려면 다수의 판단력에 의존해서는 안 된다. 철인왕의 임무는 사람들을 무지에서 해방시켜 진정한 깨달음으로 이끄는 것이다.

완벽을 추구하느라 플라톤은 곧잘 현실 감각을 잃고 이상과 미덕, 순수한 관념만이 존재하는 상상의 세계에 몰두했다. 아마도 그것이 그가 시칠리아에서 실패한 근본 이유일 것이다. 그러나 국가의 엘리트를 선발하는데 대한 플라톤의 생각은 여전히 중요하다. 후보자의 외모와 인상이나 특정 정치가가 자신들에게 약속한 이익을 보고 투표를 한다고 털어놓는 유권자들이 오늘날 종종 있는데, 이 점은 현대 대중 민주주의에 우려를 가져온다.

현대 다원화된 문명사회에서는 정치인들이 참모와 전문가 회의, 윤리 위원회 등등에 의존하느라 정치적 결정 과정이 점점 복잡해지고 있다. 유럽의 미래를 위한 안들을 내놓을 수 있도록 현자들의 회의를 설립하자는 프랑스 대통령 사르코지의 제안은 플라톤의 구상과 부분적으로 일치한다. 그러나 오늘날의 전문가들은 단지 조언자일 뿐이다. 그들은 대중들이 선출한 정부에 복속해야 한다. 이는 아래에서 위로 권력이 향하는 게 아니라 철인왕이 위에서 아래로 권력을 행사하는 플라톤의 국가 모델에서 벗어난다.

08 Aristoteles

"인간은 누구나 앎을 추구하는 천성을 타고난다."

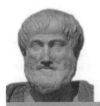

아리스토텔레스 (기원전 384년~322년)

그리스의 철학자이자 과학자. 수학과 순수한 개념정의 연구에 몰두한 플라톤과 달리 경험적 세상을 탐구했다. 그가 세운 철학과 과학의 체계는 서양 지성사에 매우 큰 영향을 주었다. 주요 저서로 《형이상학》, 《자연학》, 《시학》, 《정치학》 등이 있다.

아리스토텔레스는 모든 인간에게는 지식을 추구하는 본능이 있다고 확신하여 《형이상학》에 '인간은 누구나 앎을 추구하는 천성을 타고난다'라고 적었다. 그는 평생을 연구에 바쳤고, 논리학과 학문의 분류에서 이룬 업적으로 서구 문화에 큰 영향을 끼쳤다.

많은 이들이 아리스토텔레스를 모든 시대를 통틀어 가장 위대한 철학자로 여긴다. 뭉뚱그려진 채로 전해 내려오고 있던 기존의 지식들을 철학, 자연과학, 역사학, 의학, 정치학 등의 여러 분야로 분류해 낸 것은 그가 처음이었다.

누군가 그에게 어디서 그 많은 것들을 다 배웠냐고 물었을 때 그는 "사물에서 배웠소. 그것들은 거짓말을 하지 않는다오."라고 대답했다고 한다. 아리스토텔레스에 따르면 삶을 학문에 바치는 것이야말로 인간의 가장 고귀한 목표였다.

아리스토텔레스에 대해서는 다음과 같은 유명한 일화가 전해진다. 잠자는 시간을 줄여 진리탐구에 몰두하기 위해 그는 손에 청동으로 된 구를 쥐었다. 그 아래에는 물이 담긴 대접이 놓여 있어서 그가 잠들라치면 구가 물속으로 떨어져 소리를 냈고, 그는 깨어나서 지적 활동을 계속했다.

아리스토텔레스는 기원전 384년 마케도니아 동쪽의 스타기라에서 태어났다. 367년 아버지를 잃은 그는 17세의 나이로 아테네에 가서 플라톤의 아카데미에 들어갔다. 그는 20년 동안 아카데미에 머물렀는데 처음에는 학생이었고 후에는 가르치는 일을 했다.

플라톤이 죽은 후 그는 아테네를 떠나 12년간 방랑 생활을 했다. 한때 마케도니아의 수도 펠라에 머물면서 필리포스 2세의 아들 알렉산드로스를 가르치기도 했다. 후에 지배자가 되는 이 소년에게 그가 얼마나 영향력을 미쳤는지는 알려지지 않았다.

알렉산드로스가 왕위에 오른 후 아테네로 돌아온 그는 리케이온 숲의 체육장에 학교를 세웠다. 리케이온 학교는 '소요학파' 라 불렸는데, 회랑 안을 이리저리 거닐면서 수업을 하는 습관이 있었기 때문이다. 기원전 323년 알렉산드로스가 죽고 아테네에는 마케도니아인들에 대한 적대적인 정서가 퍼져 나갔다. 친마케도니아파로 알려진 아리스토텔레스는 에우보이아의 칼키스로 옮겨가 얼마 후 63세의 나이로 죽었다.

수학과 순수한 개념 정의 연구에 몰두한 플라톤과 달리 아리스토텔레스는 경험적 세상을 탐구했다. 아리스토텔레스는 신이 자연에 내린 질서는 구체적인 현실 속에서 드러난다고 생각했다.

아리스토텔레스에 따르면 세계는 놀라운 창조품이었다. 이 예술품을 순수하게 감탄하는 것도, 학문적으로 탐구하는 것도 둘 다 의미가 있다. 라파엘로가 그린 유명한 철학자들의 군상 〈아테네 학당〉에서 아리스토텔레스와 플라톤은 일군의 그리스 철학자들 중앙에 그려져 있다. 플라톤이 손가락을 들어 이데아의 높은 하늘을 가리키는 반면 아리스토텔레스는 가슴 높이로 손을 들어 경험적 지상 세계를 가리킨다. 플라톤과 달리 아리스토텔레스는 감각적으로 경험하는 세상을 경시하지 않고 '모든 자연물 안에는 놀라운 것이 깃들어 있다' 라는 철칙에 맞춰 자연과학에 몰두했다. 중세에 아리스토텔레스는 지상 세계와 현실 탐구에 귀의한 철학자의 본보기로 여겨졌다.

'독서가' 라는 별명을 가진 아리스토텔레스는 백과사전적인 지식을 자랑했다. 그가 쓴 저서들의 제목인 《영혼에 관하여》, 《니코마코스 윤리학》(아마도 그가 책을 헌정한 아들 니코마코스의 이름에서 땄을 것이다), 《정치학》, 《물리학》, 《형이상학》, 《동물의 부분에 대하여》, 《천체에 관하여》, 《범주론》, 《결론을 내리는 법 혹은 분석론 전서》, 《증명하는 법 혹은 분석론 후서》, 《수사학》, 《시학》 등만 훑어 보아도 그의 다양한 관심사를 짐작할 수 있다. 그가 저서에서 짤막하고 간결하면서도 다채롭게 정의한 무수한 개념들은 후대의 여러 학파들을 태동했다.

아리스토텔레스는 이론적 지식뿐 아니라 실질적인 면 또한 중시했다. 그는 일상에서 종종 '경험 없이 지식만 가진 이들보다는 풍부한 경험을 가진 이들이 더 옳은 판단을 내리는 것(《니코마코스 윤리학》에서 인용)' 을 목격할 수 있다고 주장했다. 그의 윤리학은 경험과 전통에 중점을 둔다. 나이 든 이들은 무엇이 옳고 그른지를 볼 수 있는 숙련된 눈을 가졌다. 아리스토텔레스에 따르면 미덕이란 타고나는 것이 아니라 날마다 배우고 익히는 것이었다. 피아노 치는 법을 머리로만 알아서는 안 되고 연습을 해야 진짜로 익힐 수 있는 것처럼, 미덕 역시 플라톤의 주장과는 달리 단지 알고 있는 것만으로는 안 되고 실제로 도덕적으로 행동하면서 배워야 한다.

아리스토텔레스는 인간의 가장 큰 목표를 행복(eudaimonia)이라고 보았다. 이 가장 커다란 지복을 얻기 위해서는 '늘 생각하고 이성을 가꾸는' 현자다운 주체적인 삶을 살아야 한다.

아리스토텔레스는 인간을 '이성을 가진 존재'로 정의한 것으로 유명하다. 인간과 동물을 구별 짓는 기준은 정신이다. 그러므로 인간은 자신의 지적인 능력을 완벽으로 이끌기 위해 노력해야 한다. 왜냐하면 이론(theoria)들을 배우고 연구하는 데 몰두하면서 우리는 아리스토텔레스가 말하는 가장 고귀한 기쁨, 혹은 행복을 맛볼 수 있기 때문이다. 명상을 통해 사람은 사람이 된다.

> 꾸준히 머리를 쓰는 자는 몸을 튼튼하게 유지할 수 있을 뿐 아니라 신으로부터도 가장 사랑받을 수 있다.

명상을 통해 우리는 세상의 신비를 체험할 수 있는데, 아리스토텔레스와 플라톤에 따르면 이야말로 철학과 탐구의 근본 동력이었다. 《형이상학》에서는 '세상을 감탄(thaumazein)하면서 인간은 비로소 철학에 발을 디디게 된다'라고 말한다.

인간이 호기심을 가지고 앎을 추구하는 본성이 있다는 아리스토텔레스의 깨달음은 오늘날 TV 프로그램에도 도움을 주고 있다. 〈갈릴레오〉(독일 방송국의 지식 전달용 교양 프로그램 – 역자 주) 같은 교양 방송이나 〈누가 백만장자가 될까?〉(영국 퀴즈 쇼인 〈Who wants to be a millionaire〉의 포맷을 수입한 퀴즈 쇼 프로그램 – 역자 주) 같은 퀴즈 쇼는 교양과 지식이 높은 시청률을 가져옴을 보여 준다. 지식이 시청률을 보장해 준다고 방송국 사람들은 말한다.

인간이 앎을 얻고자 애쓴다는 아리스토텔레스의 말은 특히 아이들의 경우에 잘 해당된다. 아이들은 책이나 교육용 게임과 영화를 통해서 뿐 아니라 스스로 그리고 주변 환경을 통해서도 배운다. 아리스토텔레스가 이미 깨닫고 있었듯 아이들은 지식욕을 타고나 세상을 감탄하며 스스로 배워나간다.

"어린 나이에도 얼마든지
철학을 시작할 수 있고
늙은 나이에도 철학을
버려서는 안 된다.
정신적 건강을 가꾸는 데
너무 늦거나 이른 나이란
없다."

에피쿠로스 (기원전 341년~271년)

그리스 철학자로 원자론에 기초를 둔 에피쿠로스 학파의 창시자. 쾌락주의를 자신의 철학
적 사유의 주된 축으로 삼고 쾌락이야말로 삶을 행복으로 이끄는 길이라고 주장했다. 이
런 철학적 사유를 바탕으로 모든 욕망의 제한, 덕의 실천, 은둔 생활을 삶의 주된 원칙으
로 삼았다.

어린 나이에도 얼마든지 철학을 시작할 수 있고 늙은 나이에
도 철학을 버려서는 안 된다. 정신적 건강을 가꾸는 데 너무 늦거
나 이른 나이란 없다.

이 유명한 문장은 그리스 철학자 에피쿠로스의 《메노이케우스에게
보내는 편지》에 등장한다. 에피쿠로스는 인간은 스스로의 삶의 태도
를 어린 시절뿐 아니라 온 생애에 걸쳐 검토하고 개선해야 한다고 보
았다. 나이 든 사람들 또한 여태까지 알지 못하던 스스로의 모습을 새
로이 발견하는 게 가능하다. 삶의 새로운 면을 발견하고, 스스로의 나
쁜 성격적 특징을 떨쳐내기 위해 에피쿠로스 학파나 스토아 학파 같
은 고대 헬레니즘 철학자들은 친구들과 대화를 나누거나 날마다 명
상을 하거나 중요한 삶의 지혜를 메모책(hypomnemata)에 적거나 하
는 방법을 고안했다. 기록의 목적은 나중에 결정적인 때에 도움이 될
만한 격언들을 모아 정리해두는 것이다. 이를테면 미리 이런 격언들
을 공부함으로써 물질적으로 모자람이 없는 시기에도 부의 의미란
무엇일까 생각해 볼 수 있다.

원로원 의원이자 스토아 학파 철학자인 세네카는 돈과 재산은 이
로운 것이지만 언제든지 잃게 될 수 있으며, 그렇다고 그것들을 잃는
즉시 파멸하는 것 또한 아님을 인간은 명심해야 한다고 말했다. 이런
가르침들을 메모책에 적어 저녁마다 자기 전에 죽 읽으면서 외우는
것이다. 이것은 마치 운동선수들이 육체를 단련시키듯 정신을 운동
시키는 것이라 할 수 있다.

에피쿠로스는 쾌락주의(hedonism)를 설파했다(그리스어 'hedone'는 편안한 환경과 기분을 체험한다는 뜻이다). 철학, 혹은 에피쿠로스가 쓴 용어를 따르자면 생리학은 단지 지식만 전달할 것이 아니라 인간의 본성을 관찰 탐구함으로써 개개인이 행복에 이를 수 있는 길을 보여주어야 한다. 에피쿠로스와 그의 추종자 에피쿠로스 학파는 육체적 건강과 고통 없음 그리고 '아타락시아(ataraxia, 마음의 안정, 마음의 평화)'를 좋은 삶에서 가장 중요한 요건으로 보았다.

그런데 쾌락을 추구할 때는 고려해야 할 사항이 많다. 왜냐하면 인생을 장기적으로 보았을 때 고통보다 기쁨을 더 많이 가져다 줄 것이 정말로 무엇인가를 판단하는 것은 쉽지 않기 때문이다. 그리고 정신이 겪는 기쁨과 고통은 육체적인 쾌락과 아픔보다도 더 크다. 장기적으로 평안한 상태를 유지하는 것이 정신적으로 급격한 기쁨과 고통을 계속 번갈아 맛보는 것보다 낫다. 성공적인 삶이란 죽기 전에 생애를 돌이키면서 그래도 고통보다는 쾌락을 더 많이 겪었다고 말할 수 있는 인생이다.

에피쿠로스는 71세의 나이로 신장 결석을 앓다가 죽었다. 한 제자에게 보낸 편지에 그는 자신의 마지막 나날들을 이렇게 묘사했다.

너희들에게 이 글월을 쓰는 시간은 기쁜 축일이자 내 생애의 마지막 날이다. 소변이 마려운 증상과 설사는 멎었는데 상상을 초월한 통증이 찾아들었다. 그 대신 내 영혼은 우리들 사이에 오갔던 대화들을 추억하며 기쁨에 넘치고 있단다.

그는 죽기 전 목욕통에 더운 물을 담고 그 안에 앉아 포도주를 마시며 숨이 끊어지는 순간까지 사람들과 이야기를 나누었다고 한다.

에피쿠로스는 기원전 341년경 알렉산드로스 대왕의 제국 내 소아시아에 위치한 사모스 섬에서 아티카 시민권자로 태어났다. 당시 사모스에서는 아테네에 대항하는 반란이 일어난 와중이었다. 로마 세력이 점점 성장하고 있음에도 헬레니즘 시대에는 아직 그리스 문화가 지배적이었다. 에피쿠로스의 아버지는 귀족이었지만 부유하지는 않아서 농장을 경영하며 한편으로 교사 일을 했다.

이미 열네 살의 나이로 에피쿠로스는 철학에 관심을 가지기 시작했다. 그가 철학에 완전히 몰두하게 된 동기는 정치적 혼란의 와중 아버지가 마케도니아인들에게 농장을 빼앗기는 과정을 지켜보아야 했던 경험이었다. 그 후로 그는 정치 놀음과는 연을 끊고 친구들과 함께 단란한 공동체에서 평화롭게 철학을 하며 살기를 꿈꾸었다.

플라톤과 아리스토텔레스는 주로 폴리스의 시민들을 상대로 공동체 안에서 제 위치를 찾아 용기 있고 현명하게 행동하는 법에 대해 가르치고 책을 썼다. 에피쿠로스는 그들과는 다른 데 중점을 두었다. 그는 인간을 국가의 일원인 국민으로서가 아니라 더 작은 공동체에서 더 잘 살 수 있는 개인으로 조명했다.

에피쿠로스의 코스모폴리탄적인 세계관에서 폴리스는 비중을 잃었다. 시민들은 더는 다른 이들과 공유하는 공공 의견에 의존할 필요가 없다. 모든 사람은 스스로의 삶의 범주 내에서 자신의 진리를 찾아야 하는데 철학은 여기에 가치 있는 도움을 줄 수 있다. 에피쿠로스에 따르면 인간들의 목표는 '유다이모니아(eudaimonia)'의 행복한 상태에 도달하는 것이다(그리스어 'eudaimonia'는 내면에 선한 'daimon'을 가졌다는 뜻이다). 이러한 영적 상태를 에피쿠로스는 시적으로 표현했다.

수면 위로 바람 한 점 불지 않을 때 바다가 고요해지듯 아무런 혼돈에도 뒤흔들리지 않을 때 영혼은 평온히 자유를 찾는다.

그의 제자들은 입을 열도록 허락받기에 앞서 오래도록 침묵하며 가만히 듣는 것을 배워야 했다. 그는 학교에서 얻는 배움 외에도 가족 간, 의지할 수 있는 연장자, 동년배의 친구에게서 얻는 조언 또한 영혼의 평화에 다다르는 중요한 길이 될 수 있다고 보았다.

'은둔자로 살아라(lathe biosas)'라고 에피쿠로스는 조언한다. 공적인 자리에 나서는 것은 위험하기에 정치와는 거리를 두는 것이 낫다는 것이 그의 충고였다. 개인으로서, 가족의 일원으로서 잘 사는 것만으로도 대단한 성취이며 어쩌면 그것이 성취의 전부일 수도 있다. 그는 특히 우정을 중시하여 이렇게 썼다.

평생 행복을 누리기 위해 지혜로 준비해야 할 것들 중 가장 큰 것은 우정이다.

에피쿠로스가 기원전 306년 기부를 받아 아테네에 마련한 정원에는 온갖 계급의 친구들이 모여 개인적 대화를 나누며 철학을 이야기 했다. 에피쿠로스의 학교는 공짜인데다 모든 사회 계층에 열려 있었 다. 고귀한 시민이든 가난한 시민이든 절반의 시민권자나 노예, 누구 도 거절당하지 않았다. 특히 여자들도 끼어 있는 점이 의심을 불러일 으켜 에피쿠로스는 방탕하다는 죄를 뒤집어쓰기도 했다. 신분과 성 별에 관계없이 누구나 철학의 기회를 얻을 수 있어야 한다는 신념을 가진 탓이었다.

에피쿠로스가 이룬 마음의 평정은 우리에게 교훈을 준다. 그는 자 신의 철학적 신념에 따라 가르치고 살고 죽었다. 죽음의 공포에 관하 여 그는 다음과 같은 유명한 말을 남겼다.

어째서 죽음을 두려워해야 하는가? 우리가 살아 있는 동안에 는 죽음이 아직 오지 않았고, 죽음이 오는 즉시 우리는 더 이상 존 재하지 않을 텐데.

이 말을 그는 스스로의 가슴에 새겨 넣었던 듯하다. 삶이 끊임없이 배워가는 과정이라는 에피쿠로스의 가르침은 오늘날 신경의학자들 의 이론을 예견한 것 같다. 늘 배우고 변해가는 주위 세상에 흥미를 잃지 않는 사람만이 나이를 먹어서도 삶에 대한 기쁨을 유지할 수 있 다. 그리고 우리가 실존적인 두려움을 혼자서는 극복할 수 없고 가까 운 사람들의 도움을 필요로 한다는 에피쿠로스의 교훈은 오늘날의 복잡한 세상에서도 서로 귀 기울이는 시간을 가지는 것이 중요하다는 것을 일깨워준다.

개인적인 인간관계들을 가꾸고 '건강하게' 유지해야 한다는 에피쿠로스의 주장은 가족구조가 흔히 해체를 맞는 오늘날에 특히 유효하다. 영혼의 평화와 침착함은 과도한 감각 자극과 바쁜 일정, 권력 투쟁 때문에 점점 스트레스에 시달리는 오늘날 세상에서도 추구해야 마땅한 덕목이지만 사람들은 이를 자주 놓치곤 한다. 직장 생활을 하다 보면 주위 사람들 때문에 짜증이 나고, 갈등을 참아내고, 실패를 견뎌야 하는 경우가 잦다. 고대인들처럼 때때로 어떻게 좌절을 극복할 수 있을지, 그리고 하루에 얼마 정도까지 긴장과 흥분을 견뎌낼 수 있는지 메모를 하는 것도 유용할 것이다.

다른 한편으로 에피쿠로스의 쾌락 추구는 점점 더 세고 비싼 향락을 찾아 즐기자는 뜻으로 곧잘 오해되곤 한다. 이런 잘못된 길을 갔다가는 중독 행위(쇼핑 중독, 텔레비전 중독, 폭식증 등등)에 빠져 욕망의 노예가 된다. 그에 반해 에피쿠로스의 충고는 이러했다.

풍족해지고 싶거든 재산을 늘리지 말고 욕망을 줄여라.

사모스 섬의 소박한 시골에서 자란 그는 '풀로 엮은 잠자리에서 근심 없이 잠드는 것이 황금 침대에서 잠 못 이루는 것보다 낫다' 라는 신조대로 살았다.

"그들이 잡았던 것이 그들을 잡는다."

세네카 (기원전 4년~기원후 65년)

고대 로마 시대의 철학자, 정치가, 연설가, 비극작가이자 스토아 학파의 철학자이다. 네로 황제의 스승이기도 했던 그는 네로 황제 제위 초기인 54~62년에 동료들과 함께 로마의 실질적 통치자로서 활동하기도 했다. 그러나 동료의 죽음으로 정치를 그만두고 글을 쓰기 시작하여 《메디아》, 《아가멤논》 등의 저서를 남겼다.

프랑스 화가 제라르 그랑빌(1803~1847)은 유명한 만평 한 점을 그리고서 〈거꾸로 된 세상〉이라는 제목을 붙였다. 그 그림에서는 커다란 생선들이 저수지 안의 인간들을 낚고 있다. 인간들은 목을 빼고 미끼인 명예와 맛좋은 음식, 술 등을 쫓아다닌다. 삶의 도구가 되어야 할 것들이(양분, 세상의 인정, 만족 등) 의지가 박약한 인간들에게는 유일무이한 삶의 목표가 된다.

이런 자기 소외에 대해 로마의 철학자 루키우스 안나이우스 세네카는 《행복한 삶에 대하여》라는 저작에서 '그들이 잡았던 것이 그들을 잡는다' 라는 표현을 썼다. 세네카에게 있어 진정한 행복이란 만족과 쾌락이 아니라 자연에 걸맞은 삶이었다. 인간의 자연스러운 천성은 영예나 부, 권력을 쫓는 것이 아니다. 자연은 세계의 질서에 따르는 의미 있는 삶을 살라고 우리에게 이성을 주었다. 세네카가 '자연에 순응하여 살아라' 라는 격언으로 하고자 한 말은 스스로의 감정과 욕망에 지배되지 말라는 것이었다. 그에게 '자연에 순응한 삶' 이란 어쩔 수 없이 삶에 속한 것, 즉 질병이나 좌절을 인정하면서도 도피하거나 절망하지 않는 것을 뜻했다.

본인이 얼마나 욕망에 지배되고 있는지를 시험할 수 있는 방법으로 세네카는 특정한 훈련을 권했다. 이를테면 매일 밤 잠들기 전이나 산책할 때 어떤 사물이나 소원에 얼마나 집착하고 있는지 자기 자신을 꾸준히 돌아보는 것이다. 진짜로 중요한 것이 무엇인지 우리는 늘 깨닫고 있어야 한다.

세네카에 의하면 다른 것을 생각할 수도 없을 정도로 특정 관념이나 기대에 얽매여서는 안 된다. 그 자신이 로마에서 가장 부유한 시민 중 하나였던 세네카는 본인이 얼마나 얽매였는지 시험하기 위해 일정 기간 동안 모든 안락함을 포기하고 소박하게 살 것을 제안했다. 고령에 이를 때까지 그는 침대 없이 바닥에 누워 자면서 자신을 단련시키려 했다.

세네카는 고대 로마에서 가장 흥미로운 인간들 중 하나였다. 스페인 혈통인 그는 로마에서 세 명의 황제 칼리굴라와 클라우디우스, 네로의 미움을 샀지만 법률관, 감찰관부터 원로원 의원, 집정관까지 출세했다. 클라우디우스 황제는 그를 여덟 해 동안 코르시카 섬으로 유배시켰다. 한때 제자였던 네로는 그가 정치 음모를 꾸몄다고 의심했고, 결국 기원후 65년 그에게 혈관을 끊어 자살하라고 명령했다. 그러나 상처에서 피가 흘러나와도 그의 숨이 끊어지지 않았기에 죽음은 예상보다 더 힘들었다. 체온이 내려간 터라 그 후 삼킨 독은 작용하지 않았다. 마침내 그는 더운 물이 담긴 욕조를 준비하여 그 안에서 질식해 죽었다. 루벤스가 1611년 그린 〈죽어가는 세네카〉를 비롯하여 많은 그림들이 그의 생애 마지막을 다루고 있다.

세네카는 젊은 시절부터 이미 스토아 학파의 가르침을 따랐다. 고대 철학 학파 중 하나인 스토아 학파의 명칭은 그들이 아테네에서 '벽화로 꾸며지고 기둥이 늘어선 홀(Stoa poikile)'에 모여 공부했던 데서 따왔다.

스토아 학파에서는 영혼을 가꾸는 것이 삶에서 가장 중요한 일이라 가르쳤다. 감정에 휘둘리지 않고 명성과 재물, 명예에 대한 집착에서 벗어날 때만 인간은 행복해질 수 있다. 세네카는 학파 내에서 강경노선은 아니었고 중도파에 속했다. 극단적으로 엄격한 스토아주의자들은 이를테면 가족이 죽어도 동요해서는 안 된다고 설파했다. 그에 비해 세네카는 슬퍼하되 도를 지나쳐서는 안 된다고 충고한다.

스토아 철학은 삶을 성공적으로 살 수 있는 구체적인 방법을 다룬다. 스토아적 가르침의 기본은 다음과 같다.

스스로의 욕망을 감시하라.
주체적으로 결정을 내려라.
집착과 충동, 감정에 휩쓸려 삶의 결정을 내리지 말아라.
운명이 일격을 가하더라도 침착하게 맞으라.

만약 현실을 바꿀 수 없다면 현실에 대응하는 본인의 마음가짐을 바꿈으로써 현실을 계속 살아갈 수 있다. 여기서 노력하면 바꿀 수 있는 것들(의견, 행동, 소망 등)과 노력해도 어쩔 수 없는 것을 구별해내는 것이 중요한데, 세네카는 후자의 예로 재산, 직위, 건강 상태 등을 들었다. 후자의 것들은 어쩔 수 없는 상황이 닥치면 잃을 수도 있는 것들이다. 그러므로 그것들에 집착하는 것은 현명하지 못하다.

특히 세네카가 《인생의 짧음에 대하여》라는 대화록에서 내세운 올바른 삶에 대한 식견은 오늘날에도 읽어 볼만하다. 사람들은 늘 인생이 너무 짧다고 한탄한다. 그러나 세네카에 따르면 우리에게 주어진 시간이 짧은 것이 아니라 우리가 그 시간을 불필요한 행위들로 낭비하는 것이다. 그러면서 정작 우리가 가진 것들 중 가장 소중한 것, 즉 삶 자체는 아무렇게나 산다. 의미 있게 삶을 꾸려나가는 대신 우리는 너무 많은 것들에 마음을 분산시킨다. 온갖 것을 욕심내고 미래의 계획을 위해 살아가느라 당장 본인이 자리한 현재는 방치한다. 이렇게 정신없는 가운데 삶은 손가락 사이를 흘러내리는 물처럼 빠져나간다. 그에 반해 독서를 하고 위대한 사상가들과 정신적 대화를 나누는 것은 풍성하고 의미 깊은 행위다. 세네카는 명상을 위한 시간을 마련하여 고귀하고 가치 있는 목표로 차분하게 정신을 집중할 수 있는 사람이야말로 제대로 살고 있다고 여겼다.

세네카 자신은 오늘의 지배자가 내일의 패배자가 되곤 하는 정치적 혼란기에 살았다. 정치에서 거리를 두는 것이 당시에는 현명한 태도로 여겨졌다. 역시 스토아 학파에 속하는 황제 마르쿠스 아우렐리우스는 《명상록》에서 '남들이 그대를 황제 대접을 하며 떠받들지 못하도록 조심하라'라고 썼는데, 세네카 역시 이 신조에 찬동했다. 루킬리우스에게 보낸 편지에서 그는 국가를 이끌어나가는 고위직을 무조건 맡을 필요는 없다고 썼다.

은밀한 구석에서도 하늘을 향한 도약은 해낼 수 있다네.

세네카는 본인이 없어서는 안 되는 인재인 줄 알고 감투를 내놓지 않으려 드는 정치가들을 비판했다. 차지했던 직위에서 떠나는 것은 자연스러운 섭리고 언젠가는 겪어야 하는 일이다. 그리고 은퇴를 하는 것이 꼭 나쁜 일만도 아니다. 개인으로서 사적인 삶을 즐기지 못할 것은 또 무엇이란 말인가? 일찌감치 나이 먹는 일에 익숙해지는 것도 의미 있다.

세네카의 철학은 소비와 상품의 유혹이 큰 오늘날 사회에 시사하는 바가 크다. 심리학자들에 따르면 물건을 사는 일의 90퍼센트 정도는 무의식적으로 결정된다고 하니, 스스로가 소비와 풍요의 노예가 된 것은 아닌지 언제고 돌이켜 보아야 할 것이다. 차, 집, 옷, 휴가 등등 뭐든지 더 크고 빠르고 대단하고 호화찬란해야 사람들의 직성이 풀린다. 세네카와 같은 검약은 요즘에는 그 누구도 행하려 들지 않는다. 그러나 다른 한편으로는 점점 더 많은 사람들이 수도원에서 시간을 보내거나 순례 여행을 떠나는 것을 목격할 수 있다.

세네카가 그의 저작 《행복한 삶에 대하여》에서 설파했던 교훈 '우선은 자기 자신에게 주의를 기울이고 그 후에는 자신이 행하는 일을 챙겨라, 그리고는 함께 살아가고 위해야 할 사람들을 보살펴라' 라는 말은 오늘날에도 의미를 잃지 않았다. 기독교는 '자기 자신에게 주의를 기울여라' 라는 그의 윤리를 과도한 자기애로 오해한 바 있다. 그러나 세네카는 '사랑받고 싶으면 사랑해라' 라는 교훈 또한 남겼다.

"신께 의지하는 것은
내게 이로운 일이다.
내가 신께 의지할 수 없는
지경에 이른다면
나 자신에게서는 어차피
이미 의지를 잃은 후일 터이니."

아우렐리우스 아우구스티누스 (354년~430년)

알제리와 이탈리아에서 신학자로 활동했으며, 서방 교회의 4대 교부 중 한 사람이다. 철학
과 기독교를 결합하여 중세 사상계에 영향을 주었으며, 신앙과 지식의 관계에서 대해서
단순한 이론을 위한 이론이 아니라 참된 행복을 찾을 것을 주장했다. 그의 이와 같은 사상
은 신학과 일반 학문을 함께 연구한 중세의 스콜라 학풍에도 큰 영향을 미쳤다.

신께 의지하는 것은 내게 이로운 일이다. 내가 신께 의지할 수 없는 지경에 이른다면 나 자신에게서는 어차피 이미 의지를 잃은 후일 터이니.

위의 인용문이 나온 책《고백록》을 남긴 아우구스티누스는 철학자이자 교부로서 인간과 신을 이해하는 기독교의 시각에 큰 족적을 남겼으며, 유럽인들의 주관성과 내면성의 틀을 만들어냈다.

그가 밀라노에서 체험한 각성의 순간은 매우 인상적이다. 정원에서 '쓰디쓴 회한'에 빠져 있던 그의 귀에 불현듯 어느 소년이 "들고 읽으라, 들고 읽으라!"라고 노래하는 소리가 들려왔다. 우연히 그의 앞에는 사도 바울의 편지들을 엮은 책이 놓여 있었고, 그가 아무 페이지나 펼치자 '예수 그리스도를 따라 육신과 욕망에 대한 염려를 잊으라'라는 구절이 나왔다. 아우구스티누스는 더 이상 읽지 못했다.

나도 모르게 무화과나무 아래 몸을 던지고 마음껏 눈물을 흘렸다.

무수한 나날 동안 의심하고 헤맨 끝에 마침내 그는 생의 의미를 찾을 수 있었으니, 바로 예수 그리스도에 대한 믿음이었다!

서기 410년 서고트족이 로마를 정복하고 약탈했을 때 고대 세계는 크나큰 충격에 휩싸였다. 로마는 그저 그런 도시들 중 하나가 아니라 당시 유럽에서 가장 중요한 문화 중심지이자 거대 제국의 상징이었다. 이러한 위기의 시대에 아우구스티누스는 속세가 아닌 영적인 세상에서 구원을 찾았다. 인간은 신 안에서만 안전한 의지처를 찾을 수 있다고.

고대의 철학이 이성과 자연 탐구에 매진한 반면 아우구스티누스는 학문을 허영이라 멸시했다. 인간에게 정말 중요한 진리를 찾기 위해서는 자연을 관찰할 것이 아니라 스스로의 내면을 들여다봐야 한다. 영혼과 신앙을 통해서만 진리와 삶의 확고한 고정점에 도달할 수 있다. 인간에게 가장 중요하고 변치 않는 과업은 신과의 가까움을 유지하는 것이다. 다른 것들에 마음을 빼앗길 때 신과의 거리는 멀어지고 만다.

신께 의지하는 것은 내게 이로운 일이다. 내가 신께 의지할 수 없는 지경에 이른다면 나 자신에게서는 어차피 이미 의지를 잃은 후일 터이니.

아우구스티누스는 354년 오늘날 알제리의 도시 본 근처에 위치한 작은 도시 타가스테에서 태어났다. 그의 아버지는 파트리키우스라는 이름의 소지주였고, 어머니 모니카는 독실한 기독교도였다.

처음에 아우구스티누스는 카르타고에서 언변술 선생으로 일했고, 후에는 로마와 밀라노에서 직업 경력을 더 쌓았다. 고대에 언변술 선생이란 법조계와 정계에서 필요한 웅변기술을 가르치는 직업이었다. 아우구스티누스 자신의 말에 의하면 그는 언변술 선생을 하면서 방탕하게 살았고 스스로의 삶에 만족할 수 없었다고 한다. 밀라노에서 계시를 체험한 후 그는 세례를 받고 북아프리카로 돌아와 가까운 친구들과 수도원에서 살기 시작했다.

395년에 그는 카르타고 근처, 오늘날 안나바라 불리는 히포 레기우스의 주교가 되었다. 고위 성직자로서 그는 엄격하게 이단을 배척했다. 그가 발전시킨 교리들은 가톨릭에서 가장 중요한 기반을 이루었다. 아우구스티누스는 430년 히포스가 반달족에게 포위당한 시기에 죽었다.

주교로 있던 시기에 그는 신의 국가와 지상의 국가 사이의 투쟁과 역사 속 신의 섭리를 설파한 《신국론》을 썼다. 당시 사람들 사이에는 기독교의 평화주의적인 가르침이 로마의 멸망 원인이 되었다는 비난이 널리 퍼져 있었는데, 그는 《신국론》으로 이를 반박하고자 했다.

아우구스투스는 로마인들이 그릇된 신앙을 가졌기에 로마가 멸망했다고 주장했다. 기독교도들은 무조건적인 평화주의자가 아니며, 이교도들에 대항할 때는 매우 용맹한 전사가 될 수 있다. 기독교도들은 미덕을 갖추었기 때문에 국가에 충성스러운 최선의 국민이고 최선의 지도자며 최선의 사상가들이라는 것이 그의 주장이었다.

로마인들의 저항 정신을 북돋기 위해 그는 오늘날 기준으로는 '근본주의적'으로 보일 사회 정화를 제안했다. 대중들은 연극을 관람해서는 안 되고 로마의 모든 극장들은 교회로 바뀌어야 한다고 주장했다(아우구스티누스는 연극을 '악마의 도락'으로 간주했다). 아우구스티누스에게 있어 진정한 앎이란 이성이 아니라 신앙을 통해서만 얻을 수 있는 것이었다. 그러므로 천문학자의 영혼은 시커먼 색깔일 것이라고 말했다.

그들은 태양이 언제 일식을 맞을지는 예견하면서도 그들 자신의 영혼의 암흑은 보지 못한다.

신앙을 가진 자만이 진정한 깨달음에 도달한다. 아우구스티누스는 학문을 허영 어린 호기심이자 지식에 대한 집착이라 규탄했다.

아우구스티누스는 우리가 이성이 아닌 믿음에 의지해야 한다고 쉽지 않고 강조했다. 필멸자인 우리는 신의 은총에 의존하는 존재다. 우리가 진정으로 아는 게 얼마나 적은지를 아우구스티누스는 시간에 대한 유명한 질문으로 표현했다.

시간이란 무엇인가? 아무도 나에게 묻지 않는다면 나는 답을 안다. 그러나 누가 내게 묻고 내가 답을 하려는 순간 나는 모르게 된다.

시계바늘이 가리키는 시각을 알려 주는 것은 쉽지만, 그런다고 시간의 본질을 깨달을 수 있는 것은 아니다. 시간이란 무엇인가? 유한한 인간이 시간을 어찌 대해야 하는가? 시간의 의미는 무엇인가?

아우구스티누스는 학문과 철학으로는 이런 질문에 답할 수 없고 신에 대한 믿음이 필수적이라고 말했다. 신 없이는 아무것도 안 된다. 신에게 등을 돌린 인간을 그는 '옹송그리고 뒤틀리고 불구가 된 심장'이라고 실감나게 비유했다. 신이 아닌 자신을 중심으로 놓는 인간은 스스로를 보기 위해 몸을 한껏 뒤틀어야 한다. 그러나 신에게 복속하는 자는 똑바로 걸을 수 있다.

육체와 욕구, 감각이 인간의 껍데기를 이룬다면 인간의 내면은 자아성찰과 기도, 믿음, 주관성과 로고스로 이루어진다. 내면에 충실한 인간은 다른 방식으로는 조종할 수 없는 이성을 믿음 위에 붙들어 놓는다. 행복해지기 위해서는 세속적 지식만으로는 불충분하다고 아우구스티누스는 끊임없이 강조했다. 삶의 근본적인 문제에 대한 해답들을 학문에서 구하는 것은 오만이다. 아우구스티누스는 학자들에 대해 이렇게 썼다.

다른 모든 것을 알아도 당신(신)을 모른다면 불행할 것이요, 다른 것은 아는 게 없어도 당신을 안다면 행복할 것입니다.

신에 비하면 하늘의 별들도, 시간도, 지구도, 우주도, 인간들도 아무것도 아니다. 신은 그것들 모두를 창조했고 언제든지 도로 소멸시킬 수 있다.

오늘날까지도 아우구스티누스의 문학적 표현력과 신실한 삶은 감명을 준다. 그가 자서전으로 성취한 업적을 후에 장 자크 루소와 요한 볼프강 폰 괴테도 시도한다. 새로운 철학적, 종교적 가르침들이 무수히 탄생했던 고대 후기에 아우구스티누스는 신앙 속에서 평안과 확신을 얻었다.

오늘날 역시 당시처럼 서로 다른 가치와 인생 계획과 미래상이 충돌하면서 '새로이 앞을 내다볼 수 없는'(위르겐 하버마스의 책 제목) 시기가 닥쳤다. 종종 종교와 현대성은 양립할 수 없다는 말도 나온다. 현대에는 다원적 삶의 형태가 널리 퍼지고 과학이 발전하여 사회가 세속화되면서 서구에서 종교는 의미를 잃어가고 있다. 그러나 그 반대 경향을 뒷받침하는 근거 또한 존재한다. 예를 들어 미국에서는 '종교 시장'이 크게 번창하고 있다. 학문과 종교가 반드시 서로 대립하는 것만도 아니다. 어느 설문 조사에서는 과학자들의 40퍼센트가 종교를 갖고 있다고 대답했다. 심지어 알베르트 아인슈타인은 스스로가 신앙심이 매우 깊다고 이야기한 바 있다.

교회 장부에 이름을 올린 사람들과 주일마다 교회에 가는 사람들의 수가 계속 줄고는 있다. 하지만 이를 가지고 영적인 면이 퇴보하고 있다고 결론 내리는 것은 성급하다. 많은 사람들이 삶의 방향을 찾아 세계 종교나 다른 영적 가르침에 귀의한다. 2005년 요제프 라칭어 추기경이 교황 베네딕토 16세로 선출되었을 때, 독일에서는 가톨릭교회로 돌아오는 사람들의 수가 늘어났고 그 추세는 아직도 이어지고 있다. 2005년에도, 2006년에도 세례받는 성인들의 숫자 또한 늘었다.

Hildegard von Bingen

"길을 알거라."

빙엔의 힐데가르트 (1098년~1179년)

독일의 대수녀원장, 신비주의자. 교회, 신과 인간관계, 구속을 다룬 작품을 저술했으며, 영
성과 음악에서 치유의 길을 찾기도 했다. 의학과 박물학에 대한 논문과 많은 예언, 비유적
논문들을 남겼다.

빙엔의 힐데가르트(흔히 '힐데가르트 폰 빙엔'이라고 알려져 있어, 그의 성을 빙엔이라고 오해하기도 한다. 그러나 중세 인물들은 성이 따로 없이 이름만 있었다. 다른 힐데가르트들과 혼돈을 피하기 위해 '빙엔 출신의 힐데가르트'라고 불리며, 이 책에서는 '빙엔의 힐데가르트' 혹은 '힐데가르트'라고만 표기하였다. - 역자 주)는 중세에서 가장 중요한 여류 위인 중 한 명이었다. 신앙과 인품 덕택에 많은 이들이 그녀를 인도자로 모셨고, 살아생전부터 그녀를 성녀로 섬긴 이들도 있었다.

그녀는 독일어권에서 처음으로 명상을 통해 신과 직접 소통하는 길을 발견한 신비주의자였다. '신비주의(Mystik)'라는 단어는 그리스어의 'myein'에서 왔는데, 이는 절대적인 것에 집중하기 위해 눈과 귀와 입을 모두 닫는다는 뜻이다. 중세 말엽 신비주의는 특히 독일에서 영향력 있는 조류가 되었다.

힐데가르트는 가장 중요한 저서 《길을 알거라》에서 천지창조부터 시간의 종말이 닥치고 인간이 신의 역사적 섭리에 의해 구원받기까지의 거대한 기간을 다룬다. '길을 알거라'란 인간이 선을 행하고 창조의 커다란 맥락에서 자신의 자리를 찾는 길을 알아야 한다는 뜻이다. 신이 뭇 존재에 부여한 질서로부터 자신은 독립해 떨어져 나갈 수 있다고 감히 믿는 분리주의가 곧 악이라고 그녀는 생각했다. 그녀는 악마를 '혼돈을 불러일으키는 데 능한 자'라 불렀고, 동시대의 성직자들이 지나치게 돈과 권력을 추구한다고 비판했다.

그녀는 스스로를 '보잘 것 없고 못 배운 여자'라 불렀지만, 인간이 창조주에게서 등을 돌렸다가 다시 그에게로 향하는 영원한 역사를 풍부한 표현력으로 형상화한 저작을 써냈다.

빙엔의 힐데가르트는 열 명의 남매들 중 막내로 1098년 라인 강변 알차이 근처에서 태어났다. 여덟 살 때 그녀는 디시보덴 산 위의 베네딕트파 수녀원으로 보내졌다. 수녀원의 일과는 매일이 똑같았다. 하루에 일곱 번 기도를 하고 그 사이에 식사를 하고 시편의 낭송을 듣는다. 그러나 대부분의 시간은 영적인 경험을 위해 침묵하며 보낸다.

베네딕트 수도원에서 '기도하고 일하라(ora et labora)'라는 수도원의 규칙을 따르며 자란 힐데가르트는 스스로 수녀원을 세우고 독일 땅의 종교적 삶을 개혁할 용기를 냈다. 상급자들과 심하게 충돌한 후에 그녀는 의지를 관철하여 1147년에서 1150년 사이 나에 왼편에 루퍼츠베르크 수녀원을 건립했다.

직후 그녀는 쾰른, 트리어, 뷔르츠부르크와 밤베르크 등으로 여행하며 교회와 광장에서 진정으로 신을 경외하는 삶에 대해 설교했다. 1179년 9월 17일, 그녀는 81세로 죽었다.

힐데가르트는 이미 어릴 적부터 격렬한 환상을 체험하여 후에 이를 글로 적었다. 처음에는 그녀는 이 체험에 대해 다른 이들에게 밝히지 않았으나 후에는 그것을 신이 자신을 선택하고 불러 주신 표식으로 여기게 되었다. 그녀는 창조주 신이 직접 그녀에게 '볼 수 있는 재능'을 심어 주었다고 썼다. 그녀가 체험한 환상들 중 가장 중요한 것은 42세 때 찾아왔다. '벼락같은 번뜩임과 함께 불타는 빛'이 그녀에게 내려와 뇌와 가슴, 정신을 통해 흘렀다고 한다.

그리고 불현듯 나는 성서의 뜻을 알게 되었다.

나는 육체의 눈과 귀로 이 모든 것을 보고 듣지 않는다. 나는 오로지 내 내면으로 보되 내 육체의 눈 또한 뜨여 있다. 따라서 나는 의식을 잃고 환각에 빠지는 게 아니라 밤이든 낮이든 똑똑히 깨어 있는 눈으로 본다.

다른 말로 표현하자면, 그녀는 자신이 명징한 정신으로 환상을 영접했다는 데 큰 무게를 두었다.

힐데가르트의 자연 탐구 및 치유학 관련 글들에서는 영성과 전체성이 핵심 개념이다. 병든 인간이 치유되어 구원에 이르려면 특정한 의약품을 처방받는 데 그쳐서는 안 되고 신앙에 귀의하여 선행을 하고 절도 있는 삶을 살아야 한다. 오늘날에는 '힐데가르트 의술'이라는 개념 아래 그녀가 남긴 의학적 논설의 연구가 이루어지고 있다.

그녀의 저작은 스펠트밀, 쐐기풀, 라벤더, 우유엉겅퀴 등의 약초에 관한 귀중한 정보들을 담고 있다. 천연식품 및 건강보조제 가게에서는 '힐데가르트 약초'라는 이름으로 생강과 해바라기류의 식물을 판다. 힐데가르트는 약초뿐 아니라 환자가 듣는 말과 음악 그리고 환자에게 쏟는 정성도 치유약이 될 수 있다고 여겼다. 그녀는 심지어 돌과 특정한 광물 또한 치유 효과를 낼 수 있으리라 믿었다. 훌륭한 의사라면 의학 지식만 갖출 것이 아니라 환자를 정성껏 대할 줄도 알아야 한다며, 그저 약만 처방하는 것에 대해 그녀는 반대했다.

정성을 더하지 않고 처방한 약이 어찌 진짜 낫게 하겠는가!

부정적인 마음가짐을 지닌 의사는 이미 의사 자격이 없다. 힐데가르트처럼 전체적 측면에서 환자를 보살피는 방식은 병의 증상뿐 아니라 더 깊은 원인, 이를테면 환자의 정신적 상태 등도 파악해낼 수 있다는 점에서 오늘날 다시 주목받고 있다.

환경 운동의 영향으로 인간이 자연의 일부이며 우리가 앞으로 어떻게 행동하느냐에 지구 환경의 운명이 달려 있다는 인식이 널리 퍼지고 있다. 힐데가르트는 이미 비슷한 깨달음을 얻어 자연의 모든 것이 서로 연관되어 영향을 미친다고 밝혔다.

인간은 다른 인간, 동물, 식물, 사물들과 하나의 큰 관계 그물로 엮여 있다. 힐데가르트는 인간이 온 세상의 중심에 서 있긴 하지만 그것이 인간이 모든 관계의 중심이라는 뜻은 아니라고 말했다. 오히려 그 반대다. 인간이 특별히 높은 위치에 서 있되 이 역시 우주 안의 숱한 자리들 중 하나일 뿐이다. 힐데가르트는 인간이 온 세계 속의 '가지한 줄기'라고 말했다.

그녀가 자신의 존재론적 고통과 신에 대한 그리움을 고백한 열정은 인상적이다.

하늘은 나의 비명을 듣고 지상과 살아 있는 모든 것은 나의 슬픔에 떨리라.

그녀의 호소를 오스트리아의 현대 작가 토마스 베른하르트의 시구 '나는 앞으로 뻗어나갈 길을 더 이상 모르겠다, 더 이상 길을 모르겠다, 이리 와 도와다오……'와 비교해 보면 기저에 놓인 실존주의적 분위기가 비슷하다고 느낄 수 있다. 빙엔의 힐데가르트처럼 토마스 베른하르트도 폐를 앓고 허약한 몸으로 고생을 하였으나 영성과 음악에서 치유의 길을 찾았다. 그리고 신비주의자들의 저작 또한 우리가 삶의 위기를 극복할 수 있는 힘과 믿음을 줄 수 있을 것이다.

13 Thomas Aquinas

"현자의 임무는 정리하는 것이다."

토마스 아퀴나스 (1225년~1274년)

중세의 대표적인 신학자. 《신학대전》, 《이교도들에 반박하는 총서》 등의 걸작을 써서 라틴 신학을 고전적으로 체계화한 신학자로 인정받고 있다. 무엇보다 그는 신 중심의 입장을 유지하면서도, 인간의 상대적 자율을 확립하여 인간 중심적인 근대 사상을 낳은 뛰어난 철학자이자 사상가이다.

'천사 같은 학자(Doctor Angelicus)'라고 불린 도미니크파 수도사 토마스 아퀴나스는 중세에서 가장 중요한 철학자다. 그는 사후 세계에 중점을 두던 기독교 신학을 현실 세상으로 이끈 대표자로 꼽힌다. '현자의 임무는 정리하는 것이다'라는 신조에 맞게 그의 모든 저작은 체계적으로 구성되었다.

토마스 아퀴나스는 끊임없이 현실에 대해 사고했고, 현실은 그에게 있어 충만함과 질서, 완벽을 나타냈다. 그는 철학 사상 가장 체계적인 분류에 능한 철학자로, 그의 저작 《이교도들에 반박하는 총서》는 모든 존재를 단계적으로 분류, 집대성하고 있다.

곰곰이 숙고해 본다면 온갖 다양한 사물들이 각기 제 나름의 다양한 단계로 발전함을 깨달을 것이다.

생명들의 다양한 면모를 각자의 특징과 규칙에 따라 구별하고 정리하는 것은 아리스토텔레스에 기반을 둔 철학 사조의 특징이다.

중세인들은 세계가 일종의 피라미드라고 생각했다. 가장 밑바닥은 악마들이 지배하고, 그 위에는 생명 없는 물질들이 있고, 그 위에 식물, 그보다 위에 동물 그리고 창조의 최고봉에 이성을 가진 인간이 존재한다. 지상 위에는 천사들과 대천사들이 사는 천국이 있다. 그리고 이 모든 것 위로 전능한 신이 군림한다. 천상에서와 마찬가지로 국가 내에도 신이 부여한 계급질서가 유지되어야 한다는 것이 중세인들의 전반적인 세계관이었다.

아퀴나스는 우주가 체계적으로 조직되었고 서로 연관되어 있되 질서를 벗어나면 처벌이 가해지는 공동체라고 여겼다. 모든 창조물들이 따라야 하는 '영원한 법칙(lex aeternum)'이 존재하며 인간 역시 무조건 여기에 복속해야 한다. 세상 만물에는 그 나름의 의미와 질서가 있다. 인류에게 국가라는 질서가 중요한 것은 인간 혼자서는 자연 속에서 살아남을 수 없기 때문이다.

공동체와 국가 내에서 살라고 창조된 것이 인간 본연의 운명이다. 인간은 다른 어떤 생명체보다도 서로 잘 어울리며 살아야 한다.

그에 따르면 왕의 임무는 신민들에게 최상의 것을 마련해 주는 것이다. 그리고 그 최상의 것이란 신민들을 신의 질서 속에서 제자리를 찾게 하고 그들에게 천상의 복락에 이르는 길을 알려 줌으로써 성취될 수 있다.

토마스 아퀴나스는 1225년 나폴리 근처의 로카세카 성에서 아퀴노 백작 란돌프와 그의 아내 테오도라 사이에서 태어났다. 아버지는 그가 베네딕트파 수도원의 원장이 되기를 바랐지만, 토마스는 부모의 뜻을 거스르며 도미니크파의 구걸종파에 들어가기를 원했다. 오늘날의 우리에게는 두 종파가 비슷해 보이지만, 13세기 당시에는 베네딕트파는 사회적으로 존경받았지만 도미니크파(라틴어로 '주님의 개'라는 뜻)는 가장 빈민층에 속했다. 아버지는 그의 뜻을 꺾는데 실패했고, 토마스는 도미니크파의 습속대로 파리까지 걸어가서 그곳의 대학에 들어갔다.

그는 1274년 3월 7일 리옹 공의회에 가던 도중 이탈리아의 포사노바에서 죽었다. 가톨릭교회 내에서는 처음에는 그에 대해 평가가 엇갈렸지만, 1879년 교황 레오 13세는 그를 가톨릭교회의 공식 철학자로 선포했다. 토마스는 지치지 않고 일했으며, 짧은 생애를 살았지만 심원한 저작을 남겼다.

'현자의 임무는 정리하는 것이다' 라는 문구가 들어 있는 《이교도들에 반박하는 총서》는 스콜라 학파의 가장 중요한 저작들 중 하나로 꼽힌다. 스콜라란 8세기부터 세워진 라틴어 교육 기관이었다. 스콜라 학파라는 명칭은 라틴어 '학교(schola)' 에서 연유했으며, 오늘날에는 중세의 학문을 통틀어 가리키는 개념으로 쓰인다. 학교와 수도원 종파들을 세운 후 스콜라 학파에서는 당대의 지식들을 학교에서 가르치기 쉽게 정리하고 기독교적 세계관 안으로 통합하는 데 주력했다. '총서(Summa)' 란 당시에 특정 학문 분야의 주요 논증들을 조직적으로 늘어놓은 논문을 뜻했다. 《이교도들에 반박하는 총서》는 네 권의 책으로 구성되어 있으며, 각 권에는 100개의 장이 있다. 모두 합치면 이 저작은 30만 단어에 이른다.

토마스 아퀴나스는 이 책을 대학생들과 기독교 선교 과업을 위한 교재로 구상했다. 그의 시대에 이교도라는 단어는 기독교도가 아닌 이들, 즉 무슬림과 유대인들을 가리켰다. 첫 책에서 아퀴나스는 어떻게 계시라는 수단 없이도 이성을 통해 신의 존재를 알 수 있는지 해설했다. 두 번째 책은 신이 창조한 세계의 구조를 다룬다. 세 번째 책이 다루는 문제는 인간이 어떻게 신 안에서 행복을 찾을 수 있는가 이며, 네 번째 책에서는 기독교의 신앙 내용을 설명한다.

도미니크파의 수사로서 토마스 아퀴나스는 신이 존재하며 세상은 질서와 의미를 담아 조직됐다고 확신했다. 신의 질서를 표현하기 위해 그는 자신의 저작물을 고딕 성당처럼 구성했다. 고딕 성당에서는 하나하나의 기둥들이 합쳐져 하늘로 뻗어가는 전체적인 조화를 형상화한다.

그는 얼마나 많은 존재 가능성을 가지고 있느냐를 기준으로 세상의 만물을 분류했다. 무기물 자연(산맥, 바위, 바다 등)은 외부 환경에 의해 형태가 결정된다. 식물과 동물은 자신의 형태를 발전시킬 수 있는 더 많은 자유와 가능성을 가지고 있기 때문에 무기물보다 더 높은 존재다. 그리고 인간은 이성과 죽지 않는 영혼을 가졌기에 다른 모든 창조물보다 우월하다.

아퀴나스는 언제나 학문과 구원의 교리가 상충하지 않는다고 강조했다. 이것은 중세에 보편적으로 퍼져 있던 생각이다. 지식은 결코 종교적 복락을 방해해서는 안 된다. 스콜라 학파는 지식을 위한 지식을 '허황되고 속된 호기심(vana curiositas mundi)'이라 배격했다. 구원 없는 이성은 얄팍할 뿐 아니라 위험하기까지 하다고 비판했다. 그러므로 철학은 '신학의 시녀(ancilla theologiae)'에 불과하다.

인간이 만들어낸 규칙과 인간의 힘을 벗어난 더 높은 자연 규칙 혹은 자연 법칙을 토마스 아퀴나스식으로 구별하는 사고는 오늘날 특정 과학 기술이 생명(인간 배아 실험, 인간 복제)이나 자연(멸종, 기후 변화)에 얼마나 개입하고 영향을 미쳐도 괜찮은지를 놓고 벌어지는 토론에도 중요한 역할을 한다.

그가 창조물들에 대해 펼쳤던 신학적 설명은 근대 이후 인간들이 무엇이든 해낼 수 있다고 믿는 오만에 비판적인 시각을 던진다. 전통적 가치를 대신할 더 나은 가치를 찾지 못하고서 무작정 전통을 파괴하는 세속화 흐름은 세상을 혼돈으로 이끌 위험이 있다. 가정과 사회, 국가의 질서들이 모두 사라질 때 개개인의 인간들 또한 제어를 잃고 말 것이다. 무언가를 얻기 위해 안간힘을 쓰고 경쟁을 벌일 때도 그가 설파한 질서규칙들은 지켜져야 한다.

토마스 아퀴나스는 신이 계시한 법칙(lex divina)에 천착했다. 이 법칙에는 이웃에 대한 사랑과 공동체 정신이 포함된다. 모든 구체적인 경우에 사람의 생명은 재산에 대한 권리보다 소중하다. 신의 질서를 지키고 따르는 일이 인간이 만들어낸 법보다 더 중요하다고 그는 생각했다.

14 Desiderius Erasmus

"가장 고귀한 행복은 어느 정도 미친 채로 사는 것이다."

에라스뮈스 (1469년~1536년)

네덜란드의 인문학자. 가톨릭교회의 타락을 비판하였지만, 루터의 정열적인 종교개혁 운동에는 동참하지 않았다. 《우신예찬》에서는 철학자와 신학자의 공허한 논의와 성직자의 위선 등을 날카롭게 풍자했으며, 근대 자유주의의 선구자이다. 16세기 프랑스 문화 사상사에도 큰 영향을 끼쳤다.

'인문주의자들의 제왕'이라고도 불리는 로테르담의 에라스뮈스는 그 시대에 가장 존경받는 학자들 중 한 명으로, 거의 모든 정치 수장들, 교황들과 친교를 나누었다.

저서 중 가장 유명한 풍자물 《우신 예찬》(1509)을 쓸 때 그는 두 가지 근본 목표를 추구했다. 하나는 몇몇 동시대인들(특히 직책 있는 교회 성직자들)의 허영을 비판하는 것이고, 다른 하나는 어리석음 또한 이성과 마찬가지로 삶의 필수적인 부분이라고 주장하는 것이었다. 인생은 늘 이성적으로만 살 수 있는 게 아니어서 오류와 환상으로 가득 차 있다.

이 저작에서 그는 널리 퍼진 문학적 기교를 사용했다. 어리석음을 의인화하여 직접 말을 하게 한 것이다. 독자들은 어리석음이 하는 말들이 에라스뮈스 자신의 의견인지 아니면 단지 어리석음의 주장인지 확신할 수 없다. 어리석음은 인간이 불완전할 뿐더러 현실 파악도 못하는 존재인데, 오히려 그 점이 인간에게 창조성을 부여한다고 주장한다. 만약 인간이 이성적이기만 하다면 위대한 업적들은 이루어질 수 없을 것이고 오로지 이성으로만 인도되는 삶 역시 곧바로 따분하기 짝이 없어질 것이다. 이 책 속의 모든 관점들에는 흥미진진한 모호함이 남아 있어서, 우리는 에라스뮈스가 정말로 진지하게 어리석음을 찬양하고 있는 것인지 아니면 이것 또한 반어법인지 정확히 알 수 없다.

에라스뮈스는 어느 사제와 그의 가정부로 일하던 로테르담 출신

의사의 딸 사이에서 사생아로 태어났다. 부모가 일찍 죽은 후 그는 데 벤테르의 아우구스티누스파 수도원에 들어가 1492년 사제 서품을 받았다. 1495년부터 1499년까지 그는 파리에서 주로 고전 작가들을 공부했다. 1496년부터 그는 본래 세례명에 'Desiderius'(라틴어로 '원하다'를 뜻하는 'desiderare'에서 따옴)라는 이름을 덧붙였는데, 아마도 그 자신이 부모가 원해서 태어난 아이가 아니었기 때문일 것이다.

1499년까지 그는 잉글랜드에 체류하며 후에 왕이 되는 헨리 8세를 알게 되었고, 토마스 모어(1478~1535,《유토피아》의 저자)와 가까운 사이가 되었다. 잉글랜드에서 그는 궁정식 삶의 방식을 배우며 말솜씨가 유창한 학자로 성장했다. 1500년 에라스뮈스는 약 4천 종의 고대 격언을 당대 입맛대로 수집, 편찬한 《격언(Adagia)》라는 첫 저작을 냈다.

1년 후 그는 사제 서원을 취소했다. 똑같이 교회를 비판하더라도 종교 재판에서는 성직자를 속인들보다 더 엄하게 처벌하기 때문이었다. 교회에 속하지 않은 몸일 때 그는 더 자유롭게 교회를 비판하는 글을 쓸 수 있었다. 1500년에서 1506년까지 그는 네덜란드와 잉글랜드 사이를 오갔다. 그 후 3년간 그는 이탈리아로 유학을 떠나 신학 박사 학위를 땄다.

1515년부터 그는 네덜란드 뢰벤에 머물면서 헤브라이어와 그리스어, 라틴어를 강의하는 교습과정을 꾸렸다. 그는 막대한 후원을 미끼로 자신의 아래에서 일하라는 제후의 제안을 거절하기도 했다.

내가 가톨릭 왕 카를 5세를 따랐다면 크나큰 전망을 얻었으

리라. 프랑스의 왕은 황금으로 된 산을 주겠다고 약속하며 나를 초청했다. 잉글랜드의 왕 또한 아주 너그럽고 후하게 나를 불렀다. 그러나 나는 이 모든 제안을 거절하고 내 일을 했다.

1524년부터 1529년까지 그는 바젤에 머물렀고, 현지 출판업자 요하네스 프로벤이 그의 책들을 출판했다. 에라스뮈스가 쓴 책은 150여 권에 달하며, 그가 쓴 편지 또한 2천 통 정도가 전해 내려온다.

그는 1536년 7월 12일 바젤에서 죽었다. 르네상스 화가인 한스 홀바인과 알브레히트 뒤러는 그를 당당하고 자유로운 인간으로 묘사한 초상화를 그렸다. 1958년 이래 네덜란드에서는 유럽 문화를 위해 특별히 큰 기여를 한 사람에게 에라스뮈스 상을 수여하고 있다.

《우신 예찬》에서 에라스뮈스는 어리석음의 필요성을 역설한다. 자기애와 허영은 큰 재앙을 가져오지만, 또 다른 한편으로 자기 자신의 일에 감정적인 편애를 쏟지 않고서는 인간은 생존할 수 없다. 인간이 자아비판에 지나치게 열중한다면 이루어낼 수 있는 것이 아무것도 없을 것이다. 어리석음과 오만은 학자와 정치가, 예술가뿐 아니라 개개인 모두의 원동력이다. 자아도취 없이는 아무도 위대한 업적을 이룰 수 없다. 모든 사람은 얼마 정도는 스스로를 속이고 있는데, 그게 정신 건강에도 좋고 인간적인 일이다. 지나치게 진실에 집착했다가는 까다로운 형식주의자가 될 뿐이다.

그의 저작이 좋은 반응을 얻은 것은 간단하고 알기 쉬운 문체로 쓰인 덕도 있다. 스콜라 학파의 현학이든 성직자의 예식이든 교황에 맞서 싸우는 루터파의 강경함이든 그악스럽도록 진지한 것이라면 에라스뮈스는 무엇이든 거부했다.

가톨릭교회에 대한 루터의 비판에 근본적으로는 동의했을지라도 그는 종교개혁의 굴레를 뒤집어쓰지는 않았다. 루터는 전혀 자제하지 않고 교황에게 대놓고 비판했다.

나는 이곳에 서 있을 수밖에 없다!

이런 태도는 에라스뮈스의 둥글둥글한 성격과는 맞지 않았다. 에라스뮈스는 종교 전쟁의 피바람을 불러일으킬 만한 것은 모두 피했다. 피 흘리며 싸워 얻어내야 하는 진리란 그에게는 의미 없었다. 살아생전 내내 그는 유럽에 평화가 찾아오지 않는 것에 괴로워했다. 그는 전쟁에 반대하는 저작을 다섯 편이나 썼고, 그중 《평화의 탄식》은 후에 황제가 되는 카를 5세가 기획한 평화회의의 성공을 돕기 위해 위촉받아 쓴 것이다.

《우신 예찬》처럼 이 저작에서도 에라스뮈스는 의인화 기법을 사용한다. 평화는 탄식한다.

"아주 우스꽝스러운 동기에서 인간들이 크나큰 비극을 일으키고 아주 조그만 불씨에서 거센 불길이 솟는 꼴은 말하기조차 부끄럽구나."

전쟁에서 우세를 차지하는 것은 제일 사악한 범죄자들이다. 그들은 모든 악마 같은 짓의 고수라 할 만하다. 대부분의 사람들이 평화 시에는 어떤 결정을 할 때마다 찬반을 곰곰이 숙고하면서, 전쟁만 터졌다 하면 아무 생각 없이 스스로 파멸로 뛰어든다. 스페인의 종교 재판이 에라스뮈스의 저작을 금지하고 공공연히 불태웠음에도, 이 글은 금세 온 유럽으로 퍼졌다.

진지함과 농담, 진실과 과장, 이성과 광기가 삶에서는 서로 밀접히 엮여 있음을 에라스뮈스는 끊임없이 강조했다. 모든 광기에는 일말의 이성이 숨어 있고, 모든 이성은 광기를 되비춘다. 어리석음을 말살하려는 자는 삶 자체를 파괴할 뿐이다. 어리석음은 삶의 필수적인 부분으로 인간들이 어려운 상황을 극복하도록 돕는다. 오늘날 사람들이 보험을 들어 위험이라면 무조건 피하려는 것 또한 일종의 비이성적인 어리석음으로 여겨질 수 있다. 건강한 유머 감각으로 무장하고 삶에 거리를 두는 것이 삶을 견뎌내는 최상의 방식이라는 에라스뮈스의 통찰은 성취만을 강조하는 요즘 세상에서도 그 의미를 잃지 않는다.

에라스뮈스 시절에는 정신질환자들이 아직 사회의 일부였다. 그들이 정신병원에 격리되어 치료받는 오늘날과 달리, 당시 사람들은 광인들의 헛소리에서 끔찍한 전쟁과 싸움으로 얼룩진 시대를 버텨나갈 중요한 가르침을 얻을 수 있다고까지 믿었다. 바보의 눈으로 세상을 보는 것은 바로크 문학의 전통이다.

그 예로 그림멜스하우젠의 《모험가 짐플리치시무스》에 등장하는 유피터는 광기와 드높은 지혜가 뒤섞인 인물로 악덕과 전쟁이 없는 미래 세상을 꿈꾼다. 바보란 인간들의 삶에 속한 존재다. 바보가 들고 있는 거울이나 바보들을 태운 배는 인생 동안 겪는 방황에 대한 은유이다. 마티아스 그뤼네발트, 히에로니무스 보쉬, 피터 브뤼겔과 알브레히트 뒤러도 광기가 가진 힘을 화폭에 인상적으로 표현했다. 연극에 등장하는 바보들은 종종 세상에 거울을 들이대며 심오한 진실을 말하는 역을 맡는다.

"모든 생명체들이 각자의 목소리를 내는 것은 정상적일 뿐 아니라 자연스럽고 필요한 일이다."

지오르다노 브루노 (1548년~1600년)

르네상스 시대 이탈리아의 사상가이자 철학자. 도미니크 교단에 들어가 사제가 되었으나 가톨릭 교리에 대한 회의를 품기도 했다. 인간 개인과 자연을 높이 평가하여 기독교 교리 의 반대편에 위치했던 그는 로마 교황청 이단 심문소로부터 이단의 혐의로 유죄를 선고받 아 로마에서 공개적으로 화형에 처해졌다.

지오르다노 브루노는 위대한 철학자일 뿐 아니라 시인이었고 기억술에도 조예가 깊었다. 캅카스의 눈을 모조리 가져와 덮는다 해도 자신 안의 열기를 꺼트리지 못할 거라 말했던 그는 우주의 무한함과 세상의 다양함을 설파한 죄로 1600년 2월 8일 로마에서 이단으로 화형당했다.

그는 철학사에서 소크라테스 다음 가는 순교자다. 모든 생명체가 다른 존재와 구별 가는 고유성과 목소리를 가졌다는 그의 명제에 걸맞게 브루노의 저작을 어떤 한 방향으로 종합하는 것은 불가능하다. 그는 무신론자는 아니었지만 초월적인 창조주 신을 믿지도 않았다. 계몽주의자의 시각으로 교회에 대항했지만, 과학의 가능성에 대해서도 비판적인 시각을 잃지 않았다. 브루노에 따르면 우주와 생명은 완전히 파악할 수 없는 신비였다.

브루노는 지상에 존재하는 모든 생명체에게 동등한 권리를 주어야 한다는 기반에서 출발했다. 모든 존재는 나름의 방식으로 신성을 반영한다. 그는 모든 생명체에 영혼이 깃들어 있으며 영혼은 환생한다고 믿었다. 그의 표현에 따르자면 소위 영혼의 유목민들은 영원한 변화와 순환 속에서 온갖 형태와 모습을 거쳐 간다. 그는 인간의 영혼이 동물 세계나 식물 세계, 심지어 광물 속으로까지 환원될 수 있다고 여겼다. 브루노의 시각으로는 모든 자연 현상이 유일무이했다. 모든 생명은 주어진 특정한 환경에서 살아남기 위해 필요한 고유 능력을 배우며 자라난다. 이 점에서 동물의 발달 과정은 인간과 근본적으로 다르지 않다.

지오르다노 브루노는 1548년 대학 도시 나폴리 근처의 놀라에서 태어났다. 1565년 그는 도미니크 종단에 들어갔다. 그러나 교회 당국과 처음 충돌하자마자 그는 종단에서 나와 오래도록 온 유럽을 돌아다녔다.

우선은 북이탈리아로 갔다가 거기서 제네바를 거쳐 남프랑스에 이르러 얼마간 툴루즈에 머물렀다. 파리에서는 국왕 앙리 3세의 호의를 얻어 2년간 프랑스 대사의 수행원으로 잉글랜드에 체류했다. 신학자들과 싸워 런던에서 내쫓긴 뒤에는 파리를 거쳐 독일로 가 마르부르크와 비텐베르크, 그리고 브라운슈바이크에서 철학 선생 자리를 얻으려 했다. 프라하에서는 황제 루돌프 2세의 호의를 얻는 데 실패했으며, 베네치아에서는 상인 지오반니 모체니고를 위해 일을 하다 1591년 모체니고에 의해 고발당하고 갇혔다. 베네치아에서 로마로 이송된 후 그에 대한 재판은 여덟 해를 끌었다. 로베르토 벨라르미노 추기경이 어떻게든 그를 회유하려 애썼기 때문이었다.

그의 학설에서 특히 이단이라고 문제가 된 부분은 우주가 무한하고 영원하다는 주장이었다. 이는 지구가 온 세상의 중심이고 최후의 심판이 존재한다는 교회의 공식 교리에 어긋났다. 각기 다른 종단에서 나온 사제 일곱 명이 브루노의 주장을 철회시키려 시도했으나 실패했다. 그는 아무것도 참회할 게 없다고 꿋꿋하게 선언했다. 1600년 2월 8일 그는 52세의 나이로 로마에서 처형당했다.

지오르다노 브루노의 삶과 가르침은 미켈란젤로의 〈다비드〉 상, 세

익스피어의 희곡 등장인물, 뒤러의 자화상이 당당하고 힘차게 표현하는 르네상스 시대의 이상적인 인간상을 체화했다. 프랑스 단어 '르네상스(Renaissance)'는 본래 다시 태어난다는 뜻이며, 예술과 학문에 대한 고대의 생각들을 '다시 깨운다'라는 맥락에서 쓰인다.

르네상스 시대의 이상적인 인간상은 '모든 분야를 배운 만물박사 (uomo universale)'로, 세상에 자신의 발자국을 찍어 남기는 강인한 개인이었다. 르네상스 시대는 학문과 철학, 정치와 예술의 위인들로 유명하다. 르네상스 인간은 꾸준히 자신만의 독자적인 삶의 길을 가며 개인성을 펼칠 자유를 누리고자 했다. 르네상스 인간이 가진 가장 돋보이는 특징은 창조성과 권력의지였다. 오늘날식으로 말하자면 르네상스 인간은 자아실현과 자립을 위해 노력했고, 이를 통해 사회가 아니라 개인이 중심에 오는 세계의 탄생에 기여했다.

브루노는 모든 개인이 이성과 노력으로 무언가 위대한 것을 이룰 가능성을 지녔다고 믿었다. 일과 예술, 학문에서 창의성을 발휘하는 것이 인간의 특성이다.

브루노는 인간 개개인뿐 아니라 자연 전체를 높이 평가했다. 젊은 시절 지은 시 〈헤아릴 수 없는 것에 대하여(De immenso)〉에서 그는 자연은 어디서나 아름답다고 썼다. 때때로 그는 자연 체험에 열광한 나머지 철학 저작에서도 대화 형식을 버리고 시적인 표현들을 썼다. 브루노는 인간과 동물, 식물의 근본이 서로 닮아 있다고 생각했다. 이는 인간만이 신의 형상을 땄다는 기독교 교리의 반대편에 위치한다. 동물을 복잡한 기계에 불과하다고 간주한 후대 데카르트의 학설 역시 만약 브루노가 알았다면 거부했을 것이다.

브루노는 기독교 교리뿐 아니라 수학을 토대로 한 근대의 기계적 세계관 역시 상당 부분 부정하며 늘 인간의 개인성을 강조했다. 브루노가 근본적으로 과학에 반대하는 것은 아니었다. 그러나 그는 근대 학자들이 우주와 자연, 그리고 인간까지도 오로지 계산 가능성과 유용성의 측면에서만 해석하려 드는 경향을 굳건히 반대했다. 자연을 영혼을 갖지 못한 메커니즘으로 이해하려는 시각은 브루노가 보기에 부당했다. 신은 모든 것 안에 깃들어 있다(natura est deus in rebus). 세계의 영혼이 흐르고 있는 우주는 개인성으로 가득 차 있다.

많은 작가들이 브루노의 철학과 인간성에 감명받았는데, 그중 북독일 출신의 롤프 디터 브링크만도 있다. 브링크만은 70년대에 유학하던 와중 로마의 빌라 마씨모에서 브루노의 저작을 연구했다. 브루노의 저작 《원인과 원칙, 그리고 하나에 관하여》에 나온 문장 '모든 생명체들이 각자의 목소리를 내는 것은 정상적일 뿐 아니라 자연스럽고 필요한 일이다'에 용기를 얻은 그는 68 운동(1968년 프랑스에서 일어난 학생과 근로자의 사회변혁 운동)과 결별했다. 68 운동가들 사이에도 복종과 단결에 대한 강박이 퍼져 있었다. 연좌농성이나 마약 복용, 시위에 참여하지 않는 이는 '속물'이나 '반동'이라는 욕설을 들었다. 그에 대항하여 브링크만은 지오르다노 브루노를 인용하며 독자적인 시각에 대한 권리를 강조했다. 서간 소설 《로마, 시선》에서 그는 이렇게 적었다.

지오르다노 브루노, 종단에서 뛰쳐나온 도미니크파 수도사
— 늘 다수가 아닌 개인의 편에 섰던 이.

브루노가 강조한 개인성은 오늘날에도 여전히 중요하다. 현대 사
회에서 인간들은 통계나 설문 조사 등을 통해 도매금으로 분류되거
나 정형화된 가치에 의해 구별 평가된다. 정작 구별 기준의 정당성에
대해서는 묻는 이가 없다. 오늘날 유용하다고 여겨지는 것들(예를 들
어 능력이나 인내심, 지능)은 장기적으로 인류에게 해를 가져오는 '특
질'일 수도 있다.

브루노처럼 우리는 정형화된 가치에 의존하지 않고 인간 개개인의
고유한 가능성을 볼 줄 알아야 한다. 특정한 조건을 기준으로 한 분류
는 한 인간의 인격 전체를 밝혀 주지는 못한다. 브루노가 강조했던 독
자적으로 세상을 보고 목소리를 낼 권리는 예나 지금이나 중요하다.
그를 기리기 위해 2008년 조각가 알렉산더 폴친이 베를린 포츠담 광
장에 동상을 세웠다. 이 동상은 양손을 활짝 펴고 나사처럼 몸을 비튼
인간의 형상을 하고 있다.

"인간은 인간에게 늑대다."

토마스 홉스 (1588년~1679년)

영국 철학자이자 근대 시민 국가의 사상적 기반이 된 사회계약론의 틀을 만들어 근대를 연 사상가. 서양 정치철학의 토대를 확립한 《리바이어던》(1651)에서 자연을 만인에 대한 투쟁 상태로 보고 자연권 확보를 위해 강력한 국가권력이 발생되었다고 보았다.

토마스 홉스는 스페인 아르마다 함대가 잉글랜드를 공격한 1588년, 잉글랜드 맘스버리에서 태어났다. 그의 어머니는 해산을 하던 차에 스페인 함대가 나타났다는 소식을 전해 들었다고 한다. 후에 홉스는 그녀가 자신과 두려움을 '쌍둥이 아기'로 낳았다고 썼다.

홉스의 어린 시절은 평탄하지 않았다. 영락한 시골 목사인 아버지는 술에 절어 식구들을 버리고 떠난 후 런던 근처에서 죽었다. 다행히도 잘 살던 숙부가 어린 홉스를 지원해 주어서 그는 옥스퍼드에서 언어와 논리학, 철학을 공부할 수 있었다.

학업을 마치고 그는 당시 흔하던 대로 가정교사 자리를 얻어 후에 데본셔 백작이 되는 캐번디시 남작의 아들들을 가르쳤다. 그의 주요 임무는 제자들이 소위 '그랜드 투어(Grand Tour)', 즉 유럽 대륙으로 견문을 넓히는 여행을 떠날 때 수행하는 것이었다. 이 여행 기간에 홉스는 당대 가장 중요한 학자들이었던 르네 데카르트나 갈릴레오 갈릴레이와 안면을 텄다.

당시의 정치적 격변과 전쟁을 홉스는 '인간은 인간에게 늑대다'라는 유명한 문장으로 표현했다. 이 문장은 《시민론(De Cive)》(1642)의 헌사에 등장한다.

17세기의 유럽 전역은 전쟁터와도 같았다. 독일에서는 유럽의 주도권을 놓고 30년 전쟁이 벌어졌다. 잉글랜드도 조용하지 않았다. 그곳에서는 의회와 왕권 사이에 충돌이 벌어졌다. 1640년 찰스 1세가 스코틀랜드와 전쟁을 벌이려 했을 때 의회는 지지를 거부했다. 결국 내전이 벌어져 올리버 크롬웰이 이끌던 의회 부대가 승리했다. 크롬웰은 처음에는 공화정을 선포했지만, 찰스 1세가 처형된 후 엄격한 군사 독재를 수립했다.

1660년에 찰스 1세의 아들인 찰스 2세가 왕위에 올랐다. 그러나 곧 새 왕과 신교도 의회 사이에서 종교 문제로 새로운 충돌이 벌어졌다. 찰스 2세와 그의 후계자 제임스 2세는 잉글랜드에 가톨릭을 다시 부흥시키려 들었다. 의회는 이제 네덜란드인인 빌렘 판 오라녜와 그의 아내를 추대했다. 제임스 2세의 부대가 무력 충돌 없이 항복한 덕에 1688년 빌렘은 피 한 방울 쏟지 않고 잉글랜드에 상륙하여(명예혁명) 1689년 유명한 〈권리장전〉으로 의회의 권한을 존중할 것을 약속했다.

전쟁으로 얼룩진 시대를 배경으로 홉스는 절대주의 국가의 정치 이론을 발전시켰다. 정치적 충돌의 잔인성을 목격하면서 그는 부정적인 인간관을 다지게 되었다. 홉스는 문명에서 떨어진 자연 그대로의 상태에서도 인간들이 조화롭고 낭만적으로 살 거라고 믿지 않았다. 오히려 원초적인 삶은 '외롭고 빈한하고 구역질 나며 짐승이나 다를 바 없고 수명도 짧을 것'이라 보았다. 국가 없는 삶에서는 혼돈과 힘 있는 자의 강압이 횡행할 수밖에 없다. 법이 보장되어 국가가 엄격한 통제력을 발휘할 수 있을 때만 인간들은 다스려질 수 있다.

명저 《리바이어던》에서도 홉스는 자연 그대로의 조건에서는 '인간은 인간에게 늑대(homo homini lupus)'라고 진술한다. 끊임없이 벌어지는 권력 투쟁에 종지부를 찍기 위해 인간들은 국가의 형태로 뭉쳐 평화를 보장하기로 결정했다. 홉스의 유명한 문구는 로마의 시인 티투스 마키우스 플라우투스(기원전 250~184)의 희극에서 따온 것이다.

인간을 공동체에 속한 존재로 파악하던 고대나 중세와 달리 홉스는 인간의 타고난 자기 보존욕에 중점을 두고 인간을 정의했다. 인간 심리에 대한 뛰어난 감각과 풍부한 삶의 체험을 바탕으로(홉스는 마흔에 이르러서야 주요 저작을 남기기 시작했다) 그는 인간이 영혼의 구원을 위해 노력하기보다는 정열과 감정, 본능에 끌려 다니는 존재임을 통찰했다. 인간은 사회적 인정과 부유함, 명예 등을 좇는 여러 본능에 붙들려 있다. 홉스는 수학적이고 기하학적인 모델을 가지고 복잡한 공동체 내의 군집 생활을 계산하고 파악할 수 있다고 여겼다. 우주 안의 다른 모든 만물처럼 인간 또한 'matter in motion', 즉 움직이는 물질이다. 홉스는 심지어 채찍질이 움직임의 원동력임을 잊고 뱅글뱅글 돌아가는 팽이에 인간을 비유했다. 이를 통해 홉스는 인간이(동물과 마찬가지로) 자기 보존욕구로 조종되는 존재이며, 정치는 이 욕구에 맞춰져야 한다고 주장했다.

홉스는 국가를 거대한 몸체, 'body politic'에 비유했다. 이 육체의 우선적인 과업은 국민들 사이에 평화를 유지하는 것이다. 자신의 정치적 명제에 학문적 근거를 마련하는 것이 주 목표였던 그는 《리바이어던》에서 신을 거의 언급하지 않았는데, 이 점이 교회의 불신을 샀다. 과학이 크게 발전하기 시작한 시대에 산 홉스는 실제로 유물론적인 세계관을 가졌다. 이에 따르면 신 역시 물질로 이루어졌다. 잉글랜드의 내전을 피해 골수 가톨릭 세력인 파리로 도망쳤던 그가 유물론적 사상 때문에 파리마저 떠나야 했던 것은 놀라운 일도 아니다.

파리에서 그는 가정교사로 일하며 특히 후에 샤를 2세가 되는 왕세자에게 수학을 가르쳤다. 다시 잉글랜드로 돌아온 후로는 그는 정치적 발언을 삼갔다. 토마스 홉스는 무척 운동을 즐겼고 나이 들어서도 규칙적으로 테니스를 친 덕에 당시에는 극히 드문 고령인 91세까지 장수했다. 그는 종부성사를 거부했고, 1679년 12월 4일에 더비셔의 하드윅에서 죽었다.

《리바이어던》의 제목은 구약성서의 욥기 41장 레비아탄이라는 바다괴물이 나오는 대목에서 땄다. 홉스는 위험한 내전을 종식시키기 위해서는 바다괴물처럼 무시무시하고 절대적인 힘이 필요하다고 설파했다. 동판화가 바츨라프 홀라는 초판본 표지에 거인을 그렸는데, 거인의 몸뚱이는 수천 명의 조그만 사람들로 이루어져 있다. 거인의 몸뚱이를 한 사회는 검(세속 권력의 상징)과 구부러진 봉(종교적 권력의 상징)을 들고 국가 내에서 불의가 벌어지지 않도록 감시한다. 인간 개개인이 머릿속으로 법이 합리적이라 생각하든 부당하다고 여기든 일단 무조건 법을 준수하도록 만드는 일이 사회의 최우선 목표다. 평화와 법이 지켜지는 한에는 심지어 국가가 어떤 정치 체제를 택하는지도 부차적인 문제다.

홉스가 왕정제를 선호했다는 근거가 많긴 하지만 《리바이어던》에서는 공화정이나 입헌군주제, 혹은 군사 독재도 고려 가능한 대상이다. 홉스에게 결정적인 것은 오로지 국가가 법을 세울 수 있는 권위를 지녔느냐 였다. 그러나 국가가 국민들의 안전을 담보할 수 없다면 국민들이 복종을 거부하는 것도 당연하다. 칸트와 달리 홉스는 이 경우 심지어 저항권을 지지했다.

강한 국가의 필요성을 주장하는 홉스의 이론은 얼핏 현대 서구 문명사회에서는 실효성을 잃은 것처럼 보인다. 20세기에 전체주의 체제를 겪은 후 국민들은 국가의 개입으로부터 자신들의 권리와 개인적 영역을 지키는 일을 더 중요하게 여기게 되었다. 그러나 아직도 내전에 휩싸였거나 마피아, 혹은 부족 간의 경쟁이 국가 기반을 뒤흔드는 나라들에서는 홉스의 학설이 여전히 유효하다.

지구상의 많은 지역들, 예를 들어 아프가니스탄이나 이라크에서는 17세기 내전을 겪던 잉글랜드와 마찬가지로 국가가 폭력을 독점할 수 있게 만드는 일이 우선이다. 서방의 대도시들에서도 약육강식의 무법 공간이 늘고 범죄가 성행하는 데 대한 공포가 커지고 있다. 치안에 대한 시민들의 염려는 점점 커진다. 변두리에서 벌어지는 차에 불지르기, 난동, 내전과 비슷한 소요, 연쇄적인 가택 침입과 대로상에서 공공연히 일어나는 절도 행각 등으로 인해 강한 국가를 열망하는 외침이 다시 커지는 중이다. 국제 테러리즘의 위협은 말할 것도 없다.

이런 배경에서 더 엄격한 법과 감시로 국민들을 보호하라는 요구가 나온다. 가장 최근의 예로는 국가가 개인 컴퓨터를 온라인상으로 감시하는 것에 대한 논의나 청소년 범죄에 대한 법적 대응의 강도를 높이자는 토론을 들 수 있다.

"나는 생각한다, 고로 존재한다."

르네 데카르트 (1596년~1650년)

프랑스 과학자, 수학자이자 철학가. 스콜라 학파의 아리스토텔레스주의에 처음 반대한 사람으로 근대 정신의 창시자라고 불릴 정도로 근대 및 현대 과학에 큰 영향을 끼쳤다. 합리주의적 인식론을 지지했으며, 인간의 이성 및 분석 기법의 힘을 신뢰했다. 주요 저서에는 《방법서설》, 《명상록》 등이 있다.

르네 데카르트의 '나는 생각한다, 고로 존재한다(Je pense, donc je suis, cogito ergo sum)'는 1637년 작《방법서설》(이성을 사용하고 학문적으로 연구하는 방법에 대한 서설)에 나오는 말이다. 이 문장만큼이나 중세에서 근대로의 시대 변화를 극명히 보여 주는 말도 없다. 나침반의 사용, 인쇄술과 망원경의 발명, 크리스토퍼 콜럼버스가 아메리카를 발견한 일은 인간의 자신감을 북돋았다. 이 성공에 영감을 얻어 데카르트는 철학에서도 변혁을 일으키기를 꾀했다.

근대 철학에서는 엄격한 방법론적 회의를 거친 담화만을 진리로 받아들여야 한다. 명확하고 뚜렷하게 인식되거나 증명될 수 있는 것만이 지식으로 인정받을 수 있다. '나는 생각한다, 고로 존재한다'라는 확언이야말로 그 시험을 통과해낸 굳건한 명제라고 데카르트는 여겼다. 세상 만물의 존재를 다 의심할 수 있지만 의심 자체, 혹은 의심하는 주체 본인은 의심의 여지없이 존재한다. 굴절광학과 기상학, 기하학에 관한 세 편의 자연과학 논문을 덧붙인《방법서설》에서 데카르트는 철학의 새로운 출발점을 설정한다.

데카르트는 철학에 있어서 '논쟁이나 의심의 여지가 하나도 없는 것은 이제껏 존재하지 않았다'라고 진술했다. 그래서 그는 더 이상 논쟁할 구석이 없는 확고한 사실을 찾아 나섰다가 '나는 생각한다, 고로 존재한다'라는 문장에서 바로 그 확실성을 찾아냈다. 이 문장에 담긴 진리는 확고하며 어떤 비판적 사고에도 흔들리지 않는다. 왜냐면 내가 현재 의심하고 있다는 사실 자체는 의심할 수 없기 때문이다. 이리하여 데카르트는 아르키메데스의 유레카에 맞먹는 깨달음을 거쳐 의심하는 주체를 출발점으로 놓았고, 여기서부터 철학 전체를 새로이 쌓아 올렸다. 가장 중요하며 확고하고 변하지 않는 것은 인간의 사고 자체다.

나는 곧 관찰을 통해 내가 사고하는 모든 대상은 거짓일 수 있지만 생각하는 나 자신은 존재함이 틀림없음을 알았다.

이 진리에서 출발한 데카르트는 몇몇 규칙들, 즉 방법을 준수함으로써 비슷하게 확고한 깨달음에 이를 수 있다고 주장했다.

데카르트는 1596년 3월 31일 프랑스 투르 근처의 라 아이라는 작은 마을(오늘날에는 데카르트라 불린다)에서 법률가의 아들로 태어났다. 1604년부터 1612년까지 그는 앙주의 라 플레슈에 있는 예수회 왕립 학교에 다녔는데, 몸이 약한 탓에 다른 학생들보다 오래 잘 수 있는 허락을 받았다. 데카르트는 수학과 철학을 공부하고 푸아티에의 대학에서 졸업 시험을 치렀다.

그는 집안에서 물려받은 부동산과 연금 덕에 대학에 적을 두지 않고도 학자로서 생계를 유지할 수 있었다. 시대 상황이 혼란스러웠음에도 그는(본인의 말에 따르자면) '세상이라는 거대한 책에서 배우기 위해' 여행을 떠났다. 우선은 네덜란드에서 군사 훈련을 받은 후 코펜하겐, 단치히, 폴란드, 헝가리, 오스트리아, 뵈멘과 프랑크푸르트를 거쳐 울름에까지 이르렀는데, 1619년 11월 성 마틴의 날 온종일 명상을 한 끝에 밤이 되자 세 편의 꿈을 꾸었다.

그의 꿈에는 책과 유령 같은 형체들, 논리적으로 얽힌 문장들과 그를 사정없이 후려치는 비바람이 등장했다. 이것들이 서로 어떻게 연관되었는지 오늘날의 우리는 정확하게 알 수 없지만, 데카르트가 받은 인상이 너무나 강렬해서 그는 그 순간부터 철학을 새로 정립하는 일에 생애를 바치겠다고 결심했다.

1628년에서 1649년까지 그는 유럽에서 가장 자유로운 정치적 분위기를 가진 네덜란드에 체류했다. 1643년부터는 철학적 의문들에 관심을 가진 뵈멘 공주 엘리자베트 폰 데어 팔츠와 서신을 주고받았다. 1649년 그는 스웨덴의 크리스티나 여왕으로부터 스톡홀름의 궁정에 와달라는 초청을 받았다. 여왕은 그가 개인적으로 철학 교습을 해주기를 청했고, 데카르트는 마지못해 길을 떠났다. 사는 곳을 옮기는 번거로움, 추운 기후, 흐트러진 삶의 리듬(데카르트는 잠꾸러기로 악명 높았는데, 여왕을 새벽 4시 30분부터 가르쳐야 했다)으로 건강이 악화된 그는 1650년 2월 11일 폐렴에 걸려 죽었다. 그러나 데카르트를 시기한 궁정인들이 그를 독살했을 가능성도 있다.

데카르트는 매우 중요한 철학자일 뿐 아니라 위대한 수학자이자 물리학자이기도 했다. 그는 대수를 기하에 응용하는 분석기하학, 다른 말로 해석기하학을 개발했다.

철학자로서 그는 합리주의적 인식론을 지지했다. 합리주의는 이성과 합리, 논리적 질서를 중심에 놓는다. 감각기관을 통해 받아들이는 정보는 확실하지 않아 잘못된 개념을 낳을 수 있으므로, 인간이 인식에 다다르는 주 통로는 오로지 이성이다. 사람이 타고난 이성 안에는 장차 깨달음을 얻고 진리를 연구할 수 있는 기본 구조가 장착되어 있다(데카르트가 주장한 선천적 관념은 오늘날 언어학의 선천적 문법규칙 개념과 상통한다). 타고난 이성 구조 덕택에 인간은 흔들리지 않고 진실을 찾아낼 수 있다.

데카르트는 분석 기법이 가진 힘을 확고히 신뢰했다. 이 방법을 이용하자면 우선 주어진 질문이나 복잡한 문제를 자잘한 부분으로 나눈 후 단순한 것들을 다시 모아 복잡한 현상을 파악한다.

'진실임을 증명할 수 없는 것을 결코 진실로 받아들이지 마라' 라는 데카르트의 기본방침은 오늘날에도 중요하다. 온갖 매체가 발달한 요즘에는 객관적 판단을 내리는 것이 점점 더 어려워지고 있다. 이미 지나 조작된 보도, 통계 등에 속을 가능성은 늘 존재한다. 미디어에 등장하여 수백만의 관중들을 속여 넘긴 예로는 이라크 전쟁이 발발하기 전 당시 미국 국무 장관이었던 콜린 파월이 뉴욕에서 가진 회견을 들 수 있다. UN 위원회와 전 세계 시청자들 앞에서 파월은 영상과 사실 자료를 줄줄이 늘어놓으며 이라크가 핵무기를 보유했음을 '증명하려' 했다. 그리고 대중들에게 보인 자료를 비밀기관이 조작했다는 것을 나중에야 실토했다. 파월이 자료는 많았지만 그의 성급한 주장을 뒷받침할 정말 확실한 증거를 대지 못했다는 분석은 이미 회견 당시에도 있었다. 포장에 속지 않고 냉정한 머리를 유지해야 한다는 데카르트의 합리주의는 여전히 가치 있다.

확고한 자신감을 가지고 데카르트는 학문에 새로운 기반을 마련하려 했다. 그가 학문들의 구조 분류를 묘사한 '지식 나무'는 유명한 상징이다. 인식 나무의 뿌리는 형이상학(혹은 철학)이 이루고, 몸통은 물리학이며, 가지는 의학과 기계학이고, 윤리학이 꼭대기를 차지한다. 인식 나무에 열리는 과실이란 곧 이 지식들의 실질적 응용이다.

인간들과 달리 동물들은 'Cogito(나는 생각한다)'와 사고력을 지니지 못했다는 데카르트의 명제는 오늘날 시각에서는 문제가 있어 보인다. 데카르트는 동물이 순전히 기계적으로 작동하는 자동인형이며, 그들의 구조는 일차원적이고 행동에는 영혼이 담겨 있지 않다고 여겼다. 이는 데카르트 개인의 차원을 넘어 근대 철학에 공통적으로 퍼져 있던 허점이다. 근대 철학에서는 주체인 인간만이 중심에 서고, 나머지 세상은 수탈 대상인 물질 취급을 받았다. 오늘날 자연을 다루는 기술 만능적 방식(동물들을 본래의 터전에서 옮기는 것, 원시림 개간, 천연 자원 수탈)은 유감스럽게도 데카르트의 사고 개혁과 연관이 있다.

'나는 생각한다, 고로 존재한다'라는 계명을 곧 '무엇이 옳고 그른지는 내가 제일 잘 안다'라는 독선적인 태도로 오해해서는 곤란하다. 데카르트는 자칫 저지를 수 있는 자기 과신이 얼마나 위험한지 늘 의식하고 있었다.

우리가 자기 자신과 관련 있는 모든 경우 얼마나 착각에 잘 빠지는지 나는 안다. 그리고 친구들이 우리 편을 드는 판단을 해줄 때면 의심해야 한다는 것도.

자기 자신의 이성을 신뢰해야 한다는 데카르트의 말은 다른 한편으로는 자기 자신에 대해서도 비판적인 시각을 잃지 말아야 한다는 뜻이었다. 그는 세상 모든 것과 자신에 대해 의심하는 것을 인간 된 신호라 보았다. 자기 자신에 대해 더 이상 회의할 수 없는 인간은 광기에 빠진 것이다. 데카르트가 비이성과 싸우는 과정에서 모든 것을 의심하자고 나선 것은 당연한 귀결이다.

　그러나 단 한 가지 예외가 있었으니, 그는 자신이 미쳤을지도 모른다는 의심은 하지 않았다. 1685년 펴낸 《명상록》에서 그는 온갖 범주의 오류들(감각 기관의 혼란이나 꿈)을 상세히 검토했으나, 자기 자신이 미쳤을지도 모른다는 가능성은 서슴없이 뿌리쳤다. 그저 정신질환자들을 가리켜 '뭐, 그들은 제정신을 잃었지'라는 짧은 한 마디만 했을 뿐이다.

"신 또는 자연"

스피노자 (1632년~1677년)

네덜란드의 유대인 철학자. 데카르트, 라이프니츠와 함께 근대 합리론을 대변하는 그의 철학 사상은 정신과 물질을 구분하는 데카르트의 이원론을 극복하려는 데서 시작한다. 신이 곧 세상이며 자연과 신이 하나라는 범신론을 주장했다. 스피노자의 사상은 괴테, 레싱, 콜리지 등으로 이어졌다.

스피노자의 책 《윤리학》에서 4부 서문에 등장하는 문구 '신 또는 자연(deus sive natura)' 에서 '또는' 이라는 단어는 둘 중 하나만을 선택해야 한다는 뜻이 아니라 둘 모두를 어우르는 뜻으로 쓰였다. 스피노자는 신과 자연을 서로 반대되는 것으로 대치시키는 대신 둘을 동등하게 놓은 것이다. 자연과 신은 둘 다 거룩하다. 신은 이 세상 너머에 자리한 초월적인 존재가 아니며 신과 세상은 곧 동일하다. 신이 곧 이 세상이며 따라서 자연과 신은 하나다. 이 시각은 스피노자가 취한 범신론(pantheismus, 그리스어 'pan'은 만물을 뜻하고, 'theos'는 신이다)적 철학 및 신학 입장의 특징이다. 스페인 철학자 산타야나는 스피노자가 말한 신개념의 특징을 다음과 같이 정확하게 표현했다.

> 신은 시간과 공간 속에 흩어져 있는 정신성이자 세계에 영혼을 부여하며 흐르는 의식이다.

기독교나 유대교 신앙과 달리 스피노자의 신은 세상의 창조주가 아니며 인격을 가진 존재도 아니다. 스피노자는 말한다.

> 나는 모든 것이 신 안에서 살고 움직인다고 주장하련다.

유럽 정신사에서는 스피노자를 놓고 격한 토론들이 있었는데, 특히 18세기 후반의 무신론 논쟁에서는 요한 볼프강 폰 괴테가 스피노자와 비슷한 입장을 취했다.

스피노자의 집안은 본래 포르투갈계 유대인으로 스페인의 종교 재판에 쫓겨나 상대적으로 자유로운 네덜란드로 피난했다. 아버지의 죽음 후 스피노자는 사업체를 물려받았다. 그러나 유대교 정통파와 생각의 차이를 보여 신앙공동체에서 제적당한 탓에 사업을 포기해야 했다. 랍비들이 스피노자가 모든 권리를 잃었다고 선언한 후 그는 살해 위험을 몇 번이나 겪었다. 이로 인해 그는 네덜란드의 여기저기를 떠돌며 눈에 띄지 않게 살아가게 되었다.

우선은 암스테르담 근처에 거처를 정했다가 후에는 레이덴으로 갔고, 그 다음에는 헤이그에서 안경사로 일하며 생계를 이었다. 하이델베르크 대학에서 높은 급료를 약속하며 학생들을 가르쳐달라고 초청했지만, 매이고 싶지 않았던 그는 거절했다. 겸손한 성품 덕택에 주위 사람들에게 무척 인기 있었던 스피노자는 아마도 렌즈를 가는 일을 오래 한 탓인지 결핵에 걸려 45세의 나이로 죽었다.

스피노자에 따르면 인간의 범주를 바탕으로 신을 상상해서는 안 된다. 신은 우리들 인간이 우리식대로 나누는 선과 악의 범주 밖에 존재한다. 자연을 선과 악으로 구별 짓는 것은 인간의 관념이 투영된 것일 뿐 실제에 부합하지 않는다. 모든 자연 현상은 설사 인간들의 눈에 위험하거나 사악해 보일지라도 사실은 필요한 것이며 전체를 이루는 중요한 부분이다. 스피노자에게는 정신과 물질이 동일했다. 단지 인간이 그것을 이 시각으로 묘사했다가 저 시각으로 보았다가 하는 것뿐이다. 그가 신을 확장되는 존재로 여기며 물질적인 성격을 부여한 것은 당시로서는 용감무쌍한 것이었다. 당시의 지배적인 교리로는 신은 오로지 정신적인 존재였기 때문이다.

종합하여 말하자면 스피노자는 자연의 가치를 승격시켰다. 그는 육체와 정신이 하나라고 믿었다. 우리의 뇌 속에서 무언가가 변하면 우리의 상상과 감정, 생각 또한 변하며 그 역도 성립한다. 스피노자에 따르면 뇌 속에서 벌어지는 모든 생리적 혹은 유기체적 변화는 사고 방식의 변화를 초래한다.

스피노자는 진실과 거짓을 엄격하게 구별하려 하지 않았다. 그저 진실한 정도의 차이가 있어서 하나가 다른 하나보다 더욱 진실할 뿐이다. 특히 그는 독선적인 광신주의를 경멸했다. 그의 의견으로는 광신주의는 오로지 증오에 기반하고 있었다. 자신의 교리 한 가지만 아는 자는 다른 모든 것을 보는 시야가 좁아진다. 그에 반해 누군가가 다른 이의 세상을 보는 눈을 열어 줄 수 있다면, 이는 높은 정신성의 표식이다.

이런 의견을 통해 스피노자는 유럽 관용 사상의 초창기 대표자가 되었다. 훗날의 고트홀트 에프라임 레싱처럼 그 역시 진실이 한 가지가 아닌 여러 가지 가능성 속에 나타날 수 있다고 믿었다. 1670년 펴낸 《신학적 정치적 논문(Tractatus theologico-politicus)》에는 이미 권력 분립 이론과 뚜렷한 자유 추구가 나타났다. 원하기만 한다면, 그리고 세상의 다채로움에 눈을 감지만 않는다면 작은 것에서도 신을 알아볼 수 있다.

우리가 개개의 사물에 대해 알게 될수록 신에 대한 깨달음도 늘어난다.

오류를 범하는 것은 지극히 인간적이다. 인간은 결코 진리를 완전히 파악할 수 없기 때문이다.

근본주의와 광신이 인간들을 잡아끄는 우리 시대에도 스피노자처럼 선과 악을 구별하려 드는 것이 어리석고 위험함을 깨닫는 것은 예나 마찬가지로 중요하다. 지상에서 삶을 즐길 수 있는 방식은 무수하다. 지극히 작은, 때로는 보이지 않는 사물과 관계에서도 신적인 것을 찾을 수 있다. 일상 속에서도, 그리고 자연 속에서도 거룩함은 드러난다. 스피노자를 유대 신앙 공동체에서 쫓아내면서 교조주의자들은 이렇게 외쳤다.

"낮이고 밤이고 저 자는 저주받을지어다…… 주님께서는 결코 그를 용서하시지 않을진저."

자신이 맞닥뜨린 증오에 대항하여 스피노자는 '영원의 관점에서 (sub specie aeternitatis)' 객관적인 시각을 확보하려 노력했다. 스피노자가 보기에는 사물들의 독자적인 가치를 알아보는 것이야말로 신에게 바치는 진정한 사랑이었다. 이 깨달음에서 신을 향한 '지성적인 사랑(amor dei intellectualis)'이 나왔다. 스피노자는 이 사랑을 '정신이 얻을 수 있는 가장 고귀한 안식'이라 표현했다.

현실 안에 신이 깃들어 있다는 스피노자의 생각은 의지의 자유와 관련된 최근 토론에서도 중요한 역할을 한다. 존재하는 모든 것은 신의 일부이므로 스피노자에 따르면 돌이든 동물이든 인간이든 현실 속의 모든 것은 전체와 이어져 있다. 커다란 천 한 장 안에 잡힌 주름들처럼 인간들 또한 하나의 진정한 신성이 표출된 존재들이다. 신과 자연은 우리의 행동을 완전히 좌우한다. 이것은 엄밀히 말하자면 자유란 환상에 불과하다는 뜻이다. 스피노자는 그의 중요한 저작《윤리학》에서 오해의 여지없이 강조했다.

인간들이 스스로가 자유롭다고 믿는 것은 착각이다. 인간들이 스스로의 행동은 의식할 수 있지만 그 행동이 나오게 된 원인은 알지 못하기에 이런 착각이 생겨난다.

현대의 뇌 연구는 스피노자의 이 주장을 확고히 인증했다. 뇌 단층 사진을 찍어 관측한 결과 인간들이 어떤 행동을 하겠다고 의식하기 전에 먼저 뉴런들이 준비 태세를 갖추는데, 이 과정은 직접 인간에게 의식되지는 않지만 측정은 가능하다. 이는 곧 어떤 것을 행하려는 결심이 무의식적으로 이루어진다는 뜻이다. 우리는 자신의 행동의 원인을 모르기 때문에 스스로가 자유롭다고 생각한다.

자유 의지의 존재가 부정당하는 것은 전반적으로 인간의 존엄성에 대한 타격이 될 수 있다. 그러나 스피노자는 우리가 더 이상 스스로를 행동의 유일한 주체로 여길 필요 없다는 사실이 일종의 해방 또한 가져다준다고 여겼다. 우리 행동이 우리 밖에 위치한 어떤 것에 의해 이루어진다는 사실을 깨달으면서 우리 지식의 차원은 높아진다. 이 깨달음은 마음의 평화를 선사한다. 벌어질 일은 결국에는 벌어지고 말며 우리에게는 자연의 길을 바꿀 힘이 없다면 희망과 두려움 또한 헛됨을 알게 된다.

스피노자의 사상을 이어받은 프리드리히 니체는 운명에 대한 긍정적인 태도를 '운명에 대한 사랑(amor fati)'이라 불렀다. 그래도 단 하나의 질문만은 우리 스스로 답을 정할 수 있으니, 이는 운명을 어떻게 대할 것인가, 운명을 긍정할 것인가 거부하고 맞싸울 것인가이다. 역설적이게도 여기에는 일종의 자유가 존재하는 것이다. 그러나 스피노자에 따르면 우리는 이 자유로 운명 자체를 바꿀 수는 없다.

"우리는 존재 가능한
최상의 세계에서 살고 있다."

고트프리트 빌헬름 폰 라이프니츠 (1646년~1716년)

독일의 철학자이자 수학자, 외교관으로 철학의 낙관주의를 대표한다. 모든 방면에서 쓸모
있는 사람이 되고자 노력한 라이프니츠는 다양한 직업을 가지면서도 다방면으로 연구를
게을리하지 않아 수학, 역학, 철학 등 여러 분야에 업적을 남겼다. 신의 정의에 대한 자신
의 생각을 담은 《변신론》을 발표했다.

고트프리트 빌헬름 라이프니츠는 뛰어난 철학자일 뿐 아니라 외교 관에 발명가였고, 위대한 수학자이기도 했다. 철학의 낙천주의를 그 만큼 체화한 인물도 없다. '우리는 존재 가능한 최상의 세계에서 살 고 있다' 라는 명제를 통해 그는 온갖 문제 속에서도 세상에 남아 있 는 선함과 아름다움 그리고 진실을 찾고자 했다.

라이프니츠는 사회 속에 커다란 고통과 가난이 화려함과 낭비, 흥 청망청한 연회와 공존하던 바로크 시대에 살았다. 종교 전쟁과 내전 이 빈번한 유럽에서 라이프니츠는 그의 철학으로 사람들이 기댈 수 있는 든든한 지지대를 세우려 했다.

특히 몰두했던 화두를 그는 '변신론(Theodizee)'이라고 불렀다. 이 것은 신이 존재하는데도 세상에 악이 넘치는 것을 어떻게 정당화하 느냐 하는 문제다. 라이프니츠는 신이 창조한 세상은 허점들이 명백 하게 보이긴 하지만, 존재 가능한 다른 세계들의 대안에 비하면 그래 도 최상이라고 주장했다. 우리가 존재 가능한 최상의 세계에서 산다 는 문장은 그의 《신의 선함과 인간의 자유, 그리고 악의 근원에 관한 변신론》(1710)에서 나왔다.

우리가 세상을 충분히 넓은 시야로 볼 수 있다면 여러 악들이 사실 은 필요불가결하며, 우리는 상상 가능한 세계들 중 최선의 것에서 살 아감을 깨달을 거라고 라이프니츠는 말했다. 그저 우리의 시야가 제 한되어 있기 때문에 구체적인 사건을 불행으로 간주하고 이 '불행' 없이는 아마도 더 큰 재앙이 닥쳤을 거라는 사실을 생각하지 못하는 것이다.

신은 세상을 최상의 상태로 창조했다. 이때 라이프니츠는 세상을 이루는 요소들이 가능성의 극한까지 다양해진다는 맥락에서 최상이라는 말을 썼다. 그는 이를 공존성이라고도 표현했다. 그의 의견으로는 사고와 비극과 범죄(심지어 자연재해까지도) 더 높은 관점에서 보자면 '의미'가 있었다. 왜냐하면 다른 조건의 다른 세상과 비교하자면 실제로 닥친 불행은 벌어질 가능성이 있었던 온갖 불행들 중 제일 작은 것이기 때문이다.

라이프니츠는 철학자일 뿐 아니라 화술이 뛰어난 신사기도 해서 손님을 접대할 때도 매력과 우아함을 뽐낼 줄 알았다. 오를레앙 공작부인은 당시의 다른 철학자들과 달리 그는 옷차림이 우아하고 좋은 향기를 풍긴다고 말했다.

그는 모든 학문 분야에서 탄탄한 지식을 습득한 전방위 학자의 마지막 세대였다. 그는 무수한 글과 편지, 문장, 개요를 남겨서 하노버의 라이프니츠 아카이브는 아직까지 그것들을 정리하는 중이다. 그가 편지를 주고받은 상대는 파악이 불가능할 정도로 많다. 뿐만 아니라 그는 외교적 재주도 있어서 직책과 명예도 얻었다.

라이프니츠는 1646년 7월 1일 도덕 교수의 아들로 라이프치히에서 태어났다. 1661년 그는 고향에서 철학 공부를 시작하고 수학, 그리스어와 라틴어 시 강의를 들었다. 스무 살 때 법학 박사 학위를 받을 길이 막히자 마음이 급해진 그는 학문에서 더 큰 명성을 얻고 세상을 배우기 위해 라이프치히를 떠났다. 뉘른베르크에서 학과 사람들의 갈

채 속에 박사 학위를 딴 그는 당시 철학의 중심지였던 암스테르담으로 출발했다. 본래 목적지에 도착하기 전 마인츠에서 그는 후원자가 될 외교관 요한 크리스티안 폰 보이네부르크를 알게 되었고, 보이네부르크는 그를 조언자로 고용했다. 마인츠 궁정에서 라이프니츠는 철학과 신학, 정치적 논점들에 대한 논문들을 구상했다.

얼마 가지 않아 그는 프랑스로 가서 태양왕 루이 14세로 하여금 이집트의 이교도들과 싸우도록 설득하는 중요한 임무를 맡았다. 임무에는 실패했지만 라이프니츠는 프랑스에 머무는 기간 동안 학문적 연구를 계속할 수 있었다. 수학 연구로 계산기를 개발하고 미적분 계산법을 발견한 공로로 그는 1700년 파리의 권위 있는 아카데미 회원이 되었다. 또한 잉글랜드로 가서 왕립 학회의 회원이 되기도 했다.

보이네부르크 백작이 죽은 후 라이프니츠는 하노버 공작의 궁정 고문이 되었다. 그는 죽기 전까지 40년간 이곳에서 일했으며, 1716년 11월 14일 통풍으로 죽었다. 죽기 직전 그는 삶의 신조였던 '늘 활동하라'에 충실하여 다음과 같이 말했다.

> 인간은 늘 무언가 행하고 생각하고 계획할 수 있는 것, 다수의 대중들을 위해서든 개인을 위해서든 본인의 흥미를 끄는 일을 찾아내야 한다.

라이프니츠의 겉모습이든 다양한 활동이든 철학이든 그의 모든 면모는 활기찬 생명력을 띤다. 그의 주요 개념 중 하나가 '힘'이었음은 놀라운 일도 아니다. 라이프니츠는 물질 안에는 그가 '살아 있는 힘'이라 명명한 것이 깃들어 있다고 믿었다. 오늘날식으로 표현하자면 운동 에너지에 해당하는 힘이다.

그는 현실을 구성하는 가장 기본적인 조각이 원자가 아니라 영적인 힘의 근원점이라고 생각했다. 이 힘의 근원점은 더 이상 쪼개지지 않는 최소의 구성단위로, 라이프니츠는 그것을 모나드(Monad, 그리스어로 'monas'는 단일성을 뜻한다)라고 불렀다. 모나드라는 질료는 신만이 창조하고 없앨 수 있어서 다른 방법으로는 파괴되지 않는다. 모나드들은 개별적이고 독자적인 존재기에 서로 영향을 주지 않는다. 라이프니츠가 구상한 복잡한 이론에 따르면 모나드 안에는 온 세상이 비쳐 반영된다.

모든 물방울 안에는 식물과 물고기들이 어우러진 연못 전체가 그대로 비춰진다는 라이프니츠의 비유는 유명하다.

> 모든 물질의 최소 한 단위는 곧 풀과 나무로 가득 찬 정원이나 물고기들이 그득한 연못으로 여겨질 수 있다.

라이프니츠에 따르면 소우주 안에는 대우주가 비춰지는 법이기 때문이다. 여기서 라이프니츠는 현미경으로 몹시 작은 생명체들을 관찰하던 네덜란드의 자연과학자 안토니 판 레벤후크(1632~1723)의 영향을 받은 것으로 보인다.

라이프니츠는 거시적으로 보면 만물이 서로 연관되어 있으나 그

연관 관계가 구체적으로 어떻게 작동하는지는 인간들에게 수수께끼로 남아 있다고 여겼다. 이 거시적 연관성을 라이프니츠는 신에 의해 '미리 정해진 조화'라고 불렀다.

서로 완전히 똑같은 모나드들은 없다. 여기서 좀 더 넓은 차원으로 넘어가 라이프니츠는 세상에 완전히 똑같은 것은 없다고 여겼다. 한번은 라이프니츠가 리셉션에 참석한 사람들에게 정원으로 나가 완전히 똑같이 생긴 잎사귀나 풀을 찾아보라고 권했다. 라이프니츠의 모나드 이론은 개인주의를 지지한다. 그러나 동시에 모나드들은 꿰뚫어 볼 수 없는 세상의 거대한 섭리에 묶여 있다. 수많은 모나드들이 어떻게 모여 작용하게 되는지 인간들은 알 수 없고 오로지 신의 이성으로만 파악이 가능하다.

인간 또한 하나의 모나드인데 다른 모나드들과 다른 점은 자의식을 가졌다는 점이다. 라이프니츠에게 영혼이란 전 우주가 비치는 거울이었다. 영혼이 세상을 비춘다는 것은 수동적인 작용이 아니라 적극적인 표현 행위다. 영혼 안에는 노력하는 힘이 깃들어 있는데(라이프니츠는 이 힘을 'appetitus'라고 불렀다) 적극적으로 노력하고 욕망하는 것이야말로 영혼이 살아 있다는 증거다. 이 특징이 없다면 영혼은 죽은 것이다.

라이프니츠는 살아가기 위해서는 무에 대항하여 자기 자신을 던지고 세상을 탄생하게 만드는 힘과 의지가 필수라고 여겼다. 대부분 철학자들이 세상의 문젯거리들을 지적하는 회의주의자인 반면 라이프니츠는 정반대로 철학의 낙관주의를 대표한다. 라이프니츠만큼이나 자연의 조화를 받들어 강조하고 영혼의 불멸성을 드높이 찬양하던 이도 없었다.

자연은 너무나 아름답고 그 아름다움을 감상하는 것은 너무나 황홀한 일이어서 한 번 맛본 이는 다른 모든 즐거움을 하찮게 여기게 된다. 그러나 여기에 더해 영혼이 헛되이 소멸하지 않도록 노력까지 기울여 본 사람은 진정한 행복이 지혜와 덕성에서 탄생함을 깨달으리라.

"의식이 새하얀 종이나 다름없어서 그 위에 어떤 글이나 상념도 적혀 있지 않다고 가정해 봅시다."

존 로크 (1632년~1704년)

영국의 철학자. 영국과 프랑스 계몽주의의 선구자로 미국 헌법에 정신적 기초를 제공했다. 그는 경험과 '건강한 인간 이성'을 철학 체계의 토대로 삼고, 모든 지식은 경험으로 얻어진다고 믿는 경험적 인식론을 주장했다. 대표적인 저작으로 《인간 오성론》, 《교육론》 등이 있다.

본업이 의사였던 영국 철학자 존 로크는 그가 실제 겪은 경험과 그 자신의 '건강한 인간 이성'을 철학 활동의 토대로 삼았다. 그는 철학의 분야들 중 형이상학(metaphysics, 그리스어 'meta'는 '~를 넘어서'라는 뜻이고, 'physis'는 자연을 뜻한다), 즉 경험적 학문의 범위를 뛰어넘은 의문들을 다루는 분야는 인정하지 않았다. 이를테면 라이프니츠가 전 우주를 구성하는 모나드에 관한 이론을 정립하려 한다는 소식을 들었을 때, 로크는 한 친구에게 이렇게 썼다.

자네와 나한테는 이런 멍청한 짓거리가 진절머리나지 않나.

로크는 모든 지식은 경험으로 얻어진다고 믿는 경험적 인식론의 창시자였다. 이 이론에 따르면 우리의 감각은 세상과 통하는 문이고, 우리의 이성은 태어날 당시에는 빈 통, 빈 종이, 혹은 '아무것도 적혀 있지 않은 판(타불라 라사, tabula rasa)'이다. 시간이 흐른 다음에야 이성 안에는 감각 기관을 통한 인상, 생각, 관념 등이 들어와 내용을 쌓는다. 갓 태어난 아기는 색깔이나 형태에 대한 관념이 전혀 없어서 경험을 통해서 이를 얻어야 한다. 로크는 인간의 인식의 기초를 한 걸음씩 탐구하려는 스스로를 겸허하게 '정신의 보조 일꾼'이라고 칭했다. 로크는 정치적으로 자유를 수호하는 입장이라서 절대국가 철학을 내세운 홉스의 반대편에 섰다.

존 로크는 1632년 브리스틀 근처에서 막 세력을 키워가던 시민 계급으로 태어났다(그가 자라는 동안 왕과 의회 사이에서 내전이 벌어졌다). 로크는 근면하고 까다롭지 않으며 배우는 데 열성적인 학생이었다고 한다. 처음에 그는 의사로서 명성을 쌓았고, 1667년부터 후에 새프츠베리 백작이 되는 앤서니 애슐리 쿠퍼 경을 위해 일했다. 로크가 간을 수술해 목숨을 구해 준 새프츠베리 백작은 영국에서 가장 권세 있는 정치가 중 한 명으로 왕의 권력을 제한해야 한다는 주장을 펼쳤다.

백작이 수상으로 출세하면서 로크 역시 나랏일에 영향을 미칠 수 있게 되었다. 그러나 정치적 기류가 백작에게 불리하게 바뀌면서 영국에 다시 절대 군주정이 도입되자 로크는 백작과 함께 네덜란드로 망명해야 했다. 명예혁명(1689) 때에서야 로크는 잉글랜드로 돌아왔다. 몸에 무리를 하지 않으면서 철학 연구에 더 박차를 가하고 싶었기 때문에 로크는 빌렘 판 오라녜의 치하에서 세무위원회의 낮은 관직에서 일했다. 로크는 오우츠에서 1704년에 죽었다.

로크는 학자들이 경험적 증거에 큰 비중을 두기 시작하던 시대에 살았다. 잉글랜드에서는 프란시스 베이컨(1561~1626)이 철저한 연구와 실험이 과학의 기본이 되어야 한다고 가르쳤다. 반면 인간의 머릿속에는 태어날 때부터 일정한 관념이 들어 있다는 이론은 합리주의의 또 다른 한 축이었으나 점차 힘을 잃었다.

17세기 초만 해도 적어도 몇 가지 생각, 예를 들어 신에 대한 관념이나 숫자 개념은 인간이 타고난다고 여겼다. 로크는 이 선천적 관념 이론에 반대했다. 정말로 사람이 타고나는 관념이 있다면 어린 아이들이나 원시 문명 또한 이 관념들을 알고 있어야 마땅하다. 그러나 인간이 수학을 일부러 배워 익혀야 하는 데서 알 수 있듯 이것은 사실이 아니다. 인간의 정신은 본래는 비어 있다. 그렇다면 우리는 어떻게 공간이나 시간, 숫자 같은 개념들을 얻게 될까?

로크에 따르면 추상화 과정을 거치면서 숫자 개념이 생겨난다. 그러나 우리의 관념이 실재하는 사물들과 정말로 일치하느냐의 여부에 대해서 로크는 결정적인 판단을 유보했다. 이 경우나 많은 다른 철학 문제들과 관련하여 로크는 확실한 정답 대신 '단지' 가능한 한 제일 설득력 있는 주장을 찾았다.

인간의 의식을 '타불라 라사(tabula rasa)'라고 표현한 문장은 로크의 《인간 오성론(Essay concerning human understanding)》(1690)에 나온다. 선천적 관념에 대한 그의 비판은 계몽주의라는 시대적 배경과 관련 있다. 로크에 따르면 선천적 관념을 믿는 자는 스스로의 이성이나 판단력으로 검토할 필요 없는 근본적인 가르침이나 도덕 원칙이 있다고 확신하기 쉽다. 그러나 주어진 틀이나 가르침을 비판 없이 믿는 자는 로크의 표현에 의하면 '어떤 종류의 사람들에 의해 지배되고 이용당하기 쉽다'. 로크는 입증 가능한 지식에는 한계가 있어서 이 한계를 넘어선 범위에서는 상대방과 서로 의견을 검토한 후에 인정하거나 배격해야 한다고 말했다.

사람들 사이에는 도덕 규칙과 관련해 온갖 다양한 의견들이 난무한다. 정말로 사람이 머릿속에 실질적 원칙을 갖추고 태어난다면, 신이 직접 우리의 이성 안에 관념을 심어 주었다면 이런 일이 있을 리가 없다.

로크가 보기에는 갓 태어난 인간은 선하지도 악하지도 않으며 교육과 경험에 따라서 어떤 방향으로 자라날지가 결정된다. 그러므로 인간이 자라나는 환경은 무척 중요하다. 로크의 인식론은 필연적으로 정치철학과 교육학으로까지 이어지게 되며, 그는《정부에 대한 두 편의 논문》(1690)과《교육론》(1693)에서 정치철학과 교육학을 다루었다.

홉스와 달리(로크가 홉스의 저작을 알고 있었는지는 불분명하다) 로크는 국가에서 안정과 질서뿐 아니라 인간 한 명 한 명의 개인적 자유권도 중요하다고 보았다. 모든 개인들은 고유한 존재다. 인간들 사이에 공통의 끈을 만들기 위한 도구로 로크는 교육과 언어를 높이 강조했다.

모든 공동체에는 구성원들 간에 합의된 공통 기반이 어느 정도 깔려 있어야 한다. 국가는 국민들에게 의사 표현의 자유를 줌과 동시에 일정 수준의 기본 지식을 배울 기회 또한 제공하여 사람들이 서로 소통할 수 있게 만들어야 한다. 그리고 언어란 하늘에서 갑자기 떨어지는 게 아니라 언어 공동체에서 신경 써서 가꾸어야 하는 것이다. 만약 한 나라 안에 크게 차이 나는 언어 문화들이 난무하여 구성원들 사이에 소통이 불가능할 지경이 된다면 큰 문제다. 이렇게 다문화적인 구조 속에서는 구성원들에게 최소한의 표준 지식을 제공하는 학교의 역할이 커진다. 사람들이 비슷한 수준의 배경 지식을 가지고 있어야 소통은 제대로 이루어진다. 만약 사람들이 더 이상 몇몇 기본 개념들에 합의할 수 없다면 소통 불가로 소외되는 이들이 늘어나며 아울러 폭력적인 갈등이 늘어날 위험성도 생긴다.

로크는 국가가 국민들에게 신이 존재한다는 점과 기독교적 공동체 생활의 몇몇 기본 규칙은 가르치는 게 바람직하지만, 그 밖의 범위에서는 종교에 개입하지 않고 국민들이 자기 나름의 종교 생활을 하도록 자유를 부여해야 한다고 제시했다. 이것은 오늘날에는 별 이의 없이 받아들여질 주장이지만, 로크의 시대에는 진보적인 철칙이었다.

게오르크 빌헬름 프리드리히 헤겔이나 칼 마르크스 같은 독일 철학자들은 진정한 철학은 복잡하고 알아듣기 힘들어야 한다고 여겼는지 건강한 인간 이성에 기반을 둔 영국 철학을 얄팍하고 깊이가 없다고 비판했다.

이런 편견을 존 로크는 당당하게 비웃었다. 그의 경험주의 철학은 입증할 수 없는 사변적인 주장 대신 명확하고 이해하기 쉬운 논증으로 호소한다. 세상 경험 풍부한 영국 신사였던 그는 형이상학적인 문제 제기를 피했다. 그의 의견으로는 어차피 형이상학적인 문제에는 설득력 있는 답이 나올 수 없었다. 네덜란드에서 망명 생활을 하는 중 집필한《교육론》에서 그는 교육 이론은 거의 늘어놓지 않고 일상생활에서 도움이 될 실제적인 충고들을 한다. 로크는 알아듣기 쉬운 말로도 철학을 할 수 있음을 증명했다.

앵글로 색슨 철학 전통을 이어받은 오스트리아 철학자 루트비히 비트겐슈타인은 이런 명제를 내세웠다.

일단 말로 표현될 수 있는 것은 무엇이든 명확하게 표현될 수 있다.

로크는 분명히 이 명제에 찬성하면서 불명확하고 알아듣기 힘든 언어 사용이야말로 인간들 사이에 일어나는 오해와 짜증의 원인이라고 덧붙였으리라.

"존재한다는 것은 지각되는 것이다."

조지 버클리 (1685년~1753년)

아일랜드의 철학자이자 성공회 주교. 우리가 지각하는 것만이 실체이며, 지각하지 못하는 것의 실체는 없다는 극단적인 경험론을 주장했다. 그의 관념론은 칸트부터 피히테, 쇼펜하우어부터 니체에 이르기까지 많은 철학자들에게 영향을 끼쳤다.

아일랜드의 주교이자 철학자 조지 버클리는 '감각적 지각'과 '지각하는 주체'만이 정말로 존재한다고 믿었다. 세상은 오로지 지각됨으로써 존재할 수 있다. 저서 《인간 인식의 원칙들에 대하여》에서 그는 '존재한다는 것은 지각되는 것이다(Esse est percipi)'라고 썼다. 이저서에서 그는 우리가 어떤 사물이 진짜로 존재함을 체험하기 위해서는 그것을 감각으로 지각하는 수밖에 없다는 명제를 내세웠다.

만약 '내가 지금 글을 쓰고 있는 책상은 존재한다'라고 내가 말을 한다면, 그것은 실은 '나는 책상을 눈으로 보며 몸으로 느끼고 있다'라는 뜻이다. 사물을 지각하는 정신이 없다면 그것이 절대적으로 존재한다고 주장하는 것은 불가능하다. 그리고 우리는 사물을 직접 지각하는 게 아니라 감각을 통해 그것에 대한 관념을 머릿속에 품는 것에 불과하다. 우리가 경험할 수 없는데도 진짜로 존재하는 사물이 있단 말인가? 세상 전체는 결국 어떤 주체의 관념일 뿐이다. 그 주체는 인간일 수도 있고 신일 수도 있다. 방금 전 옆방에서 본 책상이 아직도 거기 있다고 어떻게 확신할 수 있는가? 책상을 지각할 수 없다면 책상의 존재는 확정적인 게 아니라고 버클리는 주장했다.

그는 자신이 물질의 존재를 부정해냈다고 믿었다. 그의 의견으로는 모든 현실이 정신적이었다. '건강한 인간 이성'은 우리가 지각하는 모든 내용물들(산, 돌, 강, 나무, 동물)이 우리의 정신 밖에서도 우리가 의식하고 말고의 여부와 상관없이 존재한다고 간주한다. 버클리의 철학은 물질적 현실이 존재한다는 견해에 반대한다.

버클리 이전의 인식 이론에서는 우리가 사물에서 경험하는 몇몇 형질은 주관적이라고 전제했다. 이를테면 특정 과일의 맛은 사람마다 다르게 느낄 수 있다. 반면 형태나 크기 같은 형질은 객관적으로 측정 가능하다. 이 '상식(common sense)'에 관한 주장을 버클리는 부정했다.

그는 사물의 주관적 특성과 객관적 특성을 똑바로 구별하는 게 불가능하다고 주장했다. 왜냐하면 형질이란 결국 지각하는 주체에 좌우되는 것이어서 주체의 머릿속에만 존재하는 관념이기 때문이다. 버클리의 주장에 따르자면 어떤 것에 대한 관념이 존재하지 않는다면 그것은 곧 존재하지 않는다는 뜻이 된다. 일상적인 상식에 따르면 내가 굳이 지각하지 않아도 내가 쓰던 책상은 계속 존재하는 것이지만, 버클리는 지각과 대상 사이에는 밀접한 연관이 있다고 생각했다.

버클리에 따르면 정말로 존재하는 것은 우리의 지각뿐이다. 그렇다면 여러 사람들이 같은 곳에서 동시에 같은 방향으로 눈을 향하여 같은 사물을 보는 일이 어떻게 가능하냐는 질문이 나온다. 사물이 우리의 정신과 무관하게 존재하기 때문에 여러 사람들이 동시에 같은 대상을 지각할 수 있다고 버클리를 반박할 수 있으리라. 하지만 외부 세상의 존재에 관한 인식론적 문제에 대해 버클리는 이 답을 거부하고 다른 답을 제시했다. 버클리에 의하면 신이 인간들의 경험을 통일시키면서 외부 세계의 존재를 보장한다. 왜냐면 신은 모든 것을 지각하며, 우리들의 지각하는 정신 역시 신의 지각 대상 안에 포함되기 때문이다.

우리 주위의 자연 전체와 우리의 전 존재는 신 안에 머문다.

잉글랜드 혈통의 버클리는 1685년 아일랜드 킬케니 백작령의 킬러린에서 태어났다. 열다섯 살의 나이로 그는 더블린 대학에서 공부하기 시작했고, 스무 살이 되었을 때 그는 우리의 의식과 무관하게 존재하는 사물 세계는 없다는 이론을 개발하기 시작했다.

더블린에서 학업을 마치고 그는 프랑스와 이탈리아를 여행했다. 버뮤다에 세울 선교 학교의 후원자를 찾겠다는 그의 계획은 실패로 돌아갔다. 1728년 그는 아내와 함께 미국으로 떠나 기독교 계통의 교육 기관을 세우려 했으나 정부가 약속했던 자금 지원이 주어지지 않았다. 계획을 완수하지 못한 채로 아일랜드로 돌아와야 했다. 그리고 1734년 남부 아일랜드의 클로인 교구 주교로 임명되었다.

1752년부터 그는 옥스퍼드에서 살았고, 67세의 나이로 죽어 그리스도 교회 성당에 묻혔다. 버클리는 자신의 도서관과 로드아일랜드의 농장을 예일 대학에 기증했다. 오늘날 예일대의 단과 대학 한 곳과 캘리포니아의 도시 버클리는 그의 이름을 딴 것이다.

버클리의 관념론은 칸트부터 피히테까지, 그리고 쇼펜하우어부터 니체에 이르기까지 많은 철학자들에게 영향을 주었다. 그러나 시간 절약과 대중 매체의 시대에 '존재한다는 것은 지각되는 것이다' 라는 버클리의 말이 그가 의도하지 않았던 전혀 새로운 의미를 갖게 되었다.

요즘 매체와 광고들은 시간과 사람들의 관심이라는 제한된 자원을 확보하려 애쓴다. 수단과 방법을 가리지 않고 광고들은 사람들의 관심을 제품으로 끌어당기려 한다. 지각된다는 것은 요즘 세상에는 곧 돈이나 다름없다. 최상의 모습으로 소개되거나 제일 좋은 자리를 차지하는 것이 관건이다. 이를 위해서는 수상쩍은 전략도 동원된다. 예를 들어 상품 제공자들은 금지된 수법을 써서라도 인터넷 검색에서 제일 앞자리에 나오려 한다. 해당 검색어에서 한참 뒷페이지에 나오는 회사는 주문을 받을 가능성이 거의 없다.

경제적 관점에서 볼 때 존재와 지각되는 현상을 직접 연관시킨 버클리의 말은 아직도 유효한 셈이다. 사람들에게 지각되지 않는 제품이나 연예인은 존재하지 않는 것이나 마찬가지다. 이것을 현실 전체로 확장시켜서 우리가 지각하지 않는 사물은 그것이 정말로 존재하든 존재하지 않든 우리의 직접적인 관심을 받지 못한다고 말할 수 있다. 물론 이것은 버클리의 관념론을 상당히 자유롭게 해석한 것이자 그가 깊이 탐구했던 인식론을 단순화한 것이긴 하다.

버클리의 주된 의도는 날로 기세를 더해가던 물질주의를 철학적으로 반격하는 것이었다. 홉스는 물질주의적 세계상을 주장하면서 인간은 본능의 노리개일 뿐이라고 해석했다. 그에 반해 버클리는 인간이 언제나 신의 눈앞에서 움직인다는 것을 입증하려 했다. 그가 관념적 인식론을 내세운 것은 무엇보다도 도덕과 종교에 힘을 실어 주기 위해서였다. 그 의도와 떼어놓고 보아도 그의 인식론은 다음 일화가 보여 주듯 반박하기 힘들게 치밀하다.

어느 철학자가 인도의 지배자 앞에서 물질의 존재를 부정했다. 인

도의 지배자는 부하들을 시켜 철학자를 몽둥이로 두들겨 패겠다고
위협했다. 그러나 철학자는 눈 하나 깜짝 않고 대꾸하기를, 자신은 얻
어맞는다는 관념을 가질 뿐이니 물질의 존재는 여전히 증명이 안 된
다고 했다.

세르비아계 미국인 철학자 토마스 네이글이 쓴 철학 입문서《이 모
든 것의 철학적 의미는?》에서는 인간이 오로지 자기 자신의 의식 내
면에 관해서만 확신을 가질 수 있다고 주장한다.

> 인간이 다른 무엇을 믿든 간에, 태양, 달, 별, 집, 자신이 사는
> 동네 등 믿는 것이 무엇이 되었든 그 믿음은 그 자신의 경험과 생
> 각, 감정과 감각적 인상에 기반을 둔 것이다.

"우리는 우리 뜰을 가꿔야죠."

볼테르 (1694년~1778년)

프랑스 작가이자 사상가이다. 18세기 유럽의 전제 정치와 종교적 맹신에 저항하고 진보의 이상을 고취한 인물로, 계몽주의 시대를 대표한다. 고전주의 말기에서 프랑스 혁명기 직전에 걸친 생애를 통하여 연극, 오페라, 소설, 논문, 기사 등 방대한 집필 활동을 했으며, 그의 작품들은 18세기 유럽 문명과 시대정신에 지대한 영향을 끼쳤다.

"우리는 우리 뜰을 가꿔야죠(Il faut cultiver notre jardin)."라는 볼테르의 말은 순진하고 정직한 젊은이가 신학자이자 형이상학자 팡글로스의 영향 아래에 떨어지는 내용의 소설 《캉디드》에 나온다. 팡글로스는 우리가 최상의 세계에 살고 있으며 더 높은 관점에서 볼 때 질병이나 전쟁 같은 모든 악은 정당화된다고 가르친다. 캉디드는 세상의 절반을 도는 대장정을 펼치며 온갖 불행을 겪지만(예를 들어 그는 전쟁에 끌려 나가는가 하면 군법으로 태형에 처해진다), 팡글로스는 이 모든 것에 대해 '계몽해 주는' 해명을 댈 수 있다. 소설의 결말에서 캉디드는 농장주가 되어 터키 땅에 정착하면서 농장 일에 모든 힘을 쏟기로 결심한다.

철학 놀이는 관두고 일이나 하자고요.

(중략)

인생이 살 만해지는 길은 그거밖에 없어요.

볼테르가 보기에 세상의 악이란 신의 의지나 정의를 들먹인다고 해명하고 정당화할 수 있는 게 아니었다. 《캉디드》는 우리가 존재 가능한 최상의 세상에서 살고 있다는 라이프니츠의 명제에 대한 유일무이한 풍자다.

특히 볼테르는 교회가 1755년 리스본에서 삼만 명가량의 사람들의 목숨을 앗아간 지진 등의 자연재해를 정당화하려는 걸 비판했다. 교회는 그 재난을 두고 사람들의 죄가 너무 깊어서 신이 응당한 벌을 내린 거라 주장했는데, 포르투갈인들이 겪어야 했던 말도 못할 고통에 대해 이보다 더한 냉소도 없었다.

볼테르는 1694년 파리에서 공증인 프랑수아 아루에의 아들로 태어나 프랑수아 마리라는 이름으로 세례받았다. 1704년 그는 예수회 수도원에 들어갔다. 미성년자인 국왕 루이 15세를 대신해 프랑스를 다스리던 필리프 오를레앙 공작을 조롱하는 시를 썼다가 당시 공포의 대상이었던 〈왕의 인장이 찍힌 비밀 명령서(Lettre de cachet)〉에 의거하여 1년간 바스티유에 갇혔다.

석방 후 그는 프랑스에서 가장 돈을 잘 버는 작가로 출세했다. 퐁파두르 후작 부인의 주선으로 그는 1745년 루이 15세의 궁정 사료 편찬소에 자리를 얻었다. 그러나 볼테르가 《철학적 편지》를 펴내서 그의 입지가 위험해지자 파리를 떠나 그의 정부 샤틀레 후작 부인이 거하던 로트링겐 지역 경계의 시레이로 갔다.

그녀가 죽은 후 볼테르는 1750년 프리드리히 대왕의 초청을 받아 포츠담으로 가서 삼 년 동안 프로이센 왕의 곁에 머물렀다. 초기에는 왕의 환대와 관용에 감명받았던 볼테르는 몇 달 후에는 자신이 권력 문제에서는 왕에게 전혀 영향을 줄 수 없다는 사실을 깨달아야 했다. 프리드리히 2세와의 관계에 긴장이 더해가던 무렵 그는 왕에게 썼다.

이제 저는 국왕들을 위한 작은 사전을 펴내렵니다. '나의 친구여'는 '내 노예여'라는 뜻입니다. '나의 친애하는 친구'의 의미는 '그대는 내 알 바 아니다'입니다. '내가 그대를 행복하게 해주리라'라는 문장은 '그대가 필요한 동안은 곁에 두고 참겠노라'라고 이해하시면 됩니다. '오늘 저녁 나와 함께 식사하겠소?'는 '내 오늘 저녁 당신을 가지고 놀아 주지!'라는 뜻일 뿐입니다.

알사스와 스위스에서 체류하다가 1760년 볼테르는 제네바 근방의 으리으리한 페르네 성에 정착하여 저술 활동과 영지 경영에 힘을 쏟았다. 그는 83세의 나이로 죽었다.

볼테르는 인간들이 고작 종교 따위의 시시한 문제로 서로의 삶을 힘들게 만드는 여유를 부리지 않아도 진즉에 가진 진짜 문젯거리만 해도 충분히 많다는 의견이었다.

그대들은 약하니 서로 도우시오. 그대들은 무지하니 서로를 계몽하며 관용을 보이시오.

그는 종교 재판의 법적 희생자들을 위해 쉬지 않고 활동했다. 그중에는 가톨릭교도가 대다수였던 툴루즈에서 친아들을 살해했다는 누명을 썼던 신교도 장 칼라의 일도 있다. 칼라는 이미 처형되었지만 볼테르는 여론을 동원하여 재판을 다시 열도록 했다. 칼라는 사후 무죄 판결을 받았고, 유족들이 어느 정도의 금전적 배상을 받게 되었다.
볼테르는 자연재해의 의미나 무의미에 대해 명상하는 것보다는 일이나 열심히 하는 게 훨씬 의미 있다고 여겼다. 그는 평생 40편이 넘는 연극과 오페라 대본을 썼고 스무 권이 넘는 소설과 이야기, 수많은 역사 서술과 전기, 그리고 수백 편의 학문적, 종교적, 철학적 주제에 관한 논문과 기사, 논쟁 글을 집필했다.

그가 18세기의 시대정신에 미친 영향은 아무리 높이 평가해도 과하지 않다. 당대의 주요 제후들 중 볼테르와 교류하지 않은 이는 거의 없다. 1755년부터 그는 디드로, 달랑베르가 이끄는 《백과전서》 편찬에 참여했다. 프랑스 계몽주의를 대표하는 이 프로젝트는 당대의 지식들을 종합 요약하는 학문적 대화사전을 편찬하는 일이었다.

자신의 뜰을 가꾸는 것, 다른 말로 학문과 문화와 사회의 진보를 위해 일하는 것이 의미 있다는 믿음은 볼테르와 장 자크 루소가 갈등을 빚은 원인이었다. 루소는 '고귀한 야만인' 개념을 지지하면서 문명은 인간을 진보로 인도하는 게 아니라 도덕적으로 타락시킬 뿐이라는 주장을 폈다. 루소가 보기에 볼테르가 그렇게도 찬양하는 문명의 상징이란 결국 시기와 인간들 간의 적대, 금전적 탐욕이었다. 이러한 비판에 볼테르는 다음과 같이 답했다.

귀하의 저서를 탐독하고 나면 당장 네 발로 기어 다녀야만 할 것 같은 당위성이 느껴집니다. 그러나 소생이 이 습관을 대략 60년 전에 그만둔 관계로 소생은 불행히도 이를 다시 시작할 처지가 못 되나이다.

두 사람의 상반되는 견해는 리스본의 지진에 대한 반응에서 특히 명확하게 드러난다. 지진은 수많은 사람들이 미사에 참석 중이거나 자기 집에 머물고 있던 늦가을의 만성절에 일어났다. 루소가 보기에 이는 문명사회의 결함의 증거이자 '자연으로 돌아가라!' 라는 그의 주장을 뒷받침했다. 볼테르에게 보내는 편지에서 그는 이렇게 썼다.

> 그곳에다 6층이나 7층까지 이르는 고층 집을 지은 것은 자연이 아니었으며, 만약 주민들이 이 대도시 안에 각자 흩어져서 가벼운 집을 짓고 살았더라면 피해가 훨씬 적었을 것임을 인정하시겠지요.

프랑스 계몽주의 철학의 가장 중요한 대표자 두 사람이 일생 동안 벌였던 논쟁에 대해서는 아마도 볼테르 자신이 남긴 논평이 적합한 평가를 제공할 것이다.

> 오랜 논쟁 결과 양쪽 다 틀렸음이 입증되었다.

볼테르가 남긴 또 다른 문장 '미신이 온 세상에 방화를 해댄다. 불길을 잡는 건 철학이다' 라는 말은 아직도 종교적인 이유로 공포에 떨곤 하는 오늘날의 세상에도 효력을 잃지 않았다. 어떤 종파든 종교적 광신도에게는 볼테르의 다음과 같은 말을 인용해 줄 수 있다.

곧 그는 신에 대한 사랑으로 사람을 죽일 것이다.

다른 한편으로는 이성에 대한 믿음도 지나치면 광신으로 흐를 수 있다. 프랑스 혁명 기간 동안 자코뱅파의 공포 정치가 입증하듯 이성의 이름으로도 범죄는 저질러졌다. 또한 서구 문명의 이기와 서구식 라이프 스타일에 대한 신앙 역시 광신의 경지에 근접해 있다. 이에 대항해 누구나 스스로를 개선하기 위해 노력해야 한다는 볼테르의 경구를 높이 강조할 수 있으리라. 볼테르를 존경했던 괴테는 《파우스트》 2부에 볼테르의 사상과도 닮은 구절을 남겼다.

지혜의 마지막 맺음말은 이러하다.
날마다 자유와 삶을 정복하는 자만이
그것들을 얻을 자격이 있다.

"인간은 하나의 기계다."

줄리앙 오프레이 드 라 메트리 (1709년~1751년)

프랑스의 의사이자 철학자. 자연과학에서 우리가 오늘날 자연주의라 부르는 계통을 창조했다. 《인간 식물론》, 《행복론》, 《인간 기계론》 등의 저작을 통해 육체를 근본으로 인간의 정신 활동이 이루어진다고 설명했다. 그는 심리 현상을 유물론적으로 해석하여 이후 행동주의를 발전시키는 기초를 마련했고, 근대 유물론에서 중요한 역할을 했다.

프랑스의 의사이자 철학자 줄리앙 오프레이 드 라 메트리는 겨우 42세의 나이로 죽었다. 상한 송로 공작새 파이를 먹은 것이 원인이었다. 철학적으로 그를 적대시했던 사람들은 그가 죽은 정황을 가지고 전설을 만들어냈다. 마침 라 메트리가 유물론의 대변자였기 때문에 그가 파이 같은 세속적인 원인으로 죽은 건 딱 어울린다는 것이었다. 그의 죽음과 관련된 소문들(그가 독살되었을 거라는 말도 있었다)은 라 메트리가 맞닥뜨렸던 혼란과 적의를 여실히 보여 준다.

라 메트리는 대담무쌍한 주장들로 동시대인들을 도발하는 재주가 있었다. 1747년 네덜란드의 레이덴에서 쓴 《인간 기계론(L'homme machine)》에서 그는 인간을 기계에 비유했는데, 이것은 자유분방한 네덜란드에서도 일찍이 나온 적이 없는 명제였다. 라 메트리는 기계의 작동과 기능을 각 부분의 재료와 구조를 통해 설명할 수 있듯 인간의 영적, 정신적 상태 역시 육체의 유기적 기능으로 설명 가능하다고 주장했다.

> 내가 잘못 아는 것은 분명히 아니다. 인간의 육체는 시계와도 같다. 하지만 경탄할 만한 시계다.

라 메트리는 1709년 프랑스의 생 말로에서 옷감상인의 아들로 태어났다. 1725년 그는 예수회 신자들이 경영하던 콜레주 드 캉에 입학했다. 그 후에는 콜레주 뒤 플레시스에서 철학과 신학을 공부했다.

그러나 라 메트리는 곧 유능한 성직자보다도 그저 그런 의사가 돈을 더 잘 번다고 아버지를 설득하는 데 성공하여 파리에서 의학을 전공하기에 이른다. 1733년 그는 렝스에서 박사 학위를 받았다. 후에 그는 네덜란드의 레이덴에서 임상 의학의 창시자인 헤르만 부르하버를 사사하고, 1735년부터 생 말로와 주변 지역에서 의사로 일했다.

1742년은 라 메트리에게 있어 인생의 전환기였다. 밝혀지지 않은 이유에서 그는 가족을 떠나 파리로 가서 어느 장교의 주치의가 되었다. 1746년 그는 이 일도 그만두고 네덜란드로 향했다. 1748년에는 프리드리히 2세의 부름을 받아 베를린으로 가서 왕의 주치의이자 왕에게 프랑스어 책을 낭독하는 일을 하게 되었다.

1751년 11월 21일, 라 메트리는 베를린에서 송로 파이를 잘못 먹고 죽었다. 프리드리히 2세는 손수 그를 기리는 글을 남겼다.

신학자들의 경건한 저주에 겁먹지 않는 모든 이들은 라 메트리의 죽음으로 한 올바른 인간이자 학식 있는 의사가 사라진 것을 애도하리라.

프로이센에서 지내는 동안 라 메트리는 《인간 식물론(L 'homme plante)》과 《행복론(Discours sur le bonheur)》라는 저서 두 권을 더 냈는데, 이것들은 오늘날 《인간 기계론》보다는 덜 유명하다.

《인간 식물론》에서 그는 인간 생명의 근원을 감각과 활동이라는 두 능력에서 찾았다. 이것은 식물 또한 갖고 있는 특질들이다. 《행복론》은 인간이 자기 자신 안에서 행복을 찾을 수 있다고 설파한다. 어떤 면에서 보자면 모든 인간은 각자 나름으로 하나의 세계이다. 강장 동물의 예를 들어 라 메트리는 신체의 재생산 능력을 설명했다. 강장 동물의 한 팔을 자르면 그 자리에서 새로운 팔이 난다. 이 예를 가지고 라 메트리는 이미 18세기에 자기 생산성(autopoiese, 그리스어로 'autos'와 'poiein'을 합치면 자기 형성이라는 뜻이다), 즉 육체의 자체 조직성을 강조했다. 행복에 대한 그의 철학은 육체의 기능을 근본으로 삼는다. 라 메트리에 의하면 육체는 우리들 삶에서 가장 확고한 토대이다.

몸 상태가 좋은 이들이 행복을 느낀다.

관용을 기치로 삼은 프리드리히 2세마저도 이 책은 나오자마자 판금시켰다.

라 메트리는 자연과학에 있어 우리가 오늘날 자연주의라 부르는 계통을 창조했다. 자연주의자는 육체를 원인 삼아 인간의 정신 활동 과정이 이루어진다고 전제한다. 인간 또한 다른 생명체들처럼 자연의 일부로 연구하고 설명할 수 있다. 인간은 동물들과 마찬가지로 육체의 반응에 좌우되며, 동물과 구별되는 유일한 차이점은 인간의 신경구조와 뇌가 더 복잡하게 조직되었다는 점뿐이다. 라 메트리의 말에 따르면 인간과 식물, 동물은 똑같은 재료로 만들어졌고 단지 인간이 훨씬 복잡하게 작동할 따름이다. 정신과 의식 또한 자연과학적으로 설명할 수 있다.

이러한 견해는 라 메트리의 시대에는 혁명적이었다. 현대의 신경 생물학과 생물심리학, 신경정보학 또한 라 메트리의 생각을 이어받아 발전시켰다. 인간을 기계와 나란히 놓고 연구하는 것은 방법론의 측면에서 볼 때 영혼과 정신을 탐구할 수 있는 왕도임이 그동안 드러났다.

20세기 후반 컴퓨터가 발전하면서 라 메트리의 '인간 기계론'에 대한 생각이 새롭게 조명받았다. 소위 기능주의를 지지하는 사람들은 인간의 육체와 영혼 사이의 관계를 컴퓨터의 하드웨어와 소프트웨어에 비유한다. 각기 다른 하드웨어에서 특정한 프로그램을 작동시킬 수 있듯 화학적이고 유기적인 방법을 가지고 정신의 특정 프로그램을 뇌에다 심을 수 있다는 것이다.

그러나 인간을 기계에 비유하는 것은 한계가 있다. 기계와 달리 인간은 주관성(주관적 경험과 의도, 감정)을 가지고 있으며, 이 주관성은 정신을 연구할 때도 함부로 일반화할 수 없다. 기계가 입력과 출력 메커니즘의 산물로 작동하는 반면 인간의 정신은 개인적, 사회문화적 체험이 바탕이 된다. 라 메트리 이래 신경 연구자들이 크나큰 발전을 이루어서 사람의 뇌에 전기 자극을 주어 특정 정신적 관념을 창조해내는 게 가능해졌다 해도 인간을 기계에 비유하는 데는 한계가 있다. 기계는 버튼 하나만 누르면 조작이 가능하다. 그러나 전기 자극으로 어떻게 다른 문화권의 사람에게, 이를테면 이누이트족 사람에게 한국산 소주 한 잔에 대한 생각을 불어넣을 수 있겠는가?

그럼에도 버튼 한 번만 눌러서 원하는 체험은 무엇이든(카리브 해안에서의 휴가나 스타가 된 기분 등) 불러일으킬 수 있는 '경험 기계'를 만들어내는 데 성공한다고 가정해 보자. 만약 이런 기계에 제법 긴 시간 동안(2년이라고 치자) 접속할 수 있는 기회가 주어진다면, 우리는 받아들일 것인가 거절할 것인가?

현대의 철학자 로버트 노직은 몇 가지 반대 근거를 댄다. 그는 인간들은 독자적인 개인성을 갖고 싶어 하는 법인데, 경험 기계에 접속하는 사람은 정체성이 사라진다고 주장한다. 기계에 접속한 그 사람은 친절한가? 좋은 사람인가? 지적인가? 하지만 그 사람은 주어진 환상의 산물에 불과하기에 우리는 그 질문들에 답할 수 없다. 경험 기계에 접속한 사람은 존재와 현실과 깊은 소통을 할 수 없게 된다.

"인간은 날 때는 자유로웠으나 그 후로 어디서나 사슬에 묶여 있다."

장 자크 루소 (1712년~1778년)

프랑스 낭만주의 철학자. 《사회 계약론》, 《에밀》 등의 저작에서 누구나 자연의 아름다움에 눈뜨고 자유를 가장 보편적 동경의 대상으로 여길 것을 설파하였다. 그의 개혁 사상은 음악을 비롯한 여러 예술에 혁신을 가져왔고, 사람들의 생활 방식에 큰 영향을 끼쳤다.

장 자크 루소는 계몽주의를 대표하는 가장 중요한 인물이자 가장 신랄한 비판가였다. 그에게 있어 진보란 곧 자연스러움과 선량함의 상실을 의미했다. 인간의 본성은 선하건만 문명이 풍속을 타락시킨다. 태초에 인간은 타고난 욕구와 본능에 따라 살았다. 그러나 문명화된 사회에서는 관습과 반성적 사고, 잘못된 조작이 판을 친다.

루소는 1762년 펴낸 《사회 계약론》에서 '인간은 날 때는 자유로웠으나 그 후로 어디서나 사슬에 묶여 있다'라고 말한다. 루소는 귀족들의 특권만 비판한 게 아니라 잘못된 욕구를 일깨우려 드는 서구 문명의 전반적 조류 또한 지적했다. '자연으로 돌아가라'라는 그의 요구는 온 유럽에 팡파르가 되어 울려 퍼졌다. 루소의 초상화는 쾨니히스베르크에 위치한 칸트의 자택에 걸려 있던 유일한 그림이었다. 칸트는 루소가 자신의 지적 오만함을 치유해 주고 순수한 이성으로 사고할 수 있도록 바로잡아 주었다고 말했다.

루소의 삶은 대장정이었다. 1712년 6월 28일, 그는 제네바 구시가에서 시계공의 아들로 태어났다. 어머니가 그를 낳던 와중 사망해서 그는 한평생 죄책감에 시달렸다. 열한 살 때까지 그를 키운 아버지가 밤마다 세계 문학 작품들을 읽어준 덕택에 그 작품들과 친숙해졌다(당시 제네바의 시계공들은 교육열이 높기로 유명했다). 아버지가 명예 문제로 어느 귀족과 결투를 하고 제네바를 떠나게 되자 폰 바렌스라는 이름의 영락한 귀족 여인이 루소를 맡게 되었다. 그녀의 지시로 그는 투린에 가서 가톨릭으로 개종했다.

젊은 시절의 루소는 끊임없이 이탈리아와 스위스, 프랑스를 오가면서 기술자, 견습 성직자, 음악 선생, 시종, 대사관 서기, 교육자, 희곡 작가, 오페라 작곡가 등등 온갖 직업을 경험했다. 파리에서 그는 후에 결혼할 테레즈 르바쉬르를 알게 되었다. 그들 사이에서는 다섯 명의 아이가 태어났으나, 그는 아이들을 모두 고아원으로 보냈다.

1762년 루소는 교육 소설 《에밀》에서 교회를 비판하는 대목을 쓰면서 많은 공격을 받게 되었다. 이에 그를 위협하던 파리를 떠나 뉘른베르크, 바젤, 스트라스부르를 거쳐 마침내 철학자 데이비드 흄의 손님으로 얼마간 영국에 체류했다. 그러나 남들이 자신을 쫓고 있다는 망상에 사로잡힌 루소는 흄과 싸우고 1767년 프랑스로 돌아갔다.

그는 말년을 파리 북쪽의 에르망노빌에서 보냈다. 자서전 《고백록》을 완성한 후 1778년 7월 2일 뇌일혈 발작을 일으켜 사망했다. 혁명이 벌어지고 나서 그의 관은 파리 팡테옹에서 볼테르의 관 옆에 안치되었다.

루소의 작가 경력을 결정지은 것은 1749년 10월의 어느 날에 받은 계시였다. 그는 뱅센에 구금되어 있던 친구 디드로를 찾아가는 길에 학술 문학 아카데미가 〈메르퀴르 드 프랑스〉 지에 논술 대회 주제로 내건 질문을 읽었다.

학문과 예술의 진보는 사회 풍속을 타락시켰는가 아니면 향상시켰는가?

루소는 즉각 답을 얻었다.

그 문장을 읽는 순간 나는 다른 세상을 체험했고 새사람이 되
었다.

디드로를 만났을 때 그는 완전히 흥분한 상태였다. 뱅센까지 가던
길에서 얻은 계시로 루소는 온 유럽에서 가장 유명한 사상가들 중 한
명이 되었다.

루소는 아카데미의 질문에 놀랍게도 문명은 풍속의 향상에 전혀
기여하지 않았고 타락시키기만 했다고 답했다. 사회적 관계들은 거
기에 엮인 인간들의 복지를 가져오기는커녕 개인들의 자유와 즉흥성
을 억압한다. 정직하게 의견을 밝힐 엄두를 내는 사람들이 사라지고
사회 분위기는 질시와 불신, '반사회적인 자기애(amour propre)'로 가
득 찬다. 그에 반해 '건전한 자기애(amour de soi)'를 지닌 자연 상태
의 인간은 행복하고 자유롭다. 자연 상태의 인간은 혼자서 행복하게
살면서 드물게만 다른 사람과 교류했다.

루소는 빌러 호수의 보트 위에 누워 몽상을 하며 시간을 보내기를
제일 좋아했다.

그늘진 숲에 앉아 있노라면 나 자신을 잊고 자유롭고 평온한
기분에 빠진다.

이런 감정 세계에서 후에 낭만주의의 본보기가 되는 서간 소설《신엘로이즈》가 탄생했다. 이 소설은 귀족 출신의 궁정 처녀 쥘리를 사랑하지만 신분 차이 때문에 비련으로 끝나는 시민 계급 가정교사의 이야기이다.

오늘날까지도 자주 읽히는 교육 소설《에밀》에서 루소는 자연을 인간의 진정한 스승으로 내세운다. 교육의 목표는 어떤 상황이든 스스로 헤쳐나갈 수 있는 인간을 길러내는 것이다. 첫 부분에서 루소는 어린 아이의 발달 과정과 아이가 특별히 필요로 하는 것을 자세히 묘사한다. 그의 이전 사람들은 어린 아이는 작은 성인이며 가능한 한 빨리 키워 자립시켜야 한다고 생각했다. 그에 반해 루소는 아이들의 개별적인 발달 과정을 존중할 것을 요구했다. 교육자는 개입을 가능한 한 자제하고 아이가 스스로 배우며 세상을 발견하도록 놔두어야 한다.

루소의 철학은 놀랍도록 현대적이다. 그가 제시한 정치적, 교육적, 존재론적 질문들은 오늘날에도 토론의 대상이 되어 상반되는 답변들이 나온다.

'인간은 날 때는 자유로웠으나 그 후로 어디서나 사슬에 묶여 있다' 라는 루소의 표어는 예나 지금이나 유효하다. 어디서나 우리는 기대와 규범, 적응 강요를 맞닥뜨린다. 문명에 지친 많은 유럽인들은 먼 나라에서는 더 자유롭게 살 수 있을 것이라 믿으며 이주한다. 비대해진 국가 기관만이 인간들의 자기 형성 가능성을 법률과 조항의 밀림 속으로 밀어 넣는 게 아니다. 인간들 스스로도 '반사회적인 자기애'에 빠져 자기 자신을 끊임없이 남과 비교한다. 루소가 이미 그의 시대에 주장했듯 근대의 인간들은 스스로의 안에서 쉬지 않고 자신의 내면의 기준으로 스스로를 정의하지도 않는다. 대신 그들은 지위와 업적으로 자신을 남과 구별하려 애쓴다. 주변 사람들은 경쟁자가 되고 질시와 경쟁의식이 사람들 사이를 지배한다. 《불평등에 관한 담론》에서 루소는 논의를 펼친다.

> 야만인은 스스로의 내면에 따라 산다. 반대로 사회 속의 인간들은 늘 자기 자신 밖에서 살아간다. 그들은 다른 이들의 의견에 따른 삶 외의 인생은 알지 못하며 타인의 판단을 통해서만 스스로의 존재감을 얻는다.

오늘날의 교육자들은 '몇 살 때부터 컴퓨터를 수업에 도입해야 할까?'나 '세 살짜리도 유치원에서 학습 계획에 맞춘 발달 과정을 보내야 할까?' 같은 질문을 토의한다. 적극적으로 아이들에게 지식을 주입하는 것은 루소의 '부정적 교육법'에 어긋난다. '부정적 교육법'에 따르면 아이가 체험하는 세상에 의도적으로 개입해서는 안 된다. 루소에 따르면 모든 나이대는 각자 알맞은 교육법이 있다. 장래에 무엇이 될 것인가로 아이들을 측정해서는 안 된다.

루소의 제안은 프로그램과 훈련을 도입하여 아이들의 뇌의 학습 성취도를 올리려는 현대 교육학의 주류와 대치한다. 그는 아이의 인지능력을 어른이 일방적으로 키우려 들어서는 안 되고, 아이들을 놀면서 실제적인 활동을 하게 해야 한다고 주장했다. 그는 아이들이 자연을 체험하고 놀이와 흉내, 춤을 통해 몸을 움직이면 거기에 맞춰 정신적 발달과 재주 또한 촉진된다고 믿었다.

인생에는 지식보다 덕망과 좋은 성격이 더 중요하다. 아이들을 너무 일찍 너무 많은 지식으로 억압해서는 안 된다. 에밀은 자연 속에서 자라나며, 에밀의 교육자는 아이가 스스로 배울 수 있는 특정한 상황을 조성함으로써 간접적으로만 영향을 미친다.

"계몽이란 인간이 스스로 떨어졌던 미성숙 상태에서 빠져 나오는 것이다."

임마누엘 칸트 (1724년~1804년)

독일의 계몽주의 사상가. 미성숙의 상태에서 빠져나오는 것이 계몽이라 여겼고, 스스로 이성을 사용할 용기를 낼 것을 강조했다. 《순수 이성 비판》, 《실천 이성 비판》, 《판단력 비판》을 발표하면서 경험론 및 독단론을 극복하기 위한 비판철학을 선보였고, 인식론, 윤리학, 미학에 걸친 종합적 작업을 통해 독일 관념철학의 새로운 시대를 열었다.

계몽주의 시대를 빛낸 사상가들은 주로 영국과 프랑스에서 나왔지만, 계몽에 대한 가장 유명한 정의는 임마누엘 칸트의 펜 끝에서 탄생했다.

> 계몽이란 인간이 스스로 떨어졌던 미성숙 상태에서 빠져나오는 것이다.

칸트가 말한 미성숙이란 '다른 사람의 지도 없이 자기 자신의 이성만을 사용할 능력을 갖지 못했다' 라는 뜻이다.

베를린의 목사 요한 프리드리히 쵤너가 던진 '계몽이란 무엇인가?' 라는 질문에 답하는 같은 제목의 논문에서 칸트는 인간이 스스로의 이성을 사용할 용기를 내야 한다고 기술했다. 쵤너는 〈베를리너 모나츠슈리프트〉 지에 비종교적 혼인을 반대하고 교회에서 하는 혼인이 국가의 이익에 부합한다고 주장하는 글을 투고했다. 이 맥락에서 쵤너는 '계몽의 이름으로' 인간들의 머리와 가슴에 심어진 혼란을 통탄했다. 그는 각주에 덧붙이기를 '계몽' 이라는 개념에 대해 쓸 만한 정의는 아무리 찾아봐도 없더라고 했다. 이를 반박하기 위해 칸트는 〈모나츠슈리프트〉 1783년 12월 호에 〈계몽이란 무엇인가라는 질문에 대한 답변〉이라는 논문을 기고했다.

칸트는 계몽의 반대말을 미신이 아닌 미성숙이라고 정의했다. 더 정확히 말하자면 계몽은 인간이 스스로 빠져든 미성숙 상태에 대한 반명제다. 대부분의 사람들은 스스로의 이성을 사용하는 데 두려움을 품고 다른 이들의 판단을 따르거나 무비판적으로 전통을 받아들이는 것을 선호한다. 그래서 칸트는 계몽의 표어로 '알고자 하는 용기를 내라!' 라는 의미의 'Sapere aude!' 를 택했다.

어째서 스스로 사고할 수 있는 능력이 있음에도 미성숙 상태로 남아 권위에 의지하는 인간들이 이리 많은가? 그 이유는 사람들이 너무나 게으르고 무기력하기 때문이다! 독자적으로 사고하는 '귀찮은 작업' 을 떠맡는 게 불편하다는 이유로 많은 사람들이 다른 권위에 스스로를 맡긴다. 칸트는 사람들이 의사나 성직자, 전문가에게 조언을 구하는 데에는 반대하지 않았다. 그가 근심한 것은 많은 사람들이 너무나 쉽게 남을 믿을 정도로 순진하다는 점이었다.

칸트는 1724년 쾨니히스베르크에서 스코틀랜드계의 소박한 기술자 집안에서 태어났다. 그의 아버지는 마구 기술자였고, 어머니는 무척 독실한 여인이어서 칸트는 경건한 분위기 속에서 자랐다. 경건주의는 개신교에서 나온 정신적 조류로 내면의 독실함에 큰 무게를 둔다. 칸트가 이성을 모두 합친 것보다도 내면의 확고한 기본자세(선한 의지)가 더 중요하다고 여기게 된 것은 아마 이 교육의 덕택일 것이다. 칸트가 내세운 행동 기준은 윤리적이고 스스로를 책임질 수 있는 인간이었다.

16세에 칸트는 쾨니히스베르크 대학에 입학하여 철학, 수학, 자연과학과 신학을 공부했다. 가정교사와 강사 일을 한 후 그는 1770년 형이상학과 논리학 교수가 되었다. 주요 저작《순수 이성 비판》(1781)

에서 칸트는 경험적 인식론을 반대하여 우리가 가지는 현실 개념은 우리의 정신에 이미 깃들어 있는 특정한 조건에 기인한다고 설파했다. 1797년 그는 교수직에서 물러났고, 1804년 2월에 죽었다.

칸트는 계몽되지 못한 인간은 '보호자'가 멍청하게 길들여서 '보행기'에 묶어놓은 가축이라는 과격한 비유를 들었다. '피보호자'를 고분고분하게 만들기 위해 보호자들은 피보호자들이 독립해 나갈 때 맞닥뜨리게 될 위험들을 가리켜 보이며 겁을 준다.

칸트는 인간들이 혼자만의 힘으로 미성숙 상태에서 빠져나오는 예외적 경우도 존재함을 부정하지 않았다. 그러나 대부분의 사람들은 종속 상태에 '만족하게' 되어서 거기서 벗어나기를 힘겨워한다. 이런 상황에서 지나치게 성급하게 전통의 속박을 끊을 경우 서 있을 바닥과 방향 감각을 잃게 된다. 따라서 동지 없이 혼자 힘으로 미성숙에서 벗어나는 데 성공하는 사람은 극히 드물다. 이 드문 예로 칸트는 아마도 그의 집에 걸린 유일한 초상화의 주인공 장 자크 루소를 염두에 두었을 것이다.

많은 '대중', 즉 시민 계급 다수가 계몽을 추구할 때 상황은 달라진다. 만약 국가가 시민 사회에서 공공연한 사상 교환의 자유를 허락한다면 계몽은 틀림없이 찾아온다. 수많은 미성숙한 시민들 중 그래도 몇 명인가 '스스로 생각할 줄 아는 사람들'이 끼어 있어서 중요한 자극을 퍼트릴 수 있기 때문이다. 시민들이 서로 의견을 나누는 가운데 대중은 단체로 계몽된다. 오늘날의 시각으로 요약하자면 칸트는 토론에서 자기 소리를 내는 용감한 시민들을 계몽된 이들이라 부른 셈이다.

'진정한 사상 개혁'을 가져올 수 없고 새로운 선입견들을 양산하기만 한다는 이유로 칸트는 유혈 혁명을 거부했다. 그는 스스로 목표를 정하고 거기에 이를 수단을 고를 수 있는 자립성이 곧 성숙이라고 생각했다. 지식 지평이 넓어지는 이 시대에 칸트가 지적했던 인간들이 짊어져야 할 책임과 윤리의 의미는 더 무거워진다. 이제야말로 우리가 유전자 조작이나 장기 이식, 복제 기술 등과 같은 과학적 지식을 사용해도 되느냐, 만약 그렇다면 어찌 사용해야 하느냐라는 중대한 질문이 대두되기 때문이다.

칸트가 주장한 성숙, 혹은 자율(Autonomie, 그리스어 'auto'는 '스스로', 'nomos'는 '법'을 뜻한다)에는 또 다른 의미가 있다. 그것은 확실한 답을 얻을 수 없는 상황에서 스스로의 이해관계와 끌림이 아닌 도덕 법칙에 따라 결정을 내릴 수 있는 능력이다. 인간이 개인적 이익과 내면에서 우러나는 양심의 목소리 사이에서 결정해야 하는 상황들이 있다. 다소의 '깨끗하지 않은' 이익을 얻을 수 있는데도 도덕적으로 올바른 길을 택한다는 것은 언제나 쉬운 일은 아니다.

칸트는 못 갚을 줄 알면서도 돈을 빌리는 예를 들었다. 그는 모든 사람의 내면에는 양심이라는 감독 기관이 있어서 무엇이 도덕적으로 올바르고 그릇되었는지 말해 준다고 믿었다. 요약하자면 인간이 처하는 미성숙에는 두 가지 경우가 있다. 하나는 지도자나 우상, 다른 권위를 무비판적으로 따르는 것이고, 다른 하나는 도덕보다 개인적

이익을 더 높이 두는 것이다.

칸트는 다른 사람들을 목표를 위한 수단으로 보지 않고 경의와 존중으로 대하는 것이 계몽된 태도라고 여겼다. 우리가 수행하는 온갖 역할(선생과 제자, 구매자와 판매자, 정치가와 시민) 속에서 서로가 서로를 인간으로 대하는 것이 중요하다. 모든 사람은 내면에 독자적인 가치를 지녔다는 이유만으로도 존중받을 권리가 있다. 칸트에 따르면 인간은 그 자체로 수단이 아닌 목적이다. 다른 말로 하면 이렇다. 인간은 다른 누구도 빼앗을 수 없는 독자적인 가치, 내면의 존엄성을 가진다. 칸트는 이를 계몽된 사고방식의 가장 중요한 면모로 여겨 이렇게 표현했다.

네 자신의 인격이든 다른 어떤 사람의 인격이든 인간을 수단이 아닌 목적으로 보고 행동하라.

스스로의 이성을 사용하라는 칸트의 신조는 여전히 중요하다. 우리가 사는 자유 국가 안에서도 온갖 기관들과 정치는 법치 국가의 탈을 쓰고서 인간들에게 적응을 강요한다. 용감한 시민으로 행동하여 떳떳하게 의견을 밝히는 것은 여전히 대담한 과업이다. '불이익을 당하는 한이 있더라도 나는 이러저러하게 생각하겠다'라는 신조에 따라 비판을 행하는 것은 민주주의 법치 국가의 틀 안에서조차도 당연하게 받아들여지지 않는다. 그러나 스스로 생각한다는 미덕을 자기 멋대로의 고집과 혼동해서는 안 된다. 우리가 얼마나 성숙하고 계몽되었느냐는 우리가 다른 의견과 입장을 얼마나 존중할 수 있느냐로 측정할 수 있다.

요즘 세상에도 종파 지도자와 온갖 분야의 아는 척하는 사기꾼들은 남을 잘 믿는 심약한 사람들을 이용한다. '알고자 하는 용기를 내라!'라는 칸트의 표어는 얼핏 계몽이 이루어진 것처럼 보이는 오늘날 세상에도, 어쩌면 지금에야말로 유효하다.

"세상의 위대한 일 중 정열 없이 이루어지는 것은 없다."

게오르크 빌헬름 프리드리히 헤겔 (1770년~1831년)

독일 철학자. 독일 관념론을 완성했으며, 만물은 정반합의 원리에 의해 모순을 해결하는 방향으로 운동한다고 설명했다. 이 변증법적 원리는 이후 마르크스주의에 비판적으로 계승되어 19세기의 사상과 학문에 큰 영향을 끼쳤다.

독일 관념론을 대표하는 가장 중요한 인물인 게오르크 빌헬름 프리드리히 헤겔은 이성이 인간에게 갖는 의미를 높이 강조했다.

헤겔이 말하는 이성이란 인간 개개인이 가진 어떤 능력이 아니라 세계의 보편적인 원칙이자 모든 현실의 합이다. 이성으로 가득 차 있는 현실은 이성적이라고 해석될 수 있다. 헤겔은 이성을 강조하며 정열을 배제하지 않았다. 오히려 그 반대다. 헤겔은 《역사 철학 강의》에서 세상 어떤 위대한 일도 정열 없이는 이루어지지 않는다고 썼다. 인간이 어떤 프로젝트에 온 힘을 바칠 때만 좋은 결과가 나올 수 있다. 헤겔은 근대인들에게는 무언가에 제대로 열광할 수 있는 힘이 결여되었다고 우려했다. 인간들이 개인적 이득만 추구할 경우 더 높은 목표와 이상들은 힘을 잃고 만다. 그러나 헤겔은 예술과 종교, 철학을 통해 오로지 돈에만 관심 있는 정열을 잃은 세상에 맞서 싸울 수 있다고 생각했다.

헤겔은 세계 역사가 끊임없이 진보한다고 믿었다. 역사적 투쟁과 싸움 뒤에도 비밀스러운 '이성의 계략'이 숨어 있어 정치적 투쟁들은 결과적으로 인류에게 이득을 가져다준다. 개개의 지배자와 권력자들이 그들 자신의 이득을 좇더라도 그들은 실은 더 높은 이성의 도구일 뿐이다. 알렉산드로스 대왕, 카이사르, 나폴레옹은 그들 자신의 개인적 이익과 정열을 추구하면서 스스로도 몰랐던 역사적 과업을 수행한 '세계사적 개인들'이다.

예를 들면 카이사르는 그저 부와 권력을 얻고자 갈리아를 정복했을 것이다. 그러나 이를 통해 로마 제국은 인류 발달의 한층 더 높은 단계로 진보했다. 나폴레옹 역시 아마도 그저 개인적 경력을 쌓고 명예욕을 채우고자 했을 뿐이다. 그러나 세계사적으로 보자면 그는 프랑스 혁명의 이념이 온 유럽에 퍼져 나가는 데 기여했다.

헤겔은 슈투트가르트에서 관리의 아들로 태어나 1788년 튀빙겐 재단에 들어가 철학과 신학을 공부했다. 룸메이트였던 횔덜린, 셸링과 함께 그는 프랑스 혁명의 열광적인 신봉자가 되었다.

학업을 마친 후 헤겔은 목사가 되는 길을 선택하지 않고 베른과 프랑크푸르트 암 마인에서 가정교사로 일하다가 예나 대학에 강사 자리를 얻었고, 1805년에는 비정규 교수가 된다. 1806년 헤겔은 《정신현상학》을 펴냈다. 이 책에서 그는 정신이 겪는 때때로 고통스러운 발달 과정을 네 단계로 나누어 설명했다.

나폴레옹이 예나를 점령했을 때 헤겔은 밤베르크로 가서 언론 일을 했다. 이후 뉘른베르크에서 학교 교장 자리를 얻었을 때, 그는 시 정부 장관 딸 마리 폰 투허를 알게 되어 결혼했다. 1816년 헤겔은 하이델베르크의 철학 교수가 되었고, 1818년에는 베를린 훔볼트 대학으로 옮겼으며, 1828년 총장이 되었다. 1831년 헤겔은 갑작스럽게 콜레라에 걸려 하루 만에 죽었다.

헤겔은 진실이나 지혜를 얻는 데는 고통, 혹은 정열이 필수적으로 따른다고 강조했다. '고통을 겪다/배우다(pathein/mathein)'라는 옛 격언대로다. 헤겔에 의하면 우리가 겪는 때로는 힘겨운 체험들이 우리를 더 성숙시키고 세상을 더 넓게 의식하는 이성적인 사람으로 만들어 준다. 나이가 들면서 우리는 시와 음악, 사상을 더 잘 이해하게 된다.

인류 역사도 마찬가지다. 인간 역사의 모든 단계는 건너뛸 수 없는 필수적인 것이다. 인류가 더 많은 자유와 이성을 얻기 위해서는 일정한 발전 과정을 필수적으로 이수해야 한다고 믿은 헤겔은 몇몇 계몽주의자들이 현대의 학문에 비하면 옛 신앙은 무가치한 오류에 불과하다고 무시하는 것을 비판했다. 각 세대가 얻는 지식은 그리 간단히 치부할 수 있는 것이 아니다. 이전 시대 사람들의 노력은 헛되지 않아 그 나름의 의미를 지닌다. 그들의 기여 없이는 우리가 오늘날 이 자리까지 오지 못했을 것이다. 하지만 현재의 지식이 과거의 것보다 더 높은 가치를 지녔다는 점에는 헤겔도 반박하지 않았다. 그의 견해로는 철학사 또한 점점 개선되어 가는 시스템의 성공담이었다.

도덕과 자연을 가장 중시한 칸트와 달리 헤겔은 역사와 문화 발전에 더 관심을 가졌다. 헤겔만큼 이성의 힘과 자유 사상을 신봉한 철학자도 없다. 헤겔에 의하면 철학의 가장 중요한 깨달음은 종합적인 시각에서 보면 세상 모든 것이 이성적으로 흐른다는 사실이다. 그러나 헤겔은 다가오는 산업 사회의 모순에서도 눈을 돌리지 않았기에 그의 철학은 변증법적이라 불린다.

헤겔은 근대의 특징이 인간 마음속의 시와 현실의 산문을 분리하는 것이라 기술했다. 우리는 과학과 기술의 발전, 분업과 시장 경제, 법치국가와 민주주의를 환영한다. 그러나 아무도 제대로 정열을 갖고 그것들을 추구하지 않는다. 분업이 체계화된 노동 시장에서는 생산성에 대한 압박으로 인간들의 개인성이 무시당한다.

헤겔의 젊은 시절 친구 프리드리히 횔덜린은 서간 소설 《휘페리온》에서 이 소외 현상을 비판했다.

그대는 기술자는 보지만 인간은 보지 못한다. (중략) 누구나 자신의 것에 골몰할 뿐.

삶의 모든 아름다움에 대해 느낌이 없구나.

그러나 헤겔은 근대를 비판만 하지 않고 변증법을 통해 이점과 가능성 또한 가리켜보이려 했다. 근대만큼 인간들이 자유로운 시대도 없었다. 헤겔은 과학과 철학의 발전 덕에 장기적으로는 더 나은 세상이 올 것이라 기대했다.

헤겔이 보기에 세계사란 곧 자유의 대장정이었다. 초기 문명(이를테면 근동 지방)의 사람들은 전제군주만이 자유로운 인간이라고 믿었다. 고대 그리스와 로마에서는 몇몇 사람들(완전한 시민권을 가진 이들)만이 자유로울 수 있었다. 그리고 근대 유럽에서는 모든 인간들이 자유롭게 태어난다는 인식에 도달했다는 것이다. 이 마지막 인식으로 역사는 일단 최종장에 도착했다. 왜냐하면 이 인식이 국가조직(가족, 시민 사회, 국가)과 기본권리(의견 표출의 자유, 재산권)의 근간을 이루며 현대 법치 국가의 원칙으로 뿌리내렸기 때문이다.

인류가 앞으로 수행할 과업은 이 원칙에 생명력을 부여하는 것뿐이다. 헤겔은 세상이 명명백백하게 진보한다고 믿었다. 오늘날의 인간들은 이전 시대보다 잘 살고 있어서 아무도 과거로 돌아가고 싶어하지 않는다. 뿐만 아니라 역사의 발전은 거꾸로 되돌릴 수도 없는 것이다. 헤겔은 프랑스 혁명의 '자유, 평등, 박애'라는 이상이 정치 철학 최고의 원칙이어서 언젠가는 세상 모든 민족들이 이를 기본적으로 받아들이게 될 것이라고 믿었다.

헤겔의 이성에 대한 믿음은 낭만주의와는 관련이 없다. 오히려 그는 '아름다운 영혼'이 품는 환상을 비판했다. '아름다운 영혼'이란 현실에 등을 돌리고 세상의 악을 통탄하기만 하는 정신 상태에 그가 붙인 명칭이다. 오늘날에도 비관적 세계관에 빠지기 좋아하는 사람들은 많다. 그 사람들에 대하여 헤겔은 이렇게 말했다.

주관적으로 투덜거리기만 하는 것은 매우 쉬운 일이며 (중략) 투덜쟁이들은 매우 선한 마음씨를 가지고 위대한 일을 하는 척 자신을 드러낼 수도 있다.

헤겔은 세상 돌아가는 꼴을 한탄만 하는 대신 직접 세상과 대면하기를 요구했다. 세상은 여러 사람들이 주장하는 것만큼 나쁘지는 않다. 헤겔은 유명한 격언 '진실한 것이 전부다!'를 통해 모든 현실에는 좋은 싹이 깃들어 있음을 주장했다. 어떤 일이나 문제를 잘 관찰해 보면 긍정적인 면 또한 눈에 들어온다. 인간들의 임무는 이 발전적인 가능성을 알아보고 그것을 위해 정열적으로 헌신하는 것이다. 모든 고통스러운 체험에는 당사자와 세상을 더 낫게 만들 수 있는 가시가 숨어 있다.

경험 철학자로서 헤겔은 배움에 있어서도 열심히 현실과 소통하는 것이 중요함을 깨달았다. 흔들의자에 기대어 앉아 무심히 명상만 해서는 진리를 깨달을 수 없다. 정말로 무언가를 이해하고 다른 이들을 설득하기 위해서는 스스로 한 가지 일에 몰두해야 한다.

"철학자들은
세상을 여러모로 해석해 왔다.
중요한 것은
세상을 바꾸는 것이다."

칼 마르크스 (1818년~1883년)

독일의 사회학자이자 경제학자, 정치이론가. 공상적 사회주의와 고전적 경제학을 비판하여 사회주의를 창시하였다. 프리드리히 엥겔스와 함께 《공산당 선언》을 집필하고, 경제학연구에 전념하여 《자본론》을 저술하였다. 10월 혁명을 주도한 블라디미르 레닌은 마르크스의 이론을 철학적 기반으로 삼았다.

마르크스는 포이어바흐의 열한 번째 명제 '철학자들은 세상을 여러모로 해석해 왔다. 중요한 것은 세상을 바꾸는 것이다'를 통해 철학에는 원인을 탐구한 후 실질적으로 응용하려는 철저함이 빠져 있음을 지적했다. 철학은 잘못된 이론과 삶의 태도, 세계관의 몇몇 면모를 비판하고 수정하긴 했지만 잘못된 사고방식의 근본 원인을 탐구하지는 못했다. 마르크스는 현실의 물질적 어려움 때문에 사람들이 사후 세계에 대한 믿음에 매달린다고 보았다. 그는 '종교는 민중의 아편이다!'라는 유명한 말을 남겼다. 인간을 둘러싼 실질적인 물질 환경이 개선된다면 그들은 죽은 뒤 천국이라는 환상에서 해방될 것이다. 마르크스의 동시대인인 하인리히 하이네는 《독일, 겨울 동화》라는 작품에서 이 생각을 인상적으로 표현했다.

> 새로운 노래, 더 나은 노래를
> 오 벗이여, 나는 그대들에게 들려 주고 싶네!
> 이미 이 지상에
> 하늘나라를 세우세……

칼 마르크스는 1818년 트리어에서 태어났다. 본에서 두 학기를 공부한 후 그는 1836년 베를린으로 옮겨가 철학을 공부했다. 재학 중 비판적인 글을 썼다가 그는 프랑스로 망명해야 했다. 망명 와중 그는 친구이자 후원자가 될 프리드리히 엥겔스와 친교를 맺었다. 두 사람은 즉각 서로의 정신적 공통점을 알아보았고, 초기 자본주의의 비인간적인 환경을 비판하는 데 마음을 모았다. 1845년 마르크스는 프로이센 정부의 개입으로 프랑스를 떠나야 했고, 벨기에로 가서 국제 공산당 운동을 조직하기 시작했다. 1849년 그는 가족들과 함께 런던으로 이주했다. 마르크스는 금전적 어려움에 시달리면서도 저서 《자본론》을 집필하는 데 힘을 기울이다가 1883년 런던에서 죽었다.

《공산당 선언》에서 마르크스는 '인간을 짓밟아 노예나 다름없이 만들고 버리며 경멸하는 모든 틀을 뒤엎으려 한다'라고 말한다. 그는 더 의로운 세상에 대한 자신의 비전이 유토피아적인 환상이 아니라 학문적-역사적으로 근거가 있다고 끊임없이 강조했다. 막연한 믿음이 아닌 객관적 역사 법칙이 공산주의를 불러온다는 뜻이다.

마르크스에 따르면 여기서 자본주의 사회의 발달이 특히 중요한 역할을 한다. 당대에 마르크스만큼 프랑스 혁명과 산업화, 과학 발전의 역동성을 꿰뚫어 본 이도 없다. 자본주의는 '모든 봉건적, 가부장적, 전원적인 틀을 파괴했다', 자본주의의 발달 결과 '멈춰서 움직이지 않는 모든 것은 증발한다. 확고하게 굳어 있던 관계들이 해체된다'라고 주장했다. 19세기에 탄생한 노동자 정당들의 토대가 될 《공산당 선언》에서 마르크스와 엥겔스는 세계화를 예견하기까지 했다. 번영에도 불구하고 자본주의는 그 자체의 모순으로 몰락할 것이라고 그들은 예언했다.

다윈이 생물의 발달 법칙을 발견했듯 자신은 사회의 역사적 발전 법칙을 알아냈다고 마르크스는 믿었다. 역사 유물론 철학에서 그는 인간의 역사를 경제적 요소라는 동력에 이끌리는 규칙적인 과정으로 설명했다. 마르크스는 한 사회의 사회적, 정치적, 법적 관념들이 그 사회의 물질적 기초, 다른 말로 경제적 조건에 좌우된다고 주장했다.

의식이 삶을 결정하는 것이 아니라 삶이 의식을 결정한다.

무엇이 역사를 이끄는가? 마르크스에 의하면 당대의 사회를 바꾸어놓은 기술적 진보는 필연적으로 정치적 혁명을 불러올 것이다. 증기기관은 옛 귀족 영지의 사슬을 날리고 증기기관차는 외떨어진 삶에 종지부를 찍는다. 기술적 발전이 계속 이루어질 때 프롤레타리아들은 몇 안 되는 자본주의자들의 재산을 몰수하여 계급 없는 사회를 실현하게 될 것이다.

사회주의로 옮겨가는 과정에서는 사람들은 아직 '누구나 자기 능력만큼' 소득을 얻는다. 그러나 공산주의 사회에서는 '누구나 자기가 필요로 하는 만큼' 배급받게 된다. 마르크스는 기술적 진보 덕택에 공산주의 사회는 '풍요로움의 분수가 솟아나는' 여유로운 세상이 될 것이라 상상했다. 넘치도록 가득 찬 창고에서 남아도는 생산물을 집어오면 되기 때문에 화폐도 사라질 것이다. 그런 세상에서 왜 일을 해야 하느냐는 질문에 마르크스는 인간들의 의식이 바뀌어 노동을 통해 자아를 실현할 수 있을 것이라 대답했다.

마르크스가 주장한 미래상은 유토피아처럼 보인다! 이 상상이 완전히 비현실적이지 않다는 것은 지난 수십 년간의 발전이 입증한다.

손목시계나 비행기 여행 같은 상품들은 오늘날 확연히 값이 내렸다. 그리고 많은 사람들은 단지 물질적 이유에서뿐 아니라 스스로가 가치 있다고 느끼기 위해 일을 한다.

그러나 노동자 계급이 비참해지고 자본주의가 내적 모순으로 붕괴하리라는 마르크스의 예언이 실현될 수 없음은 곧 밝혀졌다. 민주주의 사회에서 사람들이 더 높은 임금과 사회 복지를 위해 투쟁한 덕에 소위 '노동자 귀족'까지 생겨났다. 정말로 혁명이 일어나면 마르크스와 엥겔스가 《공산당 선언》을 마무리하며 주장한 것과 달리 자신들이 쇠사슬만 잃는 게 아닐 것임을 감지한 노동자들도 점점 늘어난다.

오늘날까지 자본주의는 개방적이고 모험을 꺼리지 않으며 생명력 넘치는 체제로 자리 잡았다. 설사 자본주의의 '품'에서 공산주의 사회가 탄생한다 해도 세상이 정말로 나아질지는 의문이다. 직위를 놓고 벌이는 다툼, 권력과 사회적 인정을 차지하려는 싸움은 국가나 조합이 생산수단을 독점한 사회에서도 벌어질 것이다. 게다가 젖과 꿀이 흐르며 누구나 만족하는 세상은 참기 힘들 정도로 지루해질지도 모르는 일이다. 마르크스는 서로를 견주려는 인간의 욕망과 커다란 방해를 극복한 후 목적을 이루었을 때의 희열을 과소평가했다. 정작 마르크스 자신은 비판가들과 철학적 적대자들을 거칠게 다루기를 즐겼는데도 말이다. 오늘날 마르크스와 엥겔스의 저작을 읽는 이들은 그들이 평화의 사도가 아니라는 인상을 받는다.

마르크스의 활약 이후 대략 150여 년의 세월이 흐른 지금 마르크시즘이 종교를 비판함에도 정작 마르크시즘 또한 종말론적, 일종의 메시아적 구원론의 특성을 띠고 있음이 드러났다. 공산주의가 도입된 러시아나 중국 같은 나라에서도 종교가 몰락하지는 않았다. 아울러 마르크시즘 자체가 유사 종교적 색채를 띤다. 스탈린과 마오쩌둥은 성자처럼 숭배받았고, 다른 생각을 가진 자들은 중세의 이단처럼 박해당했다.

그럼에도 존재가 의식을 규정한다는 마르크스의 명제는 옳은 핵심을 담고 있다. 마약 복용, 청소년 폭력, 외국인 혐오 등의 사회 문제는 소외 현상의 근원을 찾아야만 해결된다. 이슬람 근본주의 같은 종교 운동은 자신들이 수탈의 대상일 뿐 존중받지 못한다고 믿는 사람들의 감정에 호소한다. 증오를 부추기며 대중을 선동하는 자들을 퇴치하려면 그들의 모순과 거짓을 증명하는 것만으로는 부족하다. 전 세계적으로 사람들이 그런 자들에게 귀를 기울이게 되는 물질적 원인 또한 해결해야 한다.

"불만족한 인간이 되는 것이 만족한 돼지로 사는 것보다 낫다."

존 스튜어트 밀 (1806년~1873년)

영국의 철학자이자 경제학자이며, 19세기 시사평론가로 명성을 떨쳤다. 자연주의 경제학 최후의 대표자로 경험주의를 바탕으로 귀납법을 체계화하였고, 실증적인 사회과학 이론의 확립에 노력하였다. 철학, 경제, 정치, 여성 문제, 종교, 사회주의에 대한 폭넓은 저작 활동을 전개하였다.

불만족한 인간이 되는 것이 만족한 돼지로 사는 것보다 낫다.

언제 봐도 유쾌한 이 문장으로 존 스튜어트 밀은 제러미 벤담이 창설한 영국 공리주의(Utilitarianism, 라틴어로 유용함을 뜻하는 'utilitas'에서 나옴)의 몇 가지 문제점을 지적하고자 했다. 공리주의 학설에 따르면 인간에게 행복과 유용함을 가져다주는 모든 것은 윤리적으로 가치 있고, 인간에게 해를 입히는 것은 모두 비난받아 마땅한 것이다.

'모든 사람의 평안함이 가능한 한 커지도록 행동하라'라는 것이 공리주의의 신조다. 에피쿠로스의 쾌락주의와 달리 공리주의는 개개인이 아닌 사회 전체의 쾌락을 중시한다. 즉 개인의 행복이 아닌 가능한 한 많은 사람들의 가능한 커다란 행복이 주가 되는 것이다. 역시 공리주의자였던 밀은 벤담이 공리주의에서 말하는 행복이 어떤 종류인지 구별하지 않았다고 비판했다. 왜냐하면 많은 사람들의 저급한 본능(이를테면 흥청망청 술잔치를 벌이고 싶은 욕구)을 만족시키는 것이 사회의 목표여서는 안 되기 때문이다. 그래서 존 스튜어트 밀은 벤담의 공리주의에 질적인 측면을 덧붙였다.

밀은 행복의 종류를 나누면서 고상하고 정신적인 쾌락과 저급하고 감각적인 쾌락을 구별하자고 제안했다. 한 사회의 행복의 총합을 계산하는 일은 높은 지적 능력을 가진 사람들만이 맡아야 한다. 그런 사람들만이 감각적이거나 지적인 행복의 다양한 질적 측면을 판단할 수 있기 때문이다. 높은 지적 능력을 가진 이들은 그렇지 않은 이들보다 심리적 위험에 처할 가능성이 크지만 그럼에도 자신들의 처지를 덜 지적인 존재와 바꾸려 하지는 않을 것이다.

높은 지성을 갖춘 이들은 저급한 존재들보다 고통을 느끼기 쉽고 고통의 강도도 높기 때문에 행복해지기 위해 더 많은 것을 필요로 한다. 그런 위험에도 그들은 저급한 이들처럼 하락하여 살고 싶어 하지 않을 것이다.

동인도 회사의 간부였던 아버지 제임스 밀은 존 스튜어트 밀을 학교에 보내지 않고 집에서 엄청난 양의 공부를 시켰다. 여덟 살의 나이로 존 스튜어트 밀은 벌써 라틴어와 미분법을 완전히 익혀야 했다. 게다가 그는 예닐곱 가지의 외국어를 동시에 배웠다. 또래 아이들과 어울릴 수 없었던 밀은 곧 자신이 이 교육 실험의 희생양으로 (나중에 자서전에서 표현한 대로) '정신적 기계'로 키워지고 있다고 느끼게 되었다. 훗날 낭만주의 시를 접하고 고전 문학 작품을 읽으면서 밀은 일방적인 이성 위주 합리주의 교육의 영향에서 벗어나려고 노력했다.

어느 런던 상인의 아내 해리엇 테일러와 맺은 친교 역시 밀을 새로운 방향으로 인도했다. 테일러 부인은 밀과 함께 사회 개혁을 위해 투쟁하는 동지가 되기도 했다. 밀이 하원 의원으로 일하던 1855년에서 1868년의 기간 동안 여성의 권익 향상을 위해 힘쓰도록 영향을 미친 이도 테일러 부인이었다.

해리엇 테일러와의 관계가 초기에는 플라토닉한 우정이었음에도 빅토리아 시대의 영국에서는 추문으로 번져 두 사람은 얼마간 사교계를 떠나 은둔해야 했다. 두 사람은 해리엇 테일러의 남편이 사망한 다음 1851년 결혼했다.

이렇게 사회적 압력에 시달린 경험 때문에 밀은 자유에 대해 철학적으로 깊은 고찰을 하게 되었다. 고찰 결과를 그는 《자유론》(1859)과 《공리주의》(1863)에서 종합했다. 도입부의 인용문은 바로 《공리주의》에 등장한다. 이 두 책으로 밀은 자유주의를 지지하는 가장 중요한 인물 중 한 명이 되었다.

《자유론》에서 밀은 자유를 '설사 다른 사람들이 우리를 미치광이나 타락한 자나 거짓말쟁이로 간주한다 해도 우리가 그들에게 해를 가하지 않는 범위 내에서는 우리가 원하는 것을 동시대의 다른 이들에게 방해받지 않고 결과를 고려할 필요도 없이 행할 수 있는 것'이라 정의했다. 밀이 말하는 자유란 로자 룩셈부르크의 유명한 정의대로 남들과 다른 생각을 보장받는 자유였다.

밀만큼 인간은 다방면으로 교육받아야 한다는 이상을 위해 힘쓴 철학자도 없었다. 그는 자유를 위협할 수 있는 주요 위험이 두 가지라고 보았다. 첫째는 국가가 국민들을 돌본다는 구실로 국민들의 사적인 삶에 지나치게 개입하는 것이다. 둘째는 근대 대중 사회에서 다수가 소수 위에 군림하는 대중 독재이다. 민주주의 체제에서도 개개인과 소수자들의 권리가 충분히 지켜지지 않아 억압과 강요가 가해질 때가 있다. 힘을 가진 다수는 법률뿐 아니라 사회적 적응 압력을 동원해서라도 다른 생각을 하는 이들을 억누르려 한다. 밀에 따르면 국가는 특정 개인이 다른 사람들에게 위험을 불러일으킬 가능성이 있을 때만 개인의 사적인 삶에 개입할 근거를 가진다. 위험할 가능성이 없을 때는 최대한의 자유와 관용을 보장해야 한다. 사회에 적응하거나 길들여지지 않은 독특한 인간형들이야말로 사회를 발전시키는 원동력을 제공하기 때문이다. 밀의 주장에 의하면 사람들에게 무엇이 이로운지 제일 잘 아는 것은 국가가 아니라 그 사람들 자신이다.

다수 여론의 횡포가 이토록 억세기 때문에 (중략) 이 횡포를 뚫기 위해서는 괴짜가 되는 것이 바람직하다.

개인과 사회의 갈등 관계에서 밀은 명확하게 개인의 입장에 힘을 실었다. 1869년에 펴낸 《여성의 종속》에서 그는 완전한 남녀평등을 주장했다. 부모 자격증을 도입하거나 자전거 타는 이들에게 헬멧 착용을 의무화하자는 등의 논의처럼 현대에도 국가의 개입은 점점 심해지고 있다. 여기에 반대 논거를 펼 때도 밀의 사상을 빌릴 수 있을 것이다.

칸트처럼 밀도 성숙한 시민들을 믿었다. 진리를 찾는 길을 주관할 수 있는 권위는 바로 특정 사안의 찬반을 놓고 논리적으로 토론할 줄 아는 비판적인 대중에게 있다. 국민이 뽑은 정치가들이 기존 당파의 강요를 뚫고 양심에 따른 결정을 내리는 것 역시 밀의 뜻에 부합한다.

민주적 대중 사회에서 인간들의 수준이 떨어지고 조야한 자들이 예리한 통찰력을 가진 이들을 몰아낼지 모른다는 밀의 우려는 여러 곳에서 진실로 드러났다. 그와 같은 시대를 살았던 프리드리히 니체는 '최후의 인간'이라는 개념으로 이 타락을 묘사했다. 최후의 인간이란 현대 복지 국가의 만족에 찬 인간형이다. '우리는 행복을 발명했답니다'라고 말하며 최후의 인간들은 윙크를 한다. 올더스 헉슬리가《멋진 신세계》에서 그려낸 약물과 오락에 빠져 만족하고 지내는 인간들과도 공통점이 있다.

"모든 삶은 고통이다."

아르투어 쇼펜하우어 (1788년~1860년)

독일의 염세주의 철학자. 인간은 자아의 속박에서 벗어나 생명에의 의지를 부정함으로써
삶의 고통으로부터 벗어날 수 있다고 믿었다. 리하르트 바그너, 프리드리히 니체, 프로이
트, 찰스 다윈, 유진 오닐, 카를 융 등 수많은 음악가와 철학자, 과학자들이 쇼펜하우어의
철학 사상에 영향을 받았다.

아르투어 쇼펜하우어는 진보를 믿은 계몽주의자들의 반대 지점에 선 비관주의 철학자였다. 그는 인간이 이성이 아닌 본능에 조종된다고 여겼다. 그의 저서 《의지와 표상으로서의 세계》 첫머리에는 태어났다는 사실 자체가 제일 큰 괴로움이라는 명제가 적혀 있다. 이 책에서 쇼펜하우어는 모든 삶이 비이성적인 세계 의지에서 기인한 고통이라고 말한다. 의지가 우리를 조종하며 새로운 욕망과 고통에 찬 삶을 끊임없이 탄생시킨다.

쇼펜하우어에 따르면 짧은 시간이나마 의지의 쉼 없는 부추김에서 벗어날 방도는 두 가지밖에 없다. 그것은 예술과 금욕이다. 그림을 감상하거나 음악을 들으며 미적인 관조를 하는 동안에는 일시적으로나마 '의지의 강제노동'에서 탈출할 수 있다. 인간은 자신의 목표를 스스로 정할 수 있다고 믿지만, 실은 욕구와 저급한 이익에 휩쓸리는 것에 불과하다. 특히 인간이 성욕(생명에 대한 의지가 불타오르는 지점)을 억눌러 지배하는 것은 불가능하다.

쇼펜하우어는 1788년 단치히에서 상인의 아들로 태어났다. 프로이센이 1793년 단치히를 합병했을 때 그의 가족은 단치히를 떠나 함부르크로 이주했다. 1805년 사업상 어려움에 시달린 그의 아버지가 창문에서 뛰어내려 자살했다. 아버지의 죽음 이후 그의 어머니는 바이마르로 옮겨가 작가로 명성을 쌓으며 사교계에서의 삶을 유지했다.

어머니와 사이가 좋은 적이 없었던 쇼펜하우어는 아버지의 유산 덕택에 그녀의 곁을 떠나 학자로서 독립적인 삶을 꾸려 나갈 수 있었다. 뒤늦게 김나지움을 다닌 쇼펜하우어는 1810년부터 괴팅겐과 베를린에서 철학을 공부했다. 베를린 대학에서 경력을 쌓으려던 그의 노력은 실패로 돌아갔다. 1833년 그는 프랑크푸르트 암 마인으로 이주해 1860년 사망할 때까지 조용히 살았다. 산책할 때 그를 따르는 이는 키우던 푸들뿐이었다.

모든 삶이 고통이라면 왜 당장 자살을 하지 않나? 쇼펜하우어는 자살은 삶의 의지가 지나치게 커진 결과라고 탓했다. 사는 게 지겨워서가 아니라 그 반대로 삶의 욕구가 너무 비대해져서 자살을 한다는 것이다. 자살자는 말한다.

"살면서 이러저러한 것을 얻지 못한다면 나 자신을 파괴하겠어."

쇼펜하우어는 서구 문명을 비판했다. 그의 견해로는 욕구를 충족하려 드는 대신 억누르던 옛 시절의 인도 브라만들과 기독교 은자들이 근대의 인간들보다 훨씬 진보했다. 예수 그리스도는 십자가에 못박혀 죽음으로써 고통이 삶에 밀접하게 속함을, 심지어 고통이야말로 삶의 본질임을 보여 주었다. 인간뿐 아니라 동물의 삶 역시 고통이다. 그러나 동물들의 고통은 인간들이 겪는 것만큼 끔찍하지는 않다. 동물들은 현재 속에서만 사느라 과거와 미래의 고통은 생각하지 못하기 때문이다. 지적인 인간일수록 강한 상상력에서 수많은 문젯거리들이 튀어나오기 때문에 겪는 고통도 심하다.

쇼펜하우어 철학의 가장 중요한 출발점은 육체다. 육체 덕택에 우리는 우리 내면에 관념을 넘어 뻗어나가는 힘이 깃들어 있음을 체험할 수 있다. 우리의 내면에서 느껴지는 생명력 때문에 우리는 이 세상에 존재할 수 있다.

쇼펜하우어에 따르면 모든 현상이나 관념의 기저에는 비개인적이고 우주적인 의지가 깔려 있다. 식물이 자라는 힘, 돌 안에 깃든 에너지, 자석이 북극점을 향하게 이끄는 힘, 이 모든 힘이 곧 의지다. 그리고 의지는 맹목적이다. 인간들만은 짐승이나 다른 존재와 달리 때때로 의식적으로 의지를 표출한다. 하지만 사실은 인간의 의지마저도 정해진 대로 작용할 뿐이다. 인간의 행동 역시 의지가 필연적으로 작용한 결과에 불과하다. 유기물이든 무기물이든 모든 대상은 스스로 내면의 힘에 구속당한다. 모든 사물 뒤에 존재하는 이 의지는 더 잘게 나눌 수 없다. 가장 작은 원소 안에도 동일한 의지가 들어 있다. 의지란 목적도 없고 영원히 충족될 수도 없는 끊임없는 안간힘이다.

의지는 변화하지도 않는다. 이로써 쇼펜하우어는 헤겔의 변증법적 역사철학을 거부한다. 모든 시대에는 동일한 의지가 작용하여 인간을 욕구, 소망, 이익 충족에 묶는다. 쇼펜하우어에 따르면 그 어떤 힘으로도 쉬지 않고 새로 생성되는 욕망을 없앨 수 없다.

이미 언급했듯 그의 철학에서는 예술이 중요한 자리를 차지한다. 왜냐하면 예술작품을 감상하는 동안에는 우리는 순간적으로나마 의지의 노예 노릇에서 풀려나기 때문이다. 이런 순간에 우리는 의지를 초월한다. 그림이나 음악에 몰입하면서 우리는 짧은 시간 동안 우리가 기를 쓰고 추구하던 특정한 것들을 잊는다. 쇼펜하우어가 보기에 가장 고귀한 예술은 음악이었다. 좋은 음악은 우리에게 세상의 모든 비극을 느끼게 해 준다. 음악을 들으며 인간은 무의식적으로 형이상학을 연습하고 스스로도 알아채지 못하는 사이 철학을 한다. 음악 말고도 인간의 이기주의를 다스릴 수 있게 해 주는 것은 연민이다. 연민은 인간들 사이의 차이를 사라지게 한다. 연민을 통해 인간은 스스로의 운명과 다른 사람의 고통을 동일시한다.

다른 사람의 고통을 함께 체험하여 연민하는 일상 속에 모든 만족과 평안과 행복이 깃든다.

경험과 소비가 넘쳐나는 현대만큼 쇼펜하우어의 고찰이 흥미롭게 다가오는 때도 없다. 그는 불교와 힌두교의 가르침에 깊은 관심을 보인 서구 철학자의 첫 세대였다. 마르코 페레리의 영화 〈그랜드 뷔페〉가 보여 주듯 서구 문명은 점점 더 빠르고 강하고 광범위하고 과도한 쾌락 충족을 갈구하며 채워지지 않는 탐욕을 부린다. 오늘날의 젊은 이들이 정신을 잃을 때까지 술을 마셔대는 것은 아마도 스스로의 욕구를 다스리는 법을 배우지 못했기 때문일 것이다. 옛날에는 종교와 풍습이 인간들을 자중하게 했지만 오늘날 매체들은 극단적인 현상들을 오히려 부추긴다.

그러나 서구 사회에서도 의식 변화가 일어나는 조짐이 보인다. 동아시아의 종교와 삶의 가르침에 관심을 갖고 요가나 다른 자가 훈련을 일상 속에서 병행하는 사람들이 늘고 있다. 몇 년 전 뉴욕 현대 미술관의 작품들이 베를린에 전시되었을 때 관객들은(그중에는 청소년들도 많았다) 위대한 예술가들의 그림에 몰두하여 멈춰 서 있곤 했다. 예술의 창작뿐 아니라 감상과 치유 효과에까지 주목한 쇼펜하우어가 옳았다. 그림 한 점을 감상하면서 인간은 얼마간 일상의 근심에서 풀려날 수 있다.

예술 작품 속에, 자연의 아름다움 속에, 거의 모든 사물 속에 순수한 형상이 깃들어 있다. 쇼펜하우어에 따르면 그 형상에 몰두하면서 우리는 색다른 기분에 빠져든다.

그것은 에피쿠로스가 가장 고귀한 자산이자 신들의 상태라 찬양했던 고통 없는 상태다. 그 순간 우리는 천박한 의지의 강압에서 해방되고 욕망에 채찍질 당하던 나날에서 안식일을 얻는다. 익시온의 수레바퀴는 멎는다.

테살리아의 왕 익시온은 헤라에게 욕정을 품었다가 제우스에게 벌을 받아 불타는 바퀴에 영원히 묶이게 된 인물이다.

"스스로를 잃는 일은 세상에서 가장 큰 위험이건만 마치 아무것도 아닌 양 소리도 없이 벌어진다."

쇠렌 키르케고르 (1813년~1855년)

덴마크의 철학자. 모든 인간은 어떤 인간이 되고 싶은지에 대한 '존재론적 선택'을 해야 한다고 주장했으며, 인간의 실존적 의문을 이해하기 위해 도약, 순간, 불안 등의 새로운 개념들을 도입했다. 사르트르는 한 인간의 현재 모습은 스스로 선택하여 만든 결과라며 키르케고르의 철학적 정신을 이어받았다.

덴마크의 철학자 쇠렌 키르케고르가 보기에는 인간이 살면서 던지는 가장 중요한 질문은 스스로에 대한 질문이었다. 1849년 펴낸 《죽음에 이르는 병》에서 그는 오늘날 세상에서는 자기 자신을 잃어버릴 위험이 크다고 기술했다. 이전의 철학이 인간의 실존에 관한 진짜 질문들을 등한시한 것을 그는 비판했다.

이 모든 지식과 이해가 인간의 삶에 아무런 힘도 못 미치는 것은 웃고도 울 노릇이다.

모든 인간들은 자신의 삶에 어떤 의미를 부여할지 결정을 내려야 하는데 그전의 철학은 질료와 물질, 자아 등에 몰두하느라 정작 여기에는 답을 주지 못했다. 키르케고르는 모든 인간이 '존재론적 선택'을 해야 한다고 말한다. 이것은 어떤 인간이 되고 싶은지에 대한 선택이다. 인간의 실존적 의문을 더 잘 파악하기 위해서 키르케고르는 철학 사고에 '도약', '순간', '불안' 같은 새로운 개념들을 도입했다.

키르케고르는 1813년 코펜하겐에서 부유한 상인의 막내아들로 태어났으며, 거의 전 생애를 그는 코펜하겐에서 보냈다. 그가 열렬한 사랑 레기네 올센을 만난 장소도 이곳이었다. 소위 교회 투쟁에서 독단적으로 교리에 집착하는 기존 체제에 저항하느라 민중 교회의 편에 선 것도 이곳에서였다.

본래 독실한 신앙인으로 교육받은 그는 1830년 코펜하겐 대학에서 신학 공부를 시작했다. 하지만 철두철미한 신앙인인 아버지가 실은 가난한 목동이던 시절 신을 욕한 적이 있다고 털어놓았을 때 키르케고르는 너무나 큰 충격을 받아서 삶의 방식이며 태도가 완전히 변했다. 그때부터 그는 멋쟁이로 차려입고 코펜하겐 거리를 쏘다니며 옷가게와 레스토랑에서 흥청망청 돈을 쓰고, 연극과 오페라 극장에 들락거렸다. 1년 전 약혼했던 레기네 올센과도 파혼하기로 마음먹었다. 내면이 찢긴 자신이 결혼 생활을 할 수나 있을지 그는 자신이 없었다.

1842년 그는 몇 달간 베를린에 체류하면서 독일 철학자 프리드리히 빌헬름 요제프 셸링의 강의를 들었다. 처음에는 독일 관념주의 철학에 열광했던 그는 곧 거기에 등을 돌리고(셸링의 주절거림을 참을 수 없다고 한다) 인간의 실존적 문제에 더 몰두하기 시작했다. 1855년 11월 11일 대로에서 쓰러진 그는 코펜하겐의 한 병원에서 죽었다.

키르케고르는 《이것이냐 저것이냐》(1843)라는 저작에서 인간이 선택할 수 있는 세 가지 삶의 방식을 설명한다. 1. 미적 방식 2. 윤리적 방식 3. 종교적 방식이 그것이다. 미적 인간은 쾌락과 즐거움으로 가득 찬 흥미진진하고 변화무쌍한 삶을 살려 애쓴다. 그 예로는 모차르트의 오페라 〈돈 조반니〉의 동명의 주인공이 있다.

돈 조반니는 당장의 순간만을 위해 산다. 키르케고르는 《유혹자의 일기》라는 저작에서 돈 조반니는 일단 목표물을 손에 넣으면 금세 흥미를 잃고 새로 유혹할 대상을 찾아 나선다고 설명했다. 그러나 키르케고르에 따르면 이러한 존재형태는 조만간 허무에 빠지고 만다. 쾌락을 좇는 행동과 인간은 계속되는 활동에 지쳐 언젠가는 그 모든 것이 의미 없다는 위기감 속으로 깊이 추락하기 때문이다.

의미의 위기를 체험한 인간은 삶을 바꾸고 '윤리적 자기 선택' 을 할 기회를 얻는다. '자기 자신을 선택한다' 라는 키르케고르의 표현은 인간성의 계율을 따라 행동한다는 뜻이다. 칸트의 '정언 명령' 과도 일맥상통하지만, 칸트와 달리 키르케고르가 중점을 둔 것은 도덕적 행위를 하는 동기가 무엇이냐였다. 오랫동안 도덕적 존재로 살 수 있는 틀을 이루기 위해서는 내면의 깊은 확신, 실존적 '선택' , 혹은 키르케고르가 자신의 사고 변천을 설명하기 위해 만든 개념인 '도약' 이 필요하다.

> 윤리적 개인은 자아를 깨닫는다. 그러나 그저 가만히 명상만 한다고 깨달음이 얻어지는 것이 아니다. (중략) 그래서 나는 '자기 자신을 깨닫는다' 라는 표현 대신 '자기 자신을 선택한다' 라는 표현을 부단히 사용했다.

키르케고르는 윤리적 존재 방식의 예로 소크라테스를 들었다. 소크라테스는 미적 인간이 추구하는 감각적 즐거움을 포기하지 않았지만, 그것을 절대적인 가치로 보지는 않았다.

하지만 인간이 진정으로 자기 자신을 재발견할 수 있는 방법은 '종교적 선택' 이다. 유한의 굴레에서 벗어나려는 몸부림과 그것을 인정하고 받아들이는 태도 사이에 놓인 커다란 존재론적 긴장이 종교적 선택으로 표출된다. 키르케고르는 종교적 체험이란 곧 인간 실존의 문제에 온 힘을 다해 부딪치는 것이라 여겼다.

종교적 체험을 신학적, 혹은 학술적 교리 탐구와 혼동해서는 안 된다. 《공포와 전율》이라는 저작에서 키르케고르는 성경 속 아브라함이 신에게 완전한 믿음을 바침으로써 자기 자신과 세상을 얻는 일화를 기술했다.

키르케고르는 아브라함이 겪었던 것 같은 극적인 상황에 빠졌다. 신은 아브라함에게 이삭이라는 아들을 내렸다. 아브라함은 이 아이에게 최선을 다해 좋은 아버지가 되어야 마땅했다. 그러나 신은 아브라함에게 아들을 제물로 바치라고 요구했다. 아브라함은 신과 신의 요구에 흔들리지 않는 믿음을 가졌기에 자신의 이성과 모든 윤리 규범에 반하는 일임에도 신의 명령에 복종한다. 그는 이 부조리한 명령을 따르기로 결심하고 바로 그 덕택에 구원받는다. 자식을 희생해야만 자식을 구할 수 있는 신앙이란 부조리하다. 하지만 키르케고르는 이 신앙이야말로 인간이 자신과 세상을 얻을 수 있는 길을 상징적으로 보여 준다고 믿었다. 십자가에 못 박힌 예수 그리스도처럼 모든 것을 희생할 준비가 되었을 때 비로소 인간은 자신과 세상을 얻는다.

삶의 모든 부조리에도 불구하고 기쁨을 느끼는 것이 인간의 본래 의무다. 그리고 침묵 또한 이 즐거움에 속한다. 인간은 언어를 통해서가 아니라 심오한 의미 속에 침묵하면서, 신을 향해 침묵하면서 자기 자신에게 도달한다. 모든 위기와 문제에도 불평하지 않고 삶을 받아들이는 것이 인간 존재의 신호라고 키르케고르는 생각했다. 침묵을 체험하면서 인간은 비로소 세상과 현재를 향해 스스로를 열어 보일 수 있다. 진실로 현재를 살기 위해서는 진정한 주의를 기울여야 한다. 바로 지금 이 순간에 '귀 기울이는 것' 이야말로 키르케고르가 보기에는 한시적인 것과 영원한 것을 함께 엮는 방도였다.

그는 인간이 신에게서 부여받은 운명을 받아들여야 한다고 주장했다. 바꾸어 말하자면 모든 고통은 인간이 주어진 본래의 삶을 제대로 긍정하지 못하고 다른 누군가가 되기를 원하기 때문에 생겨난다. 남과 비교하지 않고 자기 자신이 신의 선물임을 깨달을 때 인간은 행복해질 수 있다.

> 기쁨이란 무엇인가, 행복이란 무엇인가? 인간이 진정한 자기 자신으로서 현재를 살아가는 상태다.

키르케고르는 종교를 향해 '도약' 함으로써 신앙에 대한 회의라는 늪에서 빠져나왔다. 자기 자신과 선과 신에 대한 믿음은 물질적 증거로 증명되거나 논리로 뒷받침되는 것이 아니다. 그럼에도 우리는 스스로의 인생을 긍정하고 선행을 행하는 사람들이 진짜로 있음을 알고 있다. 다른 이들은 그들을 모범으로 삼아 태도와 행동을 따라 배우면 된다. 개인의 삶에 결정적으로 중요한 것은 '도약' 을 감행하여 진정한 인간이 되는 것이다. 누구나 자신의 삶을 바꾸어 완전히 순수하게 자기 자신과 대면할 수 있다. 즉 스스로에게 회귀할 수 있다는 이야기다.

이러한 확신을 품고 키르케고르는 실존주의의 창시자가 되었다. 우리가 어떤 일을 할 때 우선적으로 생각해야 할 것은 '우리가 어떤 인간인가, 그리고 어떤 인간이 되고 싶은가' 이다. 그저 기능을 위해 돌아가는 거대한 수레 장치의 부속품 하나, 공범자가 되고 싶은가? 아니면 당당하고 올바른 인간이 되고 싶은가?

키르케고르의 정신을 이어받아 장 폴 사르트르는 이렇게 말했다.

한 인간의 현재 모습은 바로 스스로 그렇게 만든 결과다.

키르케고르가 보기에 당당한 인간이 곧 행복한 인간이다. 그 사람은 신이 창조해 준 자신을 있는 그대로 받아들이기 때문이다.

제대로 옳게 알고 싶다면, 진실로 신을 향해 나가며 신과 교류하고자 하는 인간은 한 가지 과업만 수행하면 된다. 그 과업이란 언제나 행복하게 사는 것이다.

루트비히 비트겐슈타인이 죽기 직전 자신이 '멋진 인생'을 살았다고 말한 것은 아마도 키르케고르와 같은 생각에서였으리라.

"지상에 충실하라!"

프리드리히 니체 (1844년~1900년)

19세기 독일 철학과 실존주의의 선구자이며, 쇼펜하우어에게 깊은 감명과 영향을 받았다.
현재를 중요하게 생각한 철학자로, 위대한 건강과 지상에 충실하라는 주장을 발전시켰다.
주요 저서로는 《인간적인 너무나 인간적인》, 《차라투스트라는 이렇게 말했다》, 《안티크리
스트》 등이 있다.

'현세를, 이 지상의 의미를 모독하는 것'은 인간이 저지를 수 있는 가장 큰 죄라고 프리드리히 니체는 생각했다. 미래의 세상에 대한 믿음에서든 아니면 알코올과 약물, 마약을 복용하여 가상의 세계로 향해서든 바로 지금의 현실 세상에서 도피하려는 현상을 니체는 가장 비판했다.

《차라투스트라는 이렇게 말했다》에서 말한 '지상에 충실하라'라는 신조를 니체는 가치 붕괴의 위험에 처한 유럽의 치유법으로 제시하려 했다. 의사가 반사 해머로 환자를 진단하듯 철학자는 '망치를 들고 철학을 한다'라고 표현하면서 니체는 우리 문명이 시달리는 정신적 고통의 원인을 진단해내려 했다. 니체는 자신의 철학대로 지상에 충실하게 산 모범으로 고대 그리스인들을 들었다. 그들은 삶의 의미에 대한 환상 없이도 삶을 긍정하고 세상에 반짝임을 부여할 줄 알았다는 것이다.

작센의 뢰켄에서 목사의 아들로 태어난 니체는 1858년부터 1864년까지 나움부르크 근처에서 슐포르타 김나지움을 다녔다. 1864년 그는 본에서 신학과 고전 문헌학 공부를 시작했다가 다음해 라이프치히로 옮겨갔다. 라이프리치에서 만난 리하르트 바그너의 성격과 음악에 니체는 급격히 물들어갔다. 그가 바젤에서 문헌학 교수로 임명되었을 때 나이는 겨우 25세였다. 그러나 몇 년 일하지 못하고 그는 건강상의 이유로 사직해야 했다. 그 후 니체는 여름에는 주로 오버렝가딘의 질스-마리아에 머물고 다른 계절에는 북이탈리아나 리비에라를 왔다갔다하며 살았다.

　45세가 되었을 때 그는 투린에서 중풍 발작을 일으켰다. 그가 쓰러진 곳은 카를로 알베르토 광장이었다. 어느 세 마차(승객이 그때그때 요금 지불하고 타는 임대 마차 – 역자 주) 마부가 말 한 마리를 잔인하게 학대하는 것을 본 니체는 눈물을 흘리고 소리치며 뛰어들어 말을 끌어안았다. 처음에는 그의 어머니 프란치스카가 나움부르크에서 그를 간호했다. 1897년 어머니가 죽은 후에는 누이가 사는 바이마르로 가서 1900년 8월 25일에 생을 마쳤다.

　건강에 문제가 있었음에도 니체는 삶을 긍정했다. 그의 저작 《서광》에는 '산다는 것은 모험이다!' 라는 경구가 나온다. 《차라투스트라는 이렇게 말했다》에 나오는 '지상에 충실하라!' 라는 말은 우리 삶에서 자연적 조건을 무시해서는 안 된다는 표현이다.

　니체는 삶이 얼마나 우연적이고 불확실하며 무의미한지 확신하는 철학자였다. 본래대로 하자면 인간은 이 진리에 절망해야 마땅하다. 하지만 바로 이 절망을 피하기 위하여 니체는 '위대한 건강' 과 '지상에 충실하라' 라는 철학을 발전시켰다. '인간은 자신이 언젠가 죽는다는 사실을 확실히 안다. 명랑하지 못할 이유가 뭐가 있으랴?' 라는 그의 경구는 많은 사람들의 신조가 되었다.

　니체는 기독교가 육체를 경시하고 부활을 믿는 것을 비판했다. 그는 육체야말로 위대한 이성을 가지고 있어서 그 어떤 정신보다도 현명하다고 말했다. 그가 뜻하는 바는 우리가 자기 치유력과 우리 육체의 지혜를 더 신뢰해야 한다는 뜻이다. 몸에 좋은 것은 몸이 잘 안다. 인간은 그저 몸의 메시지에 귀를 기울이며 거기에 맞춰 살면 된다.

그 결과 건강에 대한 문제는 니체가 행한 고찰의 큰 부분을 차지한다. 니체는 알코올을 경시했지만 가끔씩 아편을 흡입했다. 건강이라는 말은 니체에게는 생산성과 창조의 기쁨을 뜻하지는 않았다. 한 사람의 건강에는 유익한 것이 다른 사람에게도 그러라는 법은 없다. 《즐거운 학문》에서 그는 개개인의 건강은 여러 기준에 따라 정의될 수 있으며 몇 가지 요소들이 얽힌 결과물이라고 주장했다.

> 그대의 육체에 무엇이 건강인지는 그대의 목표, 지평, 힘, 그대를 부추기는 동기가 결정한다.

한 인간에게 무엇이 건강이고 질병인지는 어떤 시각에서 보느냐에 달려 있다. 니체는 건강에 대해 알고 싶을 때는 늘 스스로에게 주의를 기울여 내면의 목소리를 들으라고 제안한다.

지상에 충실하고자 하는 자는 일반적으로 세 편의 과정을 거치는데, 니체는 그것을 《차라투스트라》 중 〈세 단계 변화에 대하여〉에서 설명한다.

> 영혼의 세 번의 변모를 그대들에게 일러 주겠다. 영혼은 낙타가 되고 낙타는 사자가 되며 사자는 어린 아이가 된다.

낙타인 영혼은 고통 받고 무거운 짐을 질 때 가장 편안함을 느낀다. 이때 영혼을 짓누르고 있는 것은 '너는 무엇 무엇을 해야 한다' 라는 도덕 규칙이다. 무겁고 힘든 삶만 진정한 삶이라고 낙타인 영혼은 착각한다. 이 영혼은 등에 세상의 비참함을 가득 지고서 다리를 후들거린다. 진리라면 뭐든 삼키는 낙타로 형상화된 영혼은 몹시 비굴하여 제 발로 사막 속으로 걸어 들어간다.

그러나 사막에서 영혼은 첫 번째 변모를 겪는다. 자신이 억눌리고 있다고 느끼는 영혼은 "나는 무엇 무엇을 원한다."라고 말하는 사자가 된다. 사자인 영혼은 구속되지 않고 힘을 행사하고자 한다. 그러나 사자의 단계에서도 영혼은 진정 자유롭지는 않다. 왜냐하면 그는 자유를 늘 무언가를 거부하고 떨쳐내는 부정적인 의미로만 알고 있기 때문이다. 사자는 반항적으로 '나는 원한다' 를 휘둘러대며 '너는 해야 한다' 의 '용' 과 끊임없이 싸운다. 사자의 자유란 비틀린 자유여서 니체가 정말로 원하는 것이 아니다. 그래서 사자의 단계 역시 극복해야 한다. 사자는 늘 낡은 가치만을 견주기 때문에 새로운 가치를 창조할 능력은 없다. 사자가 어린 아이가 되어야만 '초인' 의 경지에 이를 수 있다.

어린 아이는 유희하면서 스스로의 창조성을 높일 수 있는 기회를 찾아낸다.

어린 아이는, 망각은, 새로운 탄생은, 유희는, 거룩한 긍정은 죄 없이 깨끗하다.

다시 아이로 돌아간다는 것은 니체에 의하면 자신의 세상을 다시 찾는 것이다. 이를 위해서는 거칠고 엄격해진 어른의 모습, 복잡한 의식, '자아'를 다시 버려야 한다. 어린 아이의 거룩한 긍정은 '디오니소스의 긍정'을 닮았다. 어린 아이의 영혼은 과거의 짐(낙타)과 미래에 대한 희망(사자)을 모두 초월했다. 왜냐하면 아이는 자기 자신마저 잊고 현재에 충실하기 때문이다. '세상을 잃어야 세상을 얻을 수 있다', 망각 없이는 '명랑함도, 희망도, 당당함도, 현재도' 없다고 니체는 주장한다. 그래서 망각은 니체에게 '힘, 강인한 건강의 한 방식'이 된다.

니체의 비유는 하늘나라가 어린 아이들의 것이라는 예수 그리스도의 말을 연상케 한다. 실제로 니체는 기독교를 비판했지만, 역사적 인물 예수를 깊이 존경했다. 예수와 부처는 스스로의 삶을 통해 인류에게 진정한 복음을 가져다준 인물들이기 때문이다.

예수는 하늘나라가 인간 마음속에 있다고, 즉 현세에 도달할 수 있는 것이라고 가르쳤다. 이 관점에서 볼 때 예수 또한 '지상에 충실하라'라고 가르친 것이다. 예수는 남들과 다른 방식으로 존재와 행위, 행위의 거부를 체화했다. 그는 자신이 살던 방식 그대로 죽음을 맞았다. 《안티크리스트》에 니체는 적었다.

이 '복음 전달자'(예수)는 스스로의 가르침대로 살았다. '인간들을 구원하기 위해서가 아니라 인간들에게 어떻게 살아야 하는지 보여 주기 위해' 그는 살았다.

예수는 아무에게도 화내지 말고 아무도 경시하지 말라 가르쳤다. 천국이 어린 아이들의 것이라는 그의 설교는 사람들이 현세에 느끼는 특정한 마음 상태가 천국이지 '지상을 초월한 것'이 아니라는 뜻으로 해석해야 한다. 예수처럼 살고 느끼면 이미 복되다. 예수는 인간이 '신과 같이 되려면' 어찌 살아야 하는지 가르쳤다.

니체는 현재를 가장 중시한 철학자 중 한 명이었다. 그는 우리에게 삶의 모든 순간과 모든 개별적 사건을 소중히 여기라고 요구한다. 인생은 살 만한 가치가 있다. 특히 사람이 바로 다음 순간, 다음 시간을 경험하고자 하는 욕망을 내면에 느끼고 있을 때가 그렇다. 이러한 삶의 감각을 가장 잘 느끼려면 아폴리네르의 작품을 감상하면 된다고 니체는 생각했다. 니체는 만족과 행복, 안락한 기분을 우선시한 쾌락주의자는 아니었다. 삶은 기쁠 때나 슬플 때나 긍정되어야 한다. 니체에 따르면 모든 사건, 모든 행복과 고통은 서로 단단히 엮여 있다. 《차라투스트라》에는 이렇게 적혀 있다.

세상은 깊다. 낮이 생각한 것보다 더욱 깊다. 세상의 아픔은 깊다.

행복한 시간만 보내는 것은 불가능하다. 행복한 시간은 모두 고통에 차고 슬픈 시간과 단단히 묶여 있다.

'지상에 충실하라'라는 가르침은 오늘날에 오면 인간이 삶의 토대인 대지를 전쟁이나 이윤 추구로 파괴해서는 안 된다는 새로운 맥락에서 의미를 띤다. 니체는 예언자처럼 20세기를 내다보며 유럽 국가들이 탐욕과 권력과 돈에 눈이 멀어 서로를 덮치며 크나큰 전쟁을 벌일 거라 전망했다. 니체에 따르면 서구 세계는 불치의 물질주의와 탐욕 속으로 타락했다. 그 결과 그 누구도 타인에 대하여(그리고 자기 자신에 대해서도) 알려 하지 않을 것이다. 그래서 니체는 '지상에 충실하라' 라는 명제로 사고의 전환 또한 촉구하고자 했다. 미래의 세대는 어떻게 증오와 공포의 부정적 결과를 극복할지 숙고해야 한다고 그는 썼다.

"공동 경험은
인류의 가장 큰 자산이다."

존 듀이 (1859년~1952년)

미국의 철학자, 심리학자, 교육 운동가. 《경험으로서의 예술》, 《민주주의와 교육》, 《경험과 자연》 등의 저작에서 그는 인간은 고립되지 않았으며, 소통을 통해 민주주의의 경험을 얻고 삶을 고양시킬 수 있다고 말했다.

미국 철학자 존 듀이는 의사소통이 단지 정보를 전달하는 기능뿐 아니라 인간들을 사회적으로 엮어 주는 중요한 수단이기도 하다고 생각했다. 이상적인 경우에 소통은 종교 의식 같은 성격을 띠어 성찬식에 비유될 수 있다. 듀이는 인간과 동물을 구별 짓는 가장 중요한 차이는 시각을 바꾸어 다른 사람의 처지에서 보고 느낄 수 있는 능력이라고 여겼다.

예술은 여기서 중대한 기능을 한다. 예술을 통해 우리는 상상력을 키우고 다른 시대와 다른 문명 사람들이 처한 삶의 환경을 배운다. 듀이는 《경험으로서의 예술》에서 그가 생각하는 예술의 도덕적 유용성을 이렇게 요약했다.

예술작품은 우리의 상상력과 감정을 일깨워서 다른 사람들이 처한 관계를 함께 체험하게 해 주는 수단이다.

아울러 그는 인간이 선해지기 위한 가장 중요한 수단이 상상력이라고 기술한다. 도덕적 행동을 할 수 있는 결정적인 전제 조건은 다른 사람들에게 공감하는 정신 능력이다.

듀이는 1859년 버몬트의 벌링턴에서 태어났다. 버몬트 대학에서 공부한 후 그는 펜실베이니아에서 2년 동안 일하다가 볼티모어의 존스 홉킨스 대학에서 학업을 계속했다.

1916년 듀이는 《민주주의와 교육》을 펴냈다. 이 책의 핵심 주장에 의하면 교육의 목표는 인간들에게 함께 하는 체험이 얼마나 중요한지 가르치는 데 있다. 다 함께 더 나은 세상을 건설하고 삶의 느낌을 고양하는 것이 듀이의 핵심 목표였다.

미시간 대학에서 십 년간 가르친 후 그는 새로 건립된 시카고 대학에서 철학, 심리학, 교육학 학장이 되었다. 산업 도시인 시카고에서 듀이는 사회 개혁의 열망을 실행에 옮길 기회를 무수히 얻었다. 그는 듀이 학교를 세워서 특히 가난한 계층의 아이들에게 교육 기회를 주기 위해 노력했다.

듀이는 활기 넘치는 민주주의 사회에서 어떻게 다른 사람들과 만나 알차고 오래 남는 경험을 얻을 수 있을까라는 질문을 던졌다. 그는 특히 대화를 통해 스스로의 지평을 넓히고 상호간의 공통적인 측면을 찾을 수 있다고 여겼다. 듀이가 볼 때 민주주의와 소통은 사회적 목표를 위해 참여할 수 있는 가능성을 제공한다. 그에게 소통이란 자신만의 특정한 자아를 더 큰 관계 속으로 가져갈 수 있는 기회였다.

좋은 대화 속에서 우리는 다른 이들의 세계관과 가치관, 의견과 식견을 배운다. 마음을 열면 흥미로운 대화에서 전혀 새로운 체험을 할 수 있다. 좋은 대화는 새로운 시각을 얻어 삶을 바꿀 수 있게 해 준다. 이를 위해서는 대화 참여자들이 솔직하게 의견을 털어놓을 수 있어야 한다. 소통의 결실로 우리는 다른 사람들의 삶에 참여할 수 있게 된다. 그러나 이것은 사람들이 스스로의 안에 움츠러들지 않고 개인적인 부분 또한 내놓을 각오가 되었을 때 가능하다.

듀이가 말하는 소통이란 파티나 다른 사회 행사에서 나누는 잡담만을 뜻하는 게 아니다. 소통 와중 피어날 수 있는 '종교 의식' 같은 요소에 그는 주목한다. 인간들이 서로를 이해할 수 있다는 사실을 듀이는 기적에 비유했다. '공동 경험은 인류의 가장 큰 자산이다'라는 문구가 나온 《경험과 자연》의 한 구절에서 그는 '소통이란 성찬식의 거행'이라고 말했다.

대화를 통해 인간은 서로에게 자신을 열어 보이고 자기 중심성을 부순다.

듀이는 소통이 삶을 고양시킨다고 생각했다. 그리고 공통된 경험은 인간들 사이를 이어 주는 가장 중요한 끈이다.

듀이는 예술 체험의 의미에 대해서는 더 뚜렷하게 설명한다. 예술은 다른 사람과 문화권, 세계의 다양성을 더 잘 이해할 수 있도록 인간의 감수성을 키워 주고 또 직접적인 삶의 느낌을 고양시킨다. 그의 시대 예술은 다른 나라와 문화권의 영향을 많이 받았는데(예를 들어 아프리카 예술의 영향을 받은 피카소의 큐비즘이나 프랑스 화가 폴 고갱이 그린 남국 바다의 그림들) 듀이는 이것이 단순한 유희나 얼마 안 갈 유행이 아니라 다른 문명권의 시각에 접근하려는 화가의 진지한 시도라고 생각했다.

듀이의 철학이 오늘날에도 갖는 의미는 명백하다. 그는 우리에게 인간은 고립된 홀몸이 아니며, 언어와 예술은 사람들이 함께 살아갈 수 있는 자리를 마련해 주는 것임을 보였다. 언어와 예술은 우리가 '비틀린 자아'에서 벗어나 다른 시각에서 사물을 판단할 수 있게 해 준다.

듀이는 철학의 엄격한 껍질을 벗기고자 했다. 그는 철학을 통해 다른 이들에게 이리저리 살라고 규율을 내리고 싶어 하지 않았다. 듀이는 칸트 식의 '정언 명령'이나 호된 의무 관념이 인간들 스스로 판단하고 경험할 수 있는 여지를 줄인다며 거부했다.

듀이에게는 철학적 인식보다도 구체적인 민주주의의 실천 경험이 더 중요했다. 그 어떤 철학적 인식을 배우는 것보다도 몸소 다른 사람들과의 단결을 체험해 보는 것이 낫다. 그렇다고 듀이가 순수한 정신적 고찰의 즐거움을 평가절하하는 것은 아니다. 그는 인간을 고독으로 내모는 철학은 어딘가 잘못된 것이고 인간에게는 철학의 사회적, 소통적 측면이 중요함을 강조하려 했다.

듀이는 미국에서 민중들이 활발하게 소통하며 민주주의를 다지던 시기에 살았다. 사람들은 관점과 경험을 서로 토론하기 위해 모여들곤 했다. 그 한 예로 미국 건국 당시부터 유래한 '타운십(township)'의 전통을 들 수 있다. 이것은 마을이나 도시의 주민들이 함께 모여 정치적 안건들을 논의하는 자리다.

그러나 새로운 매체가 발달하면서 인간들이 직접 얼굴을 맞대고 소통하는 방식은 점차 사라지고 있다. 오늘날의 사람들은 채팅방에서 이야기를 나누거나 핸드폰으로 통화를 한다. 이런 조건에서는 듀이가 말한 공동 체험의 느낌을 갖기가 힘들다. 현대 사람들은 각자의 집에 앉아 인터넷을 하거나 텔레비전을 보고 비디오 게임을 한다. 그들은 진짜 사람들과 현실의 문제를 나누는 대신 인공적인 영상의 얄팍함을 찾는다. 이 고독한 현상이 퍼지면서 종종 사람들은 현실을 잃는다.

듀이는 자기 중심성을 극복하기 위해서는 좋은 대화가 필수적이라고 주장했다. 진짜 삶 속에서 다른 사람들과 함께 하는 공동 체험은 다른 무엇으로도 대체될 수 없다. 공동 체험을 통해서만 우리의 존재를 의미 있게 꾸려나갈 수 있다.

"철학이란 여정이다."

칼 야스퍼스 (1883년~1969년)

독일의 실존주의 철학자로 실존철학을 체계적으로 연구했다. 그가 말한 실존은 인간의 진
정한 자아를 의미하며, 실존적 결정을 내림으로써 스스로의 삶을 변화시키고, 경험적 세상
을 넘어 초월적 차원을 깨닫는다고 생각했다. 《일반 정신병리학》, 《세계관의 심리학》, 《현
대의 정신적 상황》, 《진리에 대하여》 등의 저서를 남겼다.

칼 야스퍼스는 철학의 근원을 병이나 죄, 닥쳐온 죽음 등의 실존적 '경계 상황'이라고 여겼다.

나는 죽어야 한다. 나는 고통을 겪어야 한다. 나는 싸워야 한다. 나는 우연에 좌우 당한다. 나는 죄를 짊어지는 것을 피할 수 없다.

삶에 위기가 닥칠 때에서야 인간은 자신이 어떤 인간인지 깨닫는다. 이러한 경계 체험을 극복하는 방법에는 정답이 없다. 야스퍼스는 철학을 머리로 배우는 지식 묶음으로 보지 않았다. 그에게 진정한 철학이란 실존적 경험에서 우러나오는 것이었다.

삶의 문제에 있어서는 누구에게나 통하는 최종적인 정답이 없기 때문에 철학에는 도착점이 없다. 오늘날에도 읽을 가치가 있는 책 《철학 입문》에서 야스퍼스는 '철학이란 여정이다'라고 썼다. 그것은 진리와 깨달음, 자기 자신으로 향하는 구도의 길이다. 그가 말하는 '실존'이란 인간 내면의 깊은 존재, 인간의 진정한 자아를 가리킨다. 인간은 이 자아를 향할 수도 있고 등을 돌릴 수도 있다. 실존적 질문과 맞닥뜨릴 때 인간은 일상적 삶, 이를테면 직장에서 필요로 하는 것과는 완전히 다른 삶의 원칙을 찾게 된다.

일반적으로 사람들은 누구나 성공을 위해 노력한다. 그러나 실존적 관점에서 보자면 패배와 위기야말로 흥미로운 체험이다. 특히 좌절을 통해서 우리는 자신의 진정한 모습을 감지한다. 병에 걸렸을 때 어떤 사람은 새로운 용기를 내고 어떤 사람은 절망한다. 경계 상황 속에서 인간은 실존의 내면으로 눈을 돌려 자유를 찾아낼 기회를 얻는다. 그리고 실존적 결정을 내림으로써 스스로의 삶을 변화시킨다. 이렇게 자아를 향해 '날아오름으로써' 인간은 비로소 실존을 선물로 받아들일 수 있게 된다고 야스퍼스는 생각했다. 경계 상황에서 사람들은 종종 이 경험적 세상 말고 또 다른 세상이 존재하는 것이 틀림없다는 깨달음을 얻곤 한다. 인간은 결코 초월성을 명확하게 설명할 수 없고 그저 막연히 느껴 짐작할 뿐이다. 하지만 초월적 차원이 실재한다는 것은 야스퍼스의 확고한 '철학적 신앙'이었다.

야스퍼스는 1883년 북해 연안의 올덴부르크에서 은행가의 아들로 태어났으며, 건강이 좋지 않았다. 처음에는 법학을 전공했으나 폐렴에 걸려 질스-마리아에서 요양을 하면서 그는 심리학에 중점을 둔 의학으로 전공을 바꾸기로 마음먹었다.

하이델베르크와 뮌헨, 베를린에서 공부한 후 그는 1909년 의사 자격증을 얻었다. 1916년에는 하이델베르크에서 심리학과 교수로 임명되었고, 1922년에는 철학 교수가 되었다. 1937년 나치 시절 그는 대학에서 해임되고 출판 금지 처분도 받았다. 야스퍼스와 그의 유대인 아내 게르트루트는 체포되기 직전 미국인들의 진주로 살아남았다.

전쟁 후 야스퍼스는 하이델베르크에서 바젤 대학으로 옮겨갔다. 1958년 그는 독일 서적 유통 협회에서 평화상을 받았다. 당시 축하 연설을 한 이는 한나 아렌트였다. 칼 야스퍼스는 1969년 바젤에서 86

세의 나이로 죽었다.

'철학적 신앙' 때문에 야스퍼스는 신비주의자지 철학자가 아니라는 비난을 자주 받았다. 그러나 그는 자신의 철학이 신비주의나 종교와 달리 이성적인 토대에 기반하다고 강조했기 때문에 이 비난은 잘못되었다. 야스퍼스는 합리성과 과학의 영역을 넘어 우리 내면의 다른 차원을 탐구하는 것 또한 이성으로 할 수 있다고 믿었다.

야스퍼스 철학의 핵심은 경계를 넘어 소통하는 것이다. 그것은 자기 자신과 다른 사람들, 신과의 소통이다. 그의 표현을 따르자면 이 '사랑이 넘치는 싸움'으로 다른 사람들과 소통하면서 삶의 본질적 의미를 알아보게 된다. 스스로에게만 몰두해서는 진짜 자신을 찾을 수 없다. 인간은 다른 사람들을 통해서만 자유를 얻을 수 있다. 야스퍼스는 철학사를 집중적으로 공부했다.

일반적인 철학사에서 설명하는 것과 달리 야스퍼스는 철학자들을 스스로 기준을 세운 공자, 부처, 소크라테스, 예수와 이미 주어진 기준을 지키고 발전시킨 나머지 철학자들로 구별했다. 기준을 세운 철학자들은 이론만 가르치는 것이 아니라 스스로의 삶을 통해 이론을 구현해냈다. 야스퍼스는 모든 위대한 철학자들은 시간을 초월한 정신의 공화국의 주민들이라고 말했다. 그는 특히 쿠에스의 니콜라우스와 칸트, 헤겔, 셸링, 니체와 키르케고르를 존경했다. 이 사람들은 실존적 위기를 부정하지 않았다. 이 사상가들은 각자 나름의 방식과 독창성으로 진리에 가까이 갔다. 그들은 진리에 완전히 도달했다고 주장하지는 않는다. 왜냐하면 '철학은 여정이기' 때문이다.

야스퍼스는 과학을 적대하지는 않았지만, 그의 시대에 퍼져 나가던 과학이 인간의 실존적 문제를 해결해 줄 거라는 낙관은 비판했다. 예를 들어 미국의 기업가 레이 커즈와일은 현대 의학의 도움으로 영원히 살 수 있을 거라 믿는다. 이 목적을 이루기 위해 그는 날마다 250알의 약을 삼키며 예순 살의 자신이 신체 나이로는 마흔 살보다 더 젊다고 주장한다. 그러나 야스퍼스가 오늘날 살았다면, 커즈와일의 비전이나 역시 비슷한 방향인 사이언톨로지가 내거는 약속을 근대 인간들이 가진 오만의 대표적인 예로 보았을 것이다.

우리가 딛고선 바닥이 뒤흔들리는 실존적 위기에서 과학이 아닌 더 깊은 '실존적 해명'만이 우리를 구해 줄 수 있다. 실존적 해명은 야스퍼스가 '포괄자'라고 표현한 초월성과 늘 관련 있다. 포괄자를 직접 대면하는 것은 불가능하고 '모호한' 사고를 통해서만 다가갈 수 있다. 세상을 이루는 물질들은 과학적으로 정의가 가능하다. 그러나 과학이 설명하는 것은 껍데기뿐이다. 그 뒤에 자리한 다른 세계의 위대한 차원은 과학적 수단으로는 더 이상 탐구할 수 없다. 위대한 철학자들은 이 형이상학적 세계에 대해 각자 자기 시대의 언어로 고찰했다. 야스퍼스는 이 맥락에서 '초월성의 암호'라는 표현을 쓴다. 이 암호는 매번 새로이 해독되어야 한다.

"말할 수 없는 것에 대해서는 침묵해야 한다."

루트비히 비트겐슈타인 (1889년~1951년)

영국의 철학자. 논리학 이론과 언어철학에 대한 독창적인 사유를 제시했다. 그에게 철학의 본질은 언어비판이었으며, 《논리철학 소고》, 《철학적 탐구》, 《문화와 가치》 등의 저작을 통해 무의미한 소리를 지양하고 침묵의 문화를 지지했다.

이상하게 들릴지도 모르겠지만 루트비히 비트겐슈타인 이전에는 대부분의 철학자들에게 언어란 보조적인 기능밖에 하지 못했다. 하지만 비트겐슈타인이 근대 언어철학의 기반을 마련하면서 상황은 바뀐다.

비트겐슈타인이 흥미를 가진 건 개개의 단어가 아니라 문장이었다. 그는 문장들을 의미 있는 것과 의미 없는 것으로 분류했다. 의미 있는 문장이란 현실과 연관이 있어서 진실인지 거짓인지 판명 가능한 말이다. 이를테면 '지붕 위에 고양이가 앉아 있다' 라는 문장은 언제나 참인지 거짓인지 판별이 가능하다. 반면 '사랑이 강물 위에서 헤엄친다' 라는 문장은 의미가 없다.

그는 불분명한 언어 사용이 인간관계에 위험을 가져온다고 여겼다. 한 친구가 영국인들은 전반적으로 이러저러한 민족성을 가졌다고 설명했을 때, 비트겐슈타인은 한 민족 전체를 두고 이르기에는 개념이 너무 모호하다고 화를 냈다. 비트겐슈타인은 주요 저작인《논리철학 소고》에서 확실하지 않은 경우에는 그냥 가만히 있으라고 충고했다.

말할 수 없는 것에 대해서는 침묵해야 한다.

비트겐슈타인은 철학의 중요한 개혁자일 뿐 아니라 20세기의 가장 흥미로운 인간들 중 한 명이다.

1889년 오스트리아-헝가리 제국에서 부유한 기업가의 아들로 태어난 그는 자기 몫의 유산을 포기하고는 기술자, 건축가, 위생병, 정원사 조수, 철학 교수 등의 직업을 가졌다. 젊은 시절 그는 철학 외에 음악과 기술에도 관심을 가졌다. 열네 살 때까지 집에서 교육받은 그는 린츠의 실업학교에 들어갔는데, 마침 같은 나이의 아돌프 히틀러도 그 학교를 다녔다. 베를린의 기술 대학에서 기계공 과정을 전공하고, 그는 1912년 케임브리지에서 철학 공부를 시작했다.

제1차 세계대전이 터졌을 때 비트겐슈타인은 갈리시아 전선에서 싸우겠다고 자원했다. 전쟁이 끝난 후 레오 톨스토이의 기독교 정신에 감화받은 그는 오스트리아의 외떨어진 작은 마을에서 초등학교 선생을 하기로 마음먹었다. 그 전인 1918년에 그는 《논리철학 소고》를 출판했다. 1929년이 되어서야 비트겐슈타인은 다시 철학으로 흥미를 돌리고 케임브리지로 돌아와 언어, 논리학, 수학 세미나를 열었다. 1947년 그는 신장병 때문에 교수직을 떠나야 했다. 자신은 '멋진 삶을' 살았다는 말을 남기고 1951년 4월 28일 암으로 죽었다.

그는 살아생전에 《논리철학 소고》만 책으로 냈고 죽은 후에 유고 저작들이 몇 편 나왔다. 그가 출판하려고 마음먹었던 《철학적 탐구》는 1953년에 출간되었다.

비트겐슈타인은 의미 있게 표현되는 모든 것, 즉 모든 사건과 사실들의 합이 곧 '세계'라고 생각했다. 《논리철학 소고》에는 다음과 같은 유명한 정의가 등장한다.

세계는 벌어지는 모든 경우들의 총합이다.

세상에 대해서는 참인지 거짓인지 검증 가능한 발언들을 할 수 있다. 그러나 세상을 넘어서는 것, 즉 초월성이나 신에 대해서는 불가능하다. 비트겐슈타인은 초감각적인 세계가 존재함을 부정하지는 않았지만, 그 세계에 대해서는 의미 있는 말을 할 수 없다고 여겼다. 비밀스러운 것들에 대해서 피상적인 소리를 늘어놓기보다는 그저 침묵하는 게 낫다. 비트겐슈타인이 보기에 삶과 사물, 인간, 예술작품 속에는 말로 표현할 수 없고 그저 느껴 짐작할 수만 있는 신비로움이 들어 있었다.

예술에 대해서는 말하기 어렵다. 그건 곧 말할 것이 없다는 뜻이다.

— 《문화와 가치》에서

세상을 묘사할 수는 있어도 쉼 없이 설명할 수는 없다.

신비로운 것은 세상의 모습이 아니라 세상이 존재한다는 사실 자체다.

— 《논리철학 소고》에서

비트겐슈타인이 종교적 질문들을 등한시했다는 소리는 아니다. 오히려 그 반대다. 비트겐슈타인은 그저 신이 세상의 고통에 책임이 있느냐의 여부 같은 잘못된 질문을 던져서는 안 된다고 지적했을 뿐이다. 그것은 곧 단어들을 휘둘러대는 것에 불과하며, 이런 말들은 의미가 없다. 언제나 의미 있는 것은 더 나은 인간이 되기 위해 노력하는 것이다.

비트겐슈타인에 따르면 무와 초월성에 대해 의미 있는 말을 하는 것이 불가능한데도 우리가 계속 그것들에 대해서 생각을 펼치게 되는 건 왜일까? 비트겐슈타인은 언어가 이성에 요술을 부렸기 때문이라고 한다.

일상생활 속에서는 의미가 있었던 표현들을 우리는 그대로 형이상학적 영역으로 옮긴다. 비트겐슈타인은 다음과 같은 예를 들었다. "어떻게 여기 오셨습니까?"라는 질문에는 "기차를 타고 왔지요!", "택시로 왔습니다." 같은 대답을 할 수 있다. 하지만 이 질문 구조를 고스란히 실존적 차원으로 옮겨 형이상학적 맥락에서 "너는 어디에서 왔는가?"라고 묻는 것은 그릇되었다. 이 세상 너머의 영역에 속한 형이상학적 질문에는 의미 있는 대답을 하는 것이 원칙적으로 불가능하다고 비트겐슈타인은 말한다.

그는 철학의 임무가 명확하고 똑똑하게 말할 수 있는 소재와 차라리 침묵해야 하는 소재를 가려내는 데 있다고 여겼다. 그래서 비트겐슈타인에게 철학의 본질은 언어비판이었다. 그는 언어비판을 통해 사람들이 잘못된 질문을 던지지 않도록 막을 수 있다고 생각했다.

설명은 어디선가 끝을 맺는다.

비트겐슈타인은 언어비판을 윤리적 훈련으로 보았다. 인간들은 사실 발언과 가치판단 발언을 구별할 줄 알아야 하고 무의미한 헛소리는 삼가야 한다. 그는 삶의 신비에 깊은 경의를 표했다.

우리는 세상의 모든 과학적 질문에 대해 답을 찾아내더라도 우리 삶의 문제는 전혀 다룰 수 없음을 느낀다.

— 《논리철학 소고》에서

그는 사람들이 별생각 없이 말을 꺼내 무의미한 소리를 하는 것에 진절머리를 냈다. 서구 문화권에는 깊은 숙고 없이 일단 뭐든 말하고 보는 경향이 있다. 중요한 고찰을 이해하고 문제를 숙고하자면 정신적 인내와 집중력이 필요하다. 하지만 속도에 집착하는 현대 삶에서는 인내와 생각을 숙성시키는 여유가 더 이상 허용되지 않는다. 프리드리히 니체는 이와 관련해 《차라투스트라는 이렇게 말했다》에 다음과 같이 적었다.

모두들 꼬꼬댁거린다. 아직도 조용히 둥지에 앉아 알을 품는 자가 누가 있으랴?

비트겐슈타인은 침묵의 문화를 지지했다. 침묵하는 편이 얄팍한 소리를 하는 것보다 나을 때가 많다. 정말로 삶을 바꿔 보고 싶다면 떠드는 대신 행동으로 옮겨야 한다. 이것이 예수의 가르침이기도 하다고 비트겐슈타인은《문화와 가치》에 적었다.

요즘 세상에서는 어디서나 말 많은 사람이 적극적이며 성의 있고 능력을 갖추었다고 평가받는 반면 조용하고 생각이 많은 사람은 눈에 띄지도 못한다. 그러나 기독교와 동아시아 문화는 침묵의 지혜를 가르쳤다. 중세 시대 수도사가 연습해야 했던 여러 훈련 중에는 침묵도 들어 있었다.

근대에 들어와서야 각종 체제와 기관들(가정, 국가, 정신분석학)이 인간들로 하여금 무엇에 대해서든, 그리고 특히 자기 자신에 대해서 끊임없이 이야기하도록 요구한다. 중세에 고해가 도입된 것부터가 이러한 변화의 징조였다. 말하기를 강요하는 현대 사회에 비춰보자면 침묵하라는 비트겐슈타인의 충고는 보편적인 어리석음에 저항하라는 행위기도 하다.

"언어는 존재의 집이다."

마르틴 하이데거 (1889년~1976년)

독일의 실존철학자이며 독창적인 실존주의 사상가. 원래 신학을 목표로 공부하였으나 에드문트 후설의 현상학에 심취하여 기초존재론적인 현상학의 과정과 주제를 확립하였다. 그의 실존주의 체계는 당시 20세기 유럽에 존재론적 의미와 해석에 관한 신선한 충격을 던져 주었다.

독일 철학자 마르틴 하이데거는 과학 기술의 언어 속에 우리 삶 전체를 점차 위험에 빠트릴 사고방식이 숨어 있다고 보았다. 세상 만물이 계량화되거나 사용 설명서의 언어로 표현된다면 삶의 마법은 사라질 것이다. 하이데거는 표와 통계가 넘쳐나면 부작용이 생기지 않을 수 없다고 지치지 않고 강조했다.

하이델베르크의 철학에서 언어는 중요한 구실을 한다. 《휴머니즘에 관하여》라는 저작에서 하이데거는 '언어는 존재의 집이다'라고 썼다. 언어는 단순한 소통의 수단일 뿐 아니라 인간이 세계와 만나는 경험 공간이다.

《언어를 향한 도상에서》라는 책에서 그는 단어들이 비밀을 숨기고 있다고 설명했다. 우리는 단어들 안에 간직되어 있는 태고의 존재차원을 다시 찾아내야 한다. 하이데거는 본질, 공터, 이유, 사물, 존재 등의 단어의 어원을 캐면서 해당 단어들에 대한 상세한 철학적 고찰을 펼쳤다. 그는 특히 시인들의 언어는 기술적 사고와 달리 현상을 흔들리지 않고 꿰뚫어 볼 수 있다고 찬양했다.

하이데거에 따르면 현대의 언어는 너무나 비대하고 의도적이고 권력 지향적이다. 그는 인간들이 더 조심스럽게 새로운 존재태도로 사물들을 대해야 한다고 주장했다. 이 새롭고 조심스러운 태도는 '개방성', '귀 기울여 듣기', '회상', '초연함', '숙명' 등의 개념으로 애매모호하게 에둘러 설명할 수밖에 없다.

하이데거는 바덴의 메스키르히에서 1889년 태어났다. 1913년 논리학 논문을 써서 박사 학위를 받은 후 중세 철학자 둔스 스코투스의 의미론을 주제로 교수 자격 논문을 집필했다. 하이데거의 이론에는 중세 철학이 커다란 영향을 미쳤다. 그가 깊이 생각하는 데 필요한 안정을 얻기 위해 머물렀고, 유대인 시인 파울 첼란이나 〈슈피겔〉 발행인 루돌프 아우크슈타인 같은 손님을 맞던 토트나우베르크(검은 숲에 위치)의 철학자 오두막은 유명한 공간이 되었다.

1923년 하이데거는 마르부르크에 철학 교수로 부임했다. 그의 제자 하나 아렌트의 회상에 따르면 얼마 안 가 하이데거는 '비밀의 철학왕'이라는 별명을 얻었다. 하이데거는 철학의 오랜 의문들을 현대적 시각으로 새로 비추어 생명력을 부여하는 데 다른 누구보다도 능했다.

1928년 하이데거는 프라이부르크 대학으로 돌아왔다. 그가 총장으로 선임된 해는 나치가 정권을 잡은 1933년이었고, 히틀러 체제가 독일인들의 정신적 삶을 혁신해 주기를 기원하는 내용을 담은 그의 총장 취임 연설 〈독일 대학의 자기주장〉은 스캔들 감이 되었다. 그러나 1934년, 그는 정치에 실망하여 총장직을 내놓고 권력과 유용성에 집착하는 당대의 사고방식을 근본적으로 비판하기 시작했다. 나치는 하이데거가 기대했던 것만큼 향토성과 존재라는 개념을 중시하지 않았고, 대신 근대의 기술과 권력에 집착하는 사고방식을 체현했다.

전쟁이 끝난 후 짧은 기간 가르치는 일을 금지당했던 하이데거는 세상을 떠나는 1976년까지 초연함과 깊은 숙고에 대한 사상을 펼치는 데 힘썼다.

하이데거는 자연을 대하는 방식을 두 가지로 구분했다. 하나는 기술적 이용 가치로 자연을 평가하는 것이고, 다른 하나는 자연에서 존재의 현현을 보는 것이다. 하이데거는 현대 인간들이 경제적, 기술적 합리에 사로잡혀서 언제나 유용성에 대해서만 묻는다고 말했다. 언어 역시 점차 정보 교환의 수단으로만 쓰이는 경향을 띤다. 서구 문화 전체는 계산적 사고에 홀렸다. 그러나 모든 것을 우선적으로 이용 가치의 측면에서 본다면 사물의 근본적인 어떤 것, 사물들의 아우라를 놓치게 된다.

이를 피하기 위해 하이데거는 사람들이 자기 자신과 주위 환경에 대해 더 초연해야 한다고 주장했다. 그는 서구가 갈림길 앞에 서 있다고 생각했다. 하이데거가 《사유 체험》에서 '언어가 정보를 향해 경주로를 질주한다'라고 표현한 상태대로 계속 여태까지처럼 지내든가 아니면 시인들의 언어와 중세 신비주의 사상에서 가르침을 얻어 존재를 다시 획득하든가 두 길 중 하나를 선택해야 한다. 마이스터 에크하르트나 안겔루스 실레시우스 같은 신비주의자들은 인간들이 세계의 주인이 되려고 야심을 품어서는 안 되며 겸허함과 포기할 줄 아는 능력을 가져야 한다고 강조했다.

하이데거는 현대의 우리들이 우리 주변의 진정한 가치를 알아보도록 눈을 열어 주고자 했다. 그는 자신의 철학으로 사람들이 숲 속 공터나 어느 들길의 아우라를 감지할 수 있게 되기를 원했다. 세계화가 진행되고 하루가 다르게 기술이 진보하면서 일상의 존재는 사라져 간다. 우리는 우주 공간 속에서 우주비행사들이 '산책'하는 것을 감탄하며 지켜보지만, 스스로 자연 속을 거니는 의미는 잃어버렸다.

하이데거는 《들길》에서 '들길의 위안을 알지 못하는 자'는 고향을 잃어버린 인간이라고 말했다. 그는 유럽의 역사가 성공이 아닌 타락으로 점철되었다고 생각했다. 기다림과 소박함의 철학(인간은 존재를 지키는 자다)을 설파하면서 하이데거는 동아시아의 사상과도 접점을 찾았다. 하이데거의 철학이 큰 반향을 얻은 나라인 일본에서는 종종 일상을 멈추고 하이쿠 한 줄을 읽거나 시를 짓는 전통이 있었다. 하이쿠는 사물과 삶 속의 분위기를 포착하려 한다. 무심히 지나치던 것을 언어로 조명하는 하이쿠의 한 예로 '떨어지는 꽃잎을 눈으로 좇는다. 고요하구나!'를 들 수 있다.

하이데거는 더 깊이 사고할 것을 주창한다. 그리스 철학자 에페소스의 헤라클레이토스에 관한 강연을 하면서 그는 작은 사물들에도 신성이 깃들어 있다고 강조했다. 타 지역 사람들이 헤라클레이토스를 만나러 왔다가 그가 글을 읽거나 토론을 하는 등의 활동을 하지 않고 그저 아궁이 앞에서 손이나 데우고 있는 것을 보고 실망했다. 손님들을 본 헤라클레이토스는 말했다.

"들어오시오, 여기에도 신들이 거한다오."

하이데거는 헤라클레이토스가 아주 일상적인 장소에도, 빵을 굽는 여상한 행위 속에도 신성이 표출될 수 있음을 말하고자 했다고 해석한다. 하이데거는 흔한 사물에서도 뜻하지 않은 비밀스러운, 신비롭

기까지 한 면모를 발견해내는 데 능했다. 반 고흐의 유명한 그림 속에 그려진 낡고 헤진 농부 신발 한 켤레를 보면서 하이데거는 농부의 삶 속의 많은 차원들을 떠올리는 데 성공했다.

하이데거의 향토 사상은 세계화가 진행되는 오늘날 더욱 큰 관심을 불러일으킨다. 존재의 의미에 대해 그가 던지는 질문들은 자연의 아름다움, 식물의 신비, 어스름의 목소리를 감지할 수 있게 만든다.

오늘날의 언어가 더욱 기술적으로 변해가며 영어식 표현과 약어들에 잠식되는 것을 하이데거는 탄식했을 것이다. 그는 독일어를 사랑했고, 풍부한 문법적 가능성 때문에 그리스어와 독일어야말로 철학에 가장 적합한 언어들이라고 여겼다.

이 점에서 보자면 이메일과 핸드폰 문자의 짧은 언어는 결함 있는 표현 수단이다. 만약 세상에 문학이 없으면 어찌 될지 한 번 상상해본다면 시인들의 언어의 귀중함을 깨달을 수 있을 것이다.

문학 없는 세상은 차갑고 죽은 세상이다. 많은 사람들이 위대한 작품을 읽고 충만함에 젖어 자신이 다른 사람이 되었다고 말하곤 한다. 우리는 문학을 통해 다른 문화와 다른 사람들의 세계 속으로 걸어 들어가면서 우리 자신 또한 변화시킨다. 이 뜻 또한 '언어가 존재의 집'이라는 하이데거의 말 속에 포함된다.

"앞으로도 계속 이러다가는 재앙이다."

발터 베냐민 (1892년~1940년)

독일의 문학 비평가이자 철학자. 철학, 미학, 문학적 의문들에 큰 흥미를 가졌으며, 전통적인 역사서술에서 벗어난 역사철학을 연구하였다. 베르톨트 브레히트로부터 마르크시즘의 영향을 받았으며, 아도르노 등과 교류하였다. 〈역사의 개념에 대하여〉, 〈독일 비극의 기원〉, 《역사철학의 테제》 등을 집필하였다.

문학 비평가이자 철학자 발터 베냐민은 어린 시절에 이미 장차 겪게 될 불행을 예감했음이 틀림없다. 그러지 않고서야 시 모음집 《소년의 마술피리》에서 왜 하필이면 조그만 꼽추가 그에게 가장 큰 인상을 남겼을까? 조그만 꼽추는 불운을 가져온다.

> 내가 지하실로 가서
> 포도주를 담아오려고 하면
> 조그만 꼽추가 서 있다가
> 항아리를 잡아챈다.

발터 베냐민은 베를린의 유대계 상인의 아들이었다. 어린 시절에 2년을 튀링겐의 전원기숙학교에서 보내면서 그는 청년 운동을 접했다. 철학과 독일문학, 심리학을 공부하느라 그는 프라이부르크와 베를린, 뮌헨으로 갔다.

베냐민이 철학보다 더 흥미를 보인 것은 미학적, 문학적 의문들이었다. 그는 독일 낭만주의에 대하여 박사 논문을 썼고, 교수 자격 논문은 〈독일 비극의 기원〉이었다. 그러나 그의 교수 자격 논문은 이해할 수 없는 내용이라는 이유로 프랑크푸르트 대학 교수들에게 퇴짜맞았다(오늘날 이 논문은 바로크의 예로 근대를 파악하는 가장 중요한 철학서 중 하나로 평가받고 있다). 그래서 그는 소속 없는 작가로 언제나 경제적으로 간당간당한 삶을 살아야 했다.

베냐민은 비판적인 기사와 소논문들을 썼고, 그중 특히 괴테의 '친

화력'에 대한 논문이 돋보인다. 1926년 스위스에서 그는 유명한 독일인 25명의 편지를 모아 엮은 《독일인들》이라는 서간집을 냈다.

유대인이라는 이유로 나치에게 박해받은 베냐민은 1940년 포트 부근처 프랑스와 스페인의 국경에서 스스로 목숨을 끊었다. 베냐민에게 파시즘은 인간 역사상 벌어질 수 있는 가장 큰 비극이었다.

베냐민은 다른 철학자 누구보다도 역사의 희생양들이 겪은 고통에 관심이 많았다. 특히 피라미드, 성벽, 원형 경기장, 교회와 성당 같은 거대한 건축물을 볼 때마다 그는 많은 이들의 희생과 고행, 고통을 떠올렸다. 그들은 전통적인 역사서술에서는 소외된 사람들이었다. 《역사의 개념에 대하여》에서 베냐민은 썼다.

문화의 기록 중 동시에 야만의 기록이 아닌 것은 없다.

알 수 없는 힘의 흐름에 빠진 천사를 그린 파울 클레의 그림을 보고 베냐민은 유명한 해석을 했다. 베냐민은 그 천사를 '역사의 천사'라 불렀다.

천사의 눈은 활짝 뜨였고 입은 벌어졌으며 날개는 쫙 펼쳐졌다. 그의 얼굴은 과거를 향하고 있다. 잇따른 사건들이 우리의 눈앞에 벌어질 때 천사가 목격하는 것은 폐허에 폐허를 거듭 쌓는 전무후무한 재난이다.

그러나 역사상 가장 끔찍한 희생양들은 나치 시대에 생겨날 것이라고 베냐민은 확신했다. 나치즘 같은 독재의 폭군성을 결코 과소평가해서는 안 된다. 프랑스 시인 샤를 보들레르에 대한 논문에서 '앞으로도 계속 이러다가는 재앙이다'라고 적으면서 베냐민은 히틀러의 위험성을 별것 아니라 무시하는 노동 운동과 다른 사회 그룹의 전략을 비판했다.

베냐민은 근대를 꿰뚫어 보는 드문 통찰력을 가졌다. 돈을 버는 데만 급급한 자본주의 경제 질서는 한편으로 인간 소외를 심화한다. 다른 한편으로는 단 한 번의 결정적인 혁명적 행동만으로 모든 것을 개선할 수 있는 환경이 조성되었다. 왕자의 입맞춤 한 번으로 잠자던 공주가 구원받을 수 있는 동화나 마찬가지다. 근대에는 더 나은 사회를 만들 수 있는 요소들이 이미 다 확보되었는데 인간들이 그 가능성을 아직 알아차리지 못했을 뿐이다. 더 나은 세계가 진작 가능해졌는데도 인간들은 잠에 빠져 있다. 베냐민은 대중들이 직접 정치적 행동에 나설 것을 주장했다.

68 운동의 학생 지도자들이 베냐민에 주목한 것은 바로 이 대목이다. 학생 지도자들 역시 미국의 베트남 정책에 항의하기 위해 연좌 농성과 행사를 벌이며 직접 행동에 나서자고 외쳤다.

베냐민이 보기에 모든 시대는 전환의 가능성을 품고 있다. 베냐민의 역사관념에서 현재는 과거와 미래에 엮여 있다. '모든 시대는 뒤따르는 시대를 꿈꾼다(Chaque époque rêve la suivante)'라고 베냐민은 프랑스 역사가 쥘 미슐레(1798~1874)의 말을 인용했다. 베냐민은 구원의 기회가 언제나 가능하도록 신이 약속했다는 데 결정적 의미를 부여했다. 그는 자본주의의 악몽에서 당장 깨어나는 것이 가능함을 널리 알리기 위해 구원자의 은유를 사용했다.

짧은 에세이 〈역사의 개념에 관하여〉에 베냐민은 자신의 역사철학에 대한 주장을 적었다. 이 논문은 1940년, 그가 죽기 일곱 달 전에야 탈고되었다. 베냐민은 원고를 하나 아렌트에게 주었고, 그녀는 미국으로 망명할 때 그것을 가져갔다. 아마도 베냐민은 새로 수정 보충한 원고를 마지막까지 직접 지니고 있었을 것이다. 베냐민의 친구들이 증언한 바에 따르면 그는 탈출을 시도할 때 목숨보다 더 아낀다는 서류 가방을 하나 가지고 있었다.

노동 운동에 널리 퍼져 있던 '산업화와 자본주의 경제 법칙이 더 진행되면 저절로 사회주의 세상이 도래할 것'이라는 견해를 베냐민은 비판했다. 매우 날카롭게 그는 이 낙관론에 맞섰다. 만약 사회주의가 저절로 도래한다면 정치적 행동 따위는 할 필요가 없어지기 때문이었다. 목전에 도사린 파시즘의 위협은 사회민주주의의 낙관적인 진보론이 치명적인 오류였음을 증명했다. 그래서 베냐민은 당장 저항하자고 주장했다. 새로운 사회는 언제고 이뤄낼 수 있다.

베냐민은 역사의 어느 시기라도 인류를 악에서 구원할 방향 전환이 가능하다고 믿었다. 종교적 사고방식을 연상케 하는 태도다. 그러나 베냐민은 뜻하지 않은 시기에 메시아가 나타나 세상을 구원하리라는 유대교 신앙을 설파한 것이 아니었다. 그가 구원자의 은유를 사용한 것은 급진적인 정치 혁명이 언제고 가능함을 보여 주기 위해서였다. 체제를 전복할 기회를 놓쳐서는 안 된다. 이를 위해서 인간들은 시대의 징조를 읽을 줄 알아야 한다. 그의 핵심 주장은 과거 없이는 현대를 제대로 이해할 수 없다는 것이다. 과거란 자료와 시간, 왕조, 전투, 사실들의 단순한 나열이 아니다. 과거의 외적 사건보다 과거의 인간들이 가졌던 꿈과 동경을 파악하는 것이 더 중요하다.

프랑스 혁명의 대표자들도 이 점을 잘 알아서 고대 그리스와 로마의 진보적인 요소(법 개념, 미덕론, 합리성)를 받아들였다. 인간들의 희망과 꿈은 예술과 철학뿐 아니라 장난감 인형, 실내 장식, 가로등 같은 일상적인 사물들에도 형상화된다. 베냐민은 동화책, 게임용 카드, 실내 장식처럼 무심히 지나치기 쉬운 사물들에 지나간 세대들의 희망이 물질화되어 나타나 있음을 읽어내려 했다. 그는 과거로부터 전해진 이 에너지를 사회 개혁의 구체적인 프로젝트를 위해 쓸 수 있기를 전망했다.

그는 자본주의가 종교의 대용물이라고 생각했다. 실제로 종교적 개념이 경제와 재정 영역으로 흘러들어가 있는 것이 눈에 띈다. 누군가 '메쎄(Messe)'에 간다고 말을 하면, 그것은 가톨릭 미사가 아닌 프랑크푸르트의 자동차 박람회나 베를린의 전자 박람회를 뜻한다(독일어 'Messe'는 미사와 박람회를 둘 다 가리킨다). '매상(Erlos)'이라는 단어는 '구원(Erlosung)'을 연상시킨다. '대출(Kredit)'에는 '신앙(Credo)'이 숨어 있으며, 부채와 채권자라는 용어도 쓰인다(독일어로 부채를 가리키는 단어 'Schuld'는 본래 죄를 의미한다. 채권자를 뜻하는 'Glaubiger' 신앙인을 가리키기도 한다). 은행에서 대출을 받으려는 사람은 재정 상담

자와 고해를 연상시키는 대화를 나누면서 현재 지고 있는 모든 부채, 다른 말로 그의 모든 '죄'를 '고백'해야 한다. 자본과 상품 세계, 스타들은 새로운 신으로 경배받고, 대도시의 은행 건물들은 현대의 성당처럼 보인다. 19세기의 세계 박람회와 백화점의 예에서 베냐민은 현대 사회에서 상품이 점점 세상을 지배하는 우상의 상징이 되어가는 것을 목격했다.

그러나 우상들의 속은 텅 비어 있다. 소비 사회가 지닌 이중성의 예로 베냐민은 파리의 '파사주(Passage)'를 들었다. 파사주란 19세기 초엽 길 위에 유리 천장을 씌워서 행인들이 비에 젖지 않고 반짝거리는 상품들을 구경할 수 있게 만든 구조물이다. 초기에 파사주는 대단한 구경거리였지만, 도시 계획가 조르주 외젠 오스망(1809~1891)이 대로와 백화점들을 새로 기획하면서 시대에 뒤떨어진 것이 되었다. 파사주는 자본주의에서는 모든 것이 신속하게 낡음을 상징한다. 베냐민이 1920년대와 1930년대에 찾아가 보았을 때 파사주들은 이미 허물어져서 밤이면 외로운 남자들과 매매춘 여성들만이 서성이는 폐허가 되었다. 인간 상품이 된 매춘부들과 구입하고 싶은 상품에 눈독을 들이며 어슬렁거리는 남자들의 모습은 베냐민에게 상품자본주의의 극명한 상징이었다.

사회주의가 무너진 지금 인간들이 자본주의에 등을 돌릴 가능성은 매우 작아졌다. 대부분의 사람들은 자본주의와 민주주의가 재앙을 불러일으킬 거라고는 더 이상 믿지 않으며, 윈스턴 처칠이 말한 '민주주의는 최악의 국가 형태다. 단 다른 모든 국가 형태들을 빼고 볼 때에."라는 말에 동의한다. 따라서 베냐민의 사회 비판은 우리의 사회 체제 자체보다는 그 체제의 역동성, 그리고 자연과 자원을 수탈하는 우리의 태도에 초점을 맞춰 해석해야 한다. 우리가 '계속 이렇게' 수탈하다가는 정말로 커다란 위험이 닥칠 것이다.

산업화된 나라의 국민들은 풍요롭고 안정된 삶을 살지만, 다른 한편으로 경제적 번영은 많은 모순에 기반해 있다. 이미 1970년대에 로마 클럽은 경제 발전의 한계와 생태 위기를 지적했다. 인구 폭발과 산업화로 인한 자연 및 환경 변화(기후 변화, 생존에 필요한 주요 자원의 수탈)는 국경을 넘어 해결해야 할 문제들이다. 인간들이 태도를 바꾸지 않는다면 스스로의 멸망을 불러일으킬 수도 있다.

그러나 베냐민은 의식의 전환이 언제고 가능하다고 말했다. 1989년 11월 9일 베를린 장벽이 무너진 사건이 보여 주듯 역사란 일방통행이 아니다. 당시 동베를린 시민들은 사전 계획 없이 한데 모여 자유를 요구했다. 그 어떤 미래 연구자나 정치학자도 예견하지 못했던 사건이었다.

"아인슈타인과 아메바의
핵심적인 차이는 아인슈타인은
의식적으로 오류를 수정하려
힘쓴다는 점이다."

칼 라이문트 포퍼 (1902년~1994년)

오스트리아 빈 태생의 영국 철학자. 철학, 사회학, 생물학 등 다양한 분야에 관심을 가졌
다. 비판적 합리주의를 창시하였으며, 학문이나 정치에서 자기 비판적인 태도를 중시했다.
이데올로기에 대해 회의적인 입장을 취하면서, 《열린 사회와 그 적들》에서 전체주의를 비
판하고 열린 사회와 폐쇄적 사회를 구분하였다.

오스트리아에서 태어난 사상가 칼 라이문트 포퍼가 보기에는 세상에 100퍼센트 확실한 지식도, 오류에서 자유로운 학문적 기반도 없었다. 어떤 학자든 언제고 잘못 생각할 수 있다. 내가 아닌 남들이 옳을지도 모른다는 점은 늘 감안하고 있어야 한다. 포퍼는 비판적 합리주의를 창설하여, 완전히 확실한 지식은 없으며 그저 진실에 가까이 가기 위해 노력하는 것만이 가능하다고 주장했다.

철학뿐 아니라 사회학과 생물학 분야에서도 포퍼의 학설은 토론의 대상이 되었다. 세상 모든 생명체에, 그리고 인간에게도 다음과 같은 원칙이 통한다. 오류에서 빨리 배워내는 자가 더 좋은 기회를 얻는다. 《객관적 지식》이라는 저작에서 포퍼는 설명한다.

아인슈타인과 아메바의 핵심적인 차이는 아인슈타인은 의식적으로 오류를 수정하려 힘쓴다는 점이다.

그러나 생물학적 진화 과정보다 학문적 진화 과정이 결정적으로 좋은 점이 한 가지 있다. 학문의 세계에서 진화하는 것은 이론과 가설, 추정 등이어서 진짜 생명체가 실패를 겪고 '멸종' 당하는 일은 없다. 여기서 멸종당하는 것은 우리가 금세 개선안을 내놓을 수 있는 이론뿐이다.

포퍼는 이론의 한계와 반증 원칙을 생생하게 설명하기 위해 백조에 대한 유명한 예를 들었다. 세상에 하얀 백조가 아무리 많다 해도 모든 백조가 하얗다고 증명할 수는 없다. 단 한 마리라도 검은 백조가 나타나면 이 명제는 반박되기 때문이다. 논리적으로 보자면 어떤 이론도 100퍼센트 확실하게 증명될 수 없고 즉각 뒤집혀 반증될 가능성을 지니고 있다.

포퍼는 자신들이 절대적인 진리를 알아냈다고 주장하는 학자들과 사회 이론의 소위 전체론자(holistics, 라틴어로 전체를 뜻하는 단어에서 비롯)들을 불신했다. 전체론자들은 전체를 총괄하는 하나의 법칙 안에서 인간과 사회를 해석할 수 있다고 믿는다. 그들과 반대로 포퍼는 다원주의자였다. 그는 사회가 수없이 다양한 요소와 구조로 구성되어 있어서 전체를 총괄할 수 있는 통일성은 존재하지 않는다고 생각했다. 진보로 나가는 올바른 방법은 혁명이 아니라 시행착오를 통해 점진적으로 배워나가는 것이다. '우리는 오류를 통해 전진한다'라고 포퍼는 말했다.

포퍼는 1902년 오스트리아 빈에서 변호사의 아들로 태어났다. 어릴 적부터 그는 '우주는 유한한가 무한한가' 같은 철학적인 문제에 몰두했다. 열일곱 살에 이르러 그는 이데올로기들을 의심해 봐야 한다는 확신을 얻었다. 사람 나고 이념 났지, 이념 나고 사람 난 게 아니다.

처음에는 마르크시즘에 관심을 가졌던 포퍼는 빈의 회를가쎄에서 체험한 사건 때문에 마르크시즘에 등을 돌렸다. 당시 노동자 시위를 벌이던 공산주의자들이 감금되어 있는 동지들을 감옥에서 구해내자고 선동했다. 경찰이 발포하여 많은 사상자가 생겼고 그중에는 청소년들도 있었다. 포퍼가 보기에는 노동자들이 자본과 싸우면서 잃을 것은 쇠사슬뿐이라는 《공산당 선언》의 주장 역시 이 무의미한 죽음에 책임이 있었다. 그날 젊은이들은 쇠사슬 외에 목숨까지도 잃었다. 공산당 간부들은 동지들의 죽음이 곧 이루어질 세계 혁명을 위해 필요한 희생이라고 선전했다. 포퍼는 '지상에 하늘나라를 세우려 시도했다가는 오히려 지옥을 만들고 만다'라는 결론에 이르고는 이데올로기에 대해 깊이 회의적인 입장을 취하게 되었다.

1937년 포퍼와 그의 아내는 뉴질랜드로 망명했다. 전쟁 후 그는 런던 경제학교의 교수가 되어 1969년 은퇴할 때까지 논리학과 학문적 방법론을 가르쳤다. 1965년 그는 학문적 업적을 인정받아 영국 여왕에게서 기사 작위를 받았다. 1994년 런던에서 세상을 뜰 때까지 그는 철학 연구에 몰두했다.

《열린 사회와 그 적들》에서 포퍼는 전체주의의 뿌리를 서양 철학의 시초까지 추적한다. 그는 소크라테스와 칸트 같은 자유로운 세계상을 주장하는 철학자들과 플라톤, 헤겔, 마르크스처럼 폐쇄적 사회와 국가 형태를 지지하는 철학자들을 구별했다. 후자는 개인이 특정한 기능을 수행해야 하는 체제를 추구한다. 그들이 주장하는 사회상에서는 자유와 다원성의 원리가 존중받을 수 없다고 포퍼는 생각했다.

포퍼의 반증원칙은 특히 사회학에 기여했다. 새로이 발생하는 문제에 맞춰 가설을 변경하고 발전시키면서 이론은 개선된다. 이 원칙에 의거하자면 문제들을 하나씩 해결하면서 점차적으로 사회를 개선하는 것이 최선이다. 포퍼는 인간들의 행동이 미처 계산하지 못한 결과를 불러일으키는 것을 부분적으로라도 제어할 수 있도록 파악 가능한 범위 내에서 점진적으로 개혁을 추진해야 한다고 제안했다. 이것이 '점진적 사회공학'이며, 그는 정치적 계획을 할 때 당장 눈앞의 문제부터 붙들고 당장 위기에 처해 있는 사람들을 돕자고 주장했다.

또한 반대나 비판을 견디지 못하는 광신적인 세계 개혁가들은 도리어 진보의 걸림돌이 된다고 그는 경고했다. 한 나라의 민주주의를 잘 유지하려면 일 못하는 국회의원을 면직하거나 국민들이 정부 정책에 대해 공개적으로 토론함으로써 오류를 수정할 수 있는 환경이 갖추어져야 한다.

학문에서도 정치에서도 포퍼는 자기비판적인 태도를 중시했다. 여럿이 함께 지혜를 모을 때 진리에 더 가까이 갈 수 있다. 이를 위해 사람들은 객관적 비판과 개인적 비판을 구별할 줄 알아야 한다. 객관적 사안에 대해 어떤 사람과 다른 의견을 갖는다는 것이 그 사람 개인을 거부한다는 뜻은 아니다. 토론은 개방적이고 객관적인 분위기에서 이루어져야 한다. 누군가 자신과 다른 의견을 내면 모욕당한 기분을 느끼는 사람들이 여럿 있다. 어떤 주장이 옳고 그른 것과 그 주장을 낸 사람에게 호감이 가는지 반감이 가는지의 여부를 혼동해서는 안 된다.

비판을 무엄한 모욕으로 받아들이는 닫힌 사회에서는 진보가 있을 수 없다. 포퍼에 따르면 이런 행동방식과 체제는 멸망으로 향할 뿐이다. 일상과 직장 생활 속의 문제들에 대해서도 개방적인 분위기가 갖추어져야 더 창의적이고 나은 해법을 찾아낼 수 있다.

"그릇된 곳에서는 제대로 살 수 없다."

테오도르 아도르노 (1903년~1969년)

독일 철학자. 정의롭고 자유로운 사회를 위해 현대를 비판한 프랑크푸르트 학파의 대표적인 사상가이다. 그가 주장한 철학적 사유의 특징은 기성의 관념과 틀에 얽매이지 않는 자유로운 정신, 내면적인 문제들을 가차 없이 비판하여 표현하는 치밀한 수사법에 있다. 주요 저작은 《계몽의 변증법》, 《한줌의 도덕》 등이다.

테오도르 아도르노는 홀로코스트가 독일 역사뿐 아니라 서구 문명 전체에 그림자를 드리우고 있다고 여겼다. 십자군 전쟁, 마녀 사냥, 제국주의 같은 부정적인 역사가 있지만, 그래도 유럽인들은 민주주의, 풍요, 학문과 계몽의 발전 같은 업적에 자랑스러워해야 마땅하다는 인식이 흔히 퍼져 있다. 레오나르도 다 빈치, 라파엘로, 모차르트, 베토벤, 뉴턴, 아인슈타인은 서구 정신사의 꽃이다. 유럽이라고 하면 보통은 자유, 개인주의, 휴머니즘에 관용 같은 가치를 떠올린다.

그러나 아도르노는 어떻게 하필이면 독일 같은 문명국에서, 시인과 철학자의 나라에서 홀로코스트가 벌어질 수 있었느냐고 묻는다. 베토벤, 괴테와 모차르트를 사랑하는 사람들이 어떻게 나치가 될 수 있었을까? 아도르노는 아우슈비츠가 서구 문명의 실패를 상징한다는 답을 내놓았다.

아우슈비츠는 문명의 실패를 논란의 여지없이 증명했다. 아우슈비츠 이후의 모든 문명은, 아우슈비츠에 대한 극렬한 비판마저도 쓰레기에 불과하다.

아도르노는 1903년 프랑크푸르트 암 마인에서 유대계 포도주 상인 아버지와 오페라 가수 어머니 사이에서 태어났다. 작곡가가 될지 철학자가 될지를 놓고 그는 오랫동안 고민했다. 1925년 그는 빈으로 옮겨 음악가 알반 베르크에게 작곡을 사사했다. 1937년에는 영국에서 화학자 마르가레테 (그레텔) 카플루스와 결혼했다. 불안한 시대 상황 때문에 아이를 갖지 못한 것을 아도르노는 후에 안타까워했다.

1930년대 말에 이르러서야 아도르노는 미국으로 망명해 유명한 사회조사 연구소(Institute for Social Research)에 들어갔다. 캘리포니아에서 체류하는 동안 그는 소설 《파우스트 박사》를 집필 중이던 토마스 만과 함께 일했다. 아도르노는 소설에 필요한 음악이론 자료를 구해다 주었다. 전쟁 후 아도르노는 프랑크푸르트로 돌아와 사회과학 대학 교수로 부임했고, 후에는 학장이 되었다. 그는 1969년 1월 스위스에서 휴가를 보내다가 심장마비로 죽었다.

아도르노는 더 정의롭고 자유로운 사회를 위해 현대를 비판한 프랑크푸르트 학파의 대표적인 사상가였다. 아도르노는 현대 사회의 모든 부분에 금전경제의 원칙이 침입해 있다고 말했다. 적응하지 않는 인간은 사회에서 떨어져 나갈 수밖에 없다. 아도르노는 자본주의 경제 체제 안에서는 바람직한 삶이 불가능하다고 지치지 않고 강조했다.

미국 망명 중 문화 비판 경구들을 모아 편찬한 《한줌의 도덕(Minima moralia)》에서 그는 '그릇된 곳에서는 제대로 살 수 없다'라고 썼다. 미국 자본주의의 중심도시이자 그의 망명처였던 뉴욕에 아도르노는 정을 붙일 수 없었다. 미국의 인간관계는 그의 눈에는 너무 피상적이었다. 유용성에 대한 집착이 현대를 지배한다. 인간이 무슨 선택을 하든 잘못일 수밖에 없다. 정치를 멀리하면 아무것도 바꿀 수 없고, 정치에 뛰어들었다가는 체제에 먹힌다.

거리를 두는 자도 직접 몰두하는 자와 마찬가지로 얽혀 있다. 빠져나가는 것은 불가능하다.

우리에게 남은 유일한 길은 우리를 병들게 하는 모든 것을 똑바로 인식하면서 우리 자신과 우리 문화를 가차없이 분석하는 것이다.

막스 호르크하이머와 공저한 《계몽의 변증법》에서 아도르노는 서구 문명은 처음 시작부터 파시즘이라는 재난으로 향할 수밖에 없는 요소를 지니고 있었다고 말한다. 파시즘은 역사의 우연한 사고가 아니다. 서구 문화는 늘 지나치게 권력을 추구했다. 서구인들이 가장 두려워한 것은 권력을 잃는 것이었다. 서구 문명은 모든 것을 제어 조종해야 한다는 강박 관념에 빠져 있다. 자연과 다른 인간들과 대등한 동반자로서 관계 맺는 조짐이 서구 문명에 나타난 적은 없다. 모든 걸 목록화하고 표로 만들고 계급 질서를 부여하는 파시즘적 사고는 오로지 경제와 기술을 위해 생각하는 '도구화된 이성'이 극단적으로 표출된 결과다.

《계몽의 변증법》에서 절정은 오디세우스의 모험을 현대인의 이야기로 절묘하게 해석한 대목이다. 〈오디세이아〉의 열두 번째 노래에서 오디세우스는 세이렌의 유혹적인 노래를 듣더라도 거기에 이끌려 죽음을 맞지 않도록 동료들에게 자신을 배의 돛대에 묶어달라고 한다. 노잡이들이 세이렌이 부르는 노래를 듣지 않고 노를 저을 수 있도록 오디세우스는 그들에게 밀랍으로 귀를 막으라고 명령했다.

돛대에 묶인 오디세우스는 아도르노에 따르면 고대에 시작되어 현대 세상까지 이어진 주체 강압의 상징이다. 꾀 많은 오디세우스처럼 현대인들도 자기 자신에 대한 제어를 잃지 않으려고 노동과 과업성취라는 사회 원칙에 스스로를 잡아맨다. 그 대가로 인간은 여유와 기쁨, 즉흥성을 잃고 끊임없이 자기 자신과 타인에 대한 불신에 시달린다. 오디세우스가 묶이기로 한 것은 '합리적인' 선택이긴 했지만, 그로 인해 그는 경험의 경계를 넓힐 자유를 잃었다. 오디세우스는 세이렌의 유혹을 외면함으로써 겨우 자기주장을 한다. 아도르노와 호르크하이머는 오디세우스의 이야기가 서구 문명이 시작부터 자연과 감각 대신 성취의 원칙을 택했음을 보여 준다고 여겼다.

아도르노의 시대와 문명 비판을 68 세대도 이어받았다. 그러나 학생들이 '보도블록 아래에 해변이 펼쳐져 있다'나 '상상력을 권좌로' 같은 구호를 외치며 학교 건물을 점령했을 때, 아도르노는 경찰을 불러 캠퍼스를 정리하고 수업이 정상적으로 진행되게 했다. 학생 운동이 성공할 것이라고는 여기지 않아서였다. 아도르노는 자본주의 체제가 비판마저도 목표를 위해 생산적으로 이용할 것이라고 믿었다.

오늘날 우리는 68 운동 당시 거리에 바리케이드를 쌓았던 이들이 스스로 권력을 잡은 후에는 명품을 걸친 장관으로 변하는 걸 본다. 체 게바라의 사진은 온갖 유행 상품에 찍혀 있다. 혁명을 지지해서가 아니라 그저 체 게바라가 쿨해서 돈이 되기 때문이다. 자본주의는 결국 비판을 가지고도 돈을 벌 뿐더러 스스로를 쇄신하는 유연성까지 갖췄다. 자본주의는 비판자들 본래의 무기로 비판자들을 공격한다.

'그릇된 곳에서는 제대로 살 수 없다'라는 신조대로 아도르노는 삶의 온갖 영역이 자본주의로 오염될 위험을 목격했다. 그는 예술과 음악이 그저 오락으로 기능하며 사람들이 자립적으로 생각하는 것을 막는다고 비판했다. 재즈 음악마저도 기존의 것에 봉사하는 게 아니냐는 아도르노의 의심을 벗지 못했다. 그는 재즈의 즉흥성과 자유로운 해석이라는 것이 많은 사람들의 생각만큼 자유로운 것은 아니라고 여겼다. 더 자세히 분석해 보면 재즈 역시 상당히 단순한 구조를 되풀이할 뿐이다.

아도르노는 감상하기 편한 예술품은 졸작이며 곧 예술의 종말을 불러들인다고 믿었다. 음악과 연극이 난해하면 난해할수록(아도르노는 아르놀트 쇤베르크의 무조 음악이나 사무엘 베케트의 부조리극을 즐겼다) 진정성이 넘친다는 것이다. '이 세상에 걸맞지 않은 것만이' 진정한 것이다. 이 엄격한 형식주의는 홀로코스트라는 역사적 배경을 고려하자면 납득 가는 부분도 있지만, 결국에는 막다른 골목으로 빠진다.

서구 문명에 모조리 수상하다는 딱지를 붙이는 건 오늘날 시각으로 보자면 편견이다. 서구 문화 속에도 창조성을 펼칠 수 있는 가능성은 많다. 선하고 아름다운 것을 전할 수 있는 예술 형식과 삶의 형태도 다원적이다.

"프로메테우스가 인간에게
재앙을 불러오지 않게끔
그의 힘을 제한할 굴레를
자진해서 쓰게 만들 윤리가
필요하다."

한스 요나스 (1903년~1993년)

독일 출생의 미국 철학자이다. 에드문트 후설을 사사하며 철학, 신학, 예술사 공부를 시작
했다. 유대인이었던 그는 1955년 미국에 정착하여 본격적으로 철학과 교수의 길로 들어섰
다. 인간의 자유는 자연을 파괴하지 않는 범위 내에서만 허용될 수 있음을 일깨웠으며,
《책임의 원칙》, 《기술·의료·윤리》 등의 저서를 남겼다.

그리스 신화에 따르면 반은 신이고 반은 인간인 프로메테우스는 신들에게서 옷과 무기, 불을 훔쳐 인간들에게 선물했다. 인간들이 생존을 위해 자연과 싸울 무기를 마련해 주기 위해서였다. 이 도둑질 때문에 제우스에게 벌을 받아 캅카스의 암벽에 묶인 그는 그 후로 비참하게 목숨을 이어야 했다.

괴테가 '프로메테우스'라 제목을 붙인 시를 쓴 18세기 이래 프로메테우스는 스스로의 기술적 능력을 신뢰하는 인간의 자긍심과 위험을 상징해 왔다.

마침내 풀려난 프로메테우스에게 과학은 이제껏 존재하지 않던 힘을 주었고 경제는 쉼 없는 충동을 부여했다. 이 프로메테우스가 인간에게 재앙을 불러오지 않게끔 그의 힘을 제한할 굴레를 자진해서 쓰게 만들 윤리가 필요하다.

이 문장은 1979년 한스 요나스가 펴낸 《책임의 원칙》에서 나왔는데, 이 책에서 그는 프로메테우스나 괴테의 발라드 〈마법사의 제자〉처럼 기술이 인간들에게 재난을 가져올 수 있다고 경고했다. 괴테의 발라드에서 마법사의 제자는 스승의 마술 주문을 잊는 바람에 물을 운반하는 빗자루를 멈출 수가 없다. 결국 사방에 물이 넘쳐 엉망진창이 된다.

사람들은 보통 현대 기술이 일반적인 도구들처럼 윤리적으로 중립적 가치를 지녔다고 생각한다. 이를테면 칼은 윤리적 측면에서 볼 때

선하지도 악하지도 않으며 어떻게 사용하느냐에 좌우될 뿐이다. 칼로 빵을 자를 수도 있지만 사람을 죽일 수도 있다. 중요한 것은 기술을 사용하는 의도다.

요나스는 이런 인식이 예전에는 정당했지만, 기술의 가능성이 폭넓어진 오늘날에는 더 이상 유효하지 않다고 주장한다. 기술은 이미 우리의 삶에 너무나 큰 영향을 미치고 있어서 만약 기술 사용을 민간의, 혹은 휴머니즘적 목적으로만 제한한다면 그 제한 자체가 윤리적 문제가 될지도 모르기 때문이다. 요나스는 오늘날의 과학 기술 진보를 독립적인 사안으로 보아서는 안 된다고 강조한다. 유전자 조작으로 질병에 저항성이 강한 식물을 만들었다가 후에 생태계에 어떤 영향을 미치게 될지 알 수 없는 노릇이다. 핵기술을 민간적으로만 이용한다 해도 폐기물은 장차 후세에 부담을 줄 것이다.

한스 요나스는 1903년 뮌헨글라트바흐에서 태어났다. 그는 프라이부르크에서 에드문트 후설을 사사하며 철학, 신학, 예술사 공부를 시작했고, 베를린과 하이델베르크에서 학업을 계속했다. 마르부르크에서 마르틴 하이데거를 만난 일은 그에게 큰 영향을 끼쳐서, 요나스는 하이데거의 제자로 그노시스파에 대한 논문을 써서 박사 학위를 땄다.

1933년 요나스는 영국으로 망명했다가 1935년에는 팔레스타인으로 떠났다. 1938년에는 예루살렘의 히브리 대학에 자리를 얻는다. 제2차 세계대전 동안 그는 영국군 편에서 대중들에게 연합군에 복무하라고 선전하는 일을 했다. 1948년에서 1949년까지 그는 이스라엘의 지하 조직 하가나의 포병장교였다.

1949년에는 캐나다로 이주해 1954년까지 몬트리올과 오타와에서 가르쳤다. 1955년에는 뉴욕의 사회연구를 위한 뉴스쿨(The New School for Social Research)로 옮겨가 은퇴할 때까지 교수로 있었다. 그의 철학 저서는 1987년 독일 서적 유통의 평화상을 수상했다. 한스 요나스는 90세의 일기로 1993년 뉴욕에서 죽었다.

1979년 '기술 시대의 윤리학 시도'라는 부제를 단 저서 《책임의 원칙》에서 요나스는 어떻게 하면 지구상에서 장기적인 생존이 가능할지 질문을 던진다. 이를 위해서 인류는 새로운 생태학적 윤리를 개발해야 한다. 요나스는 우리 세대의 행동이 미래 세대의 삶의 토대를 파괴할 수도 있다는 새로운 상황을 반영한 새로운 책임 윤리를 요구했다. 요나스가 보기에 정의, 동정, 이웃사랑 같은 전통적 윤리 잣대만으로는 오늘날의 시대에 부족하다. 현대인들이 함께 살아가는 데는 이 옛 원칙들이 아직도 중요하지만, 옛 도덕으로 미래 세대의 안녕까지 감쌀 수는 없다.

예전의 윤리는 세계화된 인간 삶과 먼 미래, 그리고 종족의 유지를 보장할 수 없다.

이런 맥락에서 요나스는 새로운 정언 명령을 만들었다.

네 행동의 결과가 앞으로의 생명의 가능성을 파괴하지 않도록 행동하라.

요나스는 새로운 기술 발전과 관련해 '공포의 발견술'을 제기했다. 이것은 어떤 기술의 결과 벌어질 수 있는 최악의 가능성을 늘 염두에 두어야 한다는 뜻이다. 우리가 특정 기술을 사용할 경우 미래 세대는 어떤 위험을 떠안게 되는가? '공포의 발견술'의 과업은 우리가 딛고 있는 위험성을 학문과 다른 수단을 통해 대중들에게 확실히 보여 주는 것이다.

현대에는 기술적으로 가능한 건 무턱대고 만들고 보는 경향이 있다. 그러나 요나스는 특정 기술로 얻는 단기적인 이익이 인류의 미래를 담보로 하는 것은 아닌지 숙고해야 한다고 주장한다. 인간은 부정적인 가능성을 외면하는 습성이 있기 때문에 기술로 인해 생길 수 있는 위험을 못 본 척하려 든다. 그러므로 학자들은 대중들에게 위험을 알려줄 수 있는 전시 자료를 만들어야 한다. 지구 온난화의 위험을 경고하는 앨 고어의 2006년 다큐멘터리 〈불편한 진실〉을 요나스가 보았다면 환경 정책 토론을 위한 큰 기여라고 찬사를 보냈을 것이다.

요나스가 책을 쓴 이래 콘터간(1950년대 후반에서 1960년대 초 독일 제약 회사 콘터간에서 임산부용 진정제와 수면제를 출시했다. 이 약들은 동물 실험 때는 부작용이 없다는 결과가 나왔으나, 이를 복용한 임산부들이 기형아를 출산하여 사회적으로 큰 물의를 일으켰다. – 역자 주), 아스베스트(석면) 사건, 세베소와 보팔의 화학 사고, 그리고 해리스버그와 체르노빌의 원자로 사고가 이어지며 전 세계적으로 기술에 대한 회의를 불러일으켰다. 유전자 조작 식품, 줄기세포 연구, 생명복제, 핵에너지 등은 오늘날 위험하다고 여겨지는 기술들이다.

한편에서는 자칭 환경 보호 운동가들이 과장된 재난 시나리오를 퍼트린다는 불평이 나오지만, 전문가들은 아직 대중들이 위험성을 충분히 인지하지 못하는 기술들이 있다고 경고한다. 이를테면 머리카락 지름의 1,000분의 1단위의 구조와 사물을 만들어내는 나노 기술이 한 예다. 나노 기술을 통해 한편으로는 특정한 질병을 더 잘 치료하고 컴퓨터 산업에 혁명을 가져오며 경기 활성까지 얻을 수 있지만, 다른 한편으로는 자가 재생산이 가능한 로봇들이 등장하여 사람들의 개인 영역이 사라지는 위험이 따른다.

따라서 가능하다는 이유만으로 새로운 기술을 무턱대고 창조하는 것은 위험하다. 요나스는 이미 1960년대에 유전자 기술의 발전에 대해 우려했다. 유전자 기술로 세계 기아를 퇴치하고 암 같은 유전 질환을 치유하는 데 성공할 수도 있다. 그러나 인간과 자연의 화해에 큰 의미를 둔 요나스는 자연의 깊은 내부에 인간이 개입하는 것을 회의적으로 보았다.

40 Jean-Paul Sartre

"인간은 자유를 선고당했다."

장 폴 사르트르 (1905년~1980년)

프랑스의 철학자이자 작가. 극단적으로 개인의 자유를 추종한 개인주의자로, 기존 관습과 행동 틀에 만족하는 것은 스스로의 실존 가능성을 부인하는 것이라 생각했다. 철학 논문 〈상상력〉, 〈자아의 초월〉, 〈존재의 무〉, 소설 《구토》, 연극 〈더럽혀진 손〉, 〈악마와 신〉 등을 발표하였다. 1964년에는 노벨 문학상 수상을 거부하였다.

장 폴 사르트르가 1980년 4월 19일 파리에 몽파르나스 묘지에 묻혔을 때 오만 명이 넘는 사람들이 장례 행렬을 이루었다. 사르트르라는 이름은 자유의 상징이자 정치적으로 참여하는 지식인의 대표였다. 사르트르의 영향력은 프랑스 국경을 넘어섰다. 어디에도 속하지 않는 실존주의 철학으로 그는 전후 세대의 가려운 곳을 긁어 주었다. 정치 이데올로기와 계급, 인종, 국가 같은 초개인적 기관에 대한 논의는 질리도록 충분하다. 사르트르는 모든 종류의 순응과 억압에 저항했고 극단적으로 개인의 자유를 추종했다. 개인주의자인 그는 가능한 한 독립적으로 살려고 애썼다. 일례로 그는 상도 굴레가 된다고 말하며 노벨 문학상 수상을 거부했다. 사르트르만큼 극단적으로 자유 개념을 내세운 철학자도 없다. 그는 인간이 자유를 선고당했다고 보았다.

아버지가 죽은 후 사르트르는 어머니의 후견 아래 외할아버지인 독일어 교사 샤를 슈바이처 집에서 자랐다. 그의 외할아버지는 노벨상 수상자인 알베르트 슈바이처의 친척 아저씨기도 했다. 어린 시절 다닌 학교에서도, 그 후 입학한 고등 사범학교에서도 그는 독보적인 성적을 거두었다.

고등 사범학교에서 사르트르는 일생의 동반자가 되는 시몬 드 보부아르를 만났다. 두 사람은 '결혼 증명서 없는 결혼'으로 전후 세대의 많은 사람들에게 대안적 삶의 방식을 선보였다.

제2차 세계대전 동안 사르트르는 레지스탕스 일원이었다. 전쟁이 끝난 후 그는 세계적으로 유명한 작가이자 철학자가 되어서 그의 이름은 거의 실존주의와 동의어로 쓰였다. 실존주의는 인간의 실존과 존재, 삶과 자유를 중심적으로 다룬다.

사르트르는 1974년 슈투트가르트 슈탐하임의 감옥에 갇혀 있던 테러리스트 안드레아스 바더를 방문해 논란을 불러일으켰다. 하지만 사르트르는 적군파를 지지하려고 바더를 방문한 것이 아니라 그가 비인간적이라고 판단한 고립 감금 방식에 공개적으로 항의하려던 것이었다.

기존의 의견과 관습, 행동 틀에 만족하는 사람들에게 사르트르는 가차 없었다. 순응하는 태도는 자유로부터의 도주이자 인간됨에 대한 배신이라고 그는 생각했다. 특히 스스로를 기만하는 자들을 그는 '심각한 작자들', '치사한 치들(salauds)'이라고 지칭했다. 이 부류의 인간들은 기존 사회질서를 고착하고 있으면서도 스스로는 아니라고 생각한다. 그들은 우리가 사는 세상에 확고한 질서가 부여되었다고 믿으면서 그 질서를 사실은 사람이 만들었다는 것을 인정하려 들지 않는다. 사르트르는 스스로의 실존 가능성을 부인하는 인간의 예로 어느 종업원을 든다.

카페 종업원을 관찰해 보자. (중략) 그는 과도하게 기합이 들어간 걸음으로 손님에게 다가가 과도하게 공손히 고개 숙인다. (하략)

사르트르는 종업원이 직업적 역할에 완전히 흡수되어 행동한다고 비판했다. 인간은 자신이 가진 직업 이상의 가치를 가진 존재라고 사르트르는 생각했다. 예를 들어 일하던 곳의 경영 원칙에 동의할 수 없다면, 인간은 언제고 이의를 제기하거나 사표를 던질 수 있다.

이러한 즉흥성을 설파한 사르트르는 노동자 정당으로부터 많은 비판을 받았다. 공산주의자들은 프롤레타리아에게는 선택의 여지가 별로 없으며 그들의 생존은 일자리에 걸려 있다고 주장했다. 그러나 사르트르의 논점 역시 확고했다. 인간은 아무것에도 강요받지 않는다. 생물학적, 사회적, 정치적 권력 구조도 인간의 자유를 앗아갈 수 없다. 사람들은 자신이 어쩔 수 없는 이유에서 이러저러하게 행동한다고 착각하고는 다른 대안이 있다는 사실을 회피한다. 그러나 사르트르는 만약 우리가 어떤 것에 동의할 수 없다면 용기를 내 상황을 바꿔야 한다고 말했다.

'인간은 자유를 선고당했다'라고 말한《실존주의는 휴머니즘이다》라는 저작에서 사르트르는 인간은 어떤 상황에서든 행동을 선택할 자유를 가진다고 진술한다. 인간은 용기 있는 자가 될지 아니면 비겁한 자가 될지 끊임없이 갈림길에 선다. 모든 선택은 기존 질서를 유지 보존하거나 반대로 변혁을 가져오는 데 기여하기 때문에 중요성을 띤다. 누구나 자신의 삶의 무대에서 어떤 작품이 공연되는지 스스로 결정한다.

미리 정해진 것은 없다. (중략) 인간은 자유롭다, 인간이 곧 자유다.

설사 감옥에 갇히거나 사형을 선고받더라도 만약 자신이 행한 일을 인정하고 책임을 받아들인다면 인간은 자유로울 수 있다. 심지어 처형대나 화형식 장작더미 위에서도 선택의 여지는 있다. 사형수는 자비를 애원할 수도 있고 아니면 지오르다노 브루노처럼 형리를 경멸할 수도 있다. 운명을 결정하는 것은 언제나 행위, 또는 선택이다.

내가 지지하는 무신론적 실존주의에서는 (중략) 한 인간의 모습은 바로 그 인간 스스로 만들어낸 결과라고 본다.

중요한 도덕적 질문에 인간은 스스로 답을 결정할 힘을 내야 한다. 이를 설명하기 위해 사르트르가 든 예는 유명하다. 1940년 독일군의 공습 때 형을 잃은 학생이 독일군에게 점령당한 지역에 홀로 남은 어머니를 모시며 같이 있어야 할지 아니면 어머니를 떠나 프랑스군에 입대해 적과 싸워야 할지 조언을 구했다. 이런 선택의 갈등에는 기독교 교리도, 칸트의 도덕철학도, 공리주의도, 그리고 내면의 목소리조차도 대신 답을 내려줄 수 없다. 사르트르는 이런 경우에는 오로지 상황과 행동이 답을 결정한다고 보았다. 학생은 어머니의 곁에 남았고 결정은 그 후 그가 어떤 인간이 될지에 영향을 미쳤다. 만약 학생이 다른 결정을 내렸다면, 그는 아마 다른 사람이 되었을 것이다.

사르트르는 이미 결정된 것, 강제적인 것, 어찌할 수 없는 것, 호된 현실로 보이는 것을 역겨워했다고 시몬 드 보부아르는 증언한다. 음식점에서 그는 끓인 요리만 주문했고 구운 요리나 날것은 먹지 않았다. 무성한 주위 풍경이 위협적으로 보인다는 이유로 그는 시골에서는 살고 싶지 않아 했다.

그의 소설 《구토》에서 주인공 로캉탱은 어느 나무뿌리의 유기적 구조를 목격하고 토할 기분이 된다. 주인공의 눈에는 뿌리, 나무, 도시, 꽉 막힌 관습이 모두 육중하게 굳은 덩어리로 비친다. 재즈 멜로디를 들었을 때야 주인공은 창조적이고 편안한 느낌을 받아 이와 비슷한 것을 창조하기로 마음먹는다. 사르트르는 예술과 대도시의 자유 속에서만 마음 편할 수 있었다.

사르트르는 1970년대에 프랑스의 새로운 철학자 세대에 의해 비판당했다. 정말로 우리는 삶의 무대에서 언제든지 정체성과 정해진 틀을 벗어던질 수 있을 만큼 자유로운가? 경제적 조건이 우리 삶을 결정하고 우리가 속한 문화권이 우리의 사고방식을 만들어내는 것 아닌가? 소위 구조주의자들은 문법과 다른 언어 틀이 우리의 사고에 영향을 미친다고 말한다.

아울러 사르트르가 거의 스타처럼 우상화된 것도 반발을 불러일으켰다. 푸코는 새 시대의 사상가는 사르트르처럼 아무 분야에나 다 끼어들어 답을 내놓는 만물박사가 될 게 아니라 권력관계에 구체적으로 대응할 수 있는 전문가적 지식을 가져야 한다고 주장했다. 그러나 '새로운 사상가들'도 사르트르의 존재감과 아우라를 벗어날 수 없었다. 파리에서 불의와 억압에 대항하여 벌어진 시위를 찍은 사진들에서는 새로운 사상가들이 사르트르와 함께 행진하고 있다.

"경계 없는 생각"

한나 아렌트 (1906년~1975년)

독일 출생의 유대인 철학 사상가. 혁명과 폭력의 세기 한가운데 서 있었던 그녀는 제1, 2
차 세계대전을 비롯해 20세기 시대상을 사상적으로 성찰하면서 전체주의에 대해 통렬하
게 비판을 했다. 나치의 인종주의 대학살을 날카롭게 평가한 《전체주의의 기원》을 비롯하
여 《인간의 조건》, 《과거와 미래 사이》, 《혁명론》 등의 저작을 남겼다.

새로 태어나거나 새사람이 된 기분이 들 만큼 인생을 바꾸는 게 가능할까? 철학자 한나 아렌트는 이 질문에 명확하게 그렇다고 대답했다. 언제라도 새로 시작할 수 있는 가능성을 아렌트는 '출생성(Natalität)'이라는 개념으로 표현했다. 개인뿐 아니라 사회 역시 이 가능성을 지니고 있다. 그녀는 18세기 말의 미국 독립과 프랑스 대혁명에서 자유의 새로운 전통이 출발했다고 믿었다. 1989년 현실 사회주의에서 해방되는 상징으로 베를린 장벽이 무너지는 것을 그녀가 만약 목격했다면 이 역시 새로운 출발이라고 환호했을 것이다.

아렌트에게 정치의 의미는 자유에 있었다. 그녀는 즉흥적으로 무언가 새로운 것을 시작할 수 있는 것이 자유의 핵심 의미라고 생각했다. 역사적 격변의 예는 인간들이 개방적인 태도를 갖고 용기를 내기만 한다면 언제라도 근본적인 변화가 가능함을 가르쳐준다. 《전체주의의 요소와 근원》이라는 저작에서 그녀는 눈가리개 없이 세상을 보고 여태껏 유래가 없던 새로운 해결책을 위해 나설 수 있는 능력과 준비성을 '경계 없는 생각'이라고 지칭했다.

쾨니히스베르크에서 유대계 기계공의 딸로 태어난 한나 아렌트는 열네 살 때부터 철학 서적을 읽기 시작했다. 그녀는 실존주의 철학자 칼 야스퍼스로부터 한 인간이 어떤 종류의 사람인지는 삶의 어려운 시간에 비로소 드러남을 배웠다.

유대인인 그녀는 학교 시절부터 갈등을 수도 없이 겪었다고 1964년 권터 가우스와의 대화에서 말했다. 또한 어머니로부터는 만약 교사가 반유대인 발언을 한다면 얼른 교실을 나와 도움을 청해야 하지만, 같은 아이들로부터 모욕을 들었을 때는 스스로 알아서 대처하라는 지시를 받았다고 회상했다.

고등학교 졸업 시험 후 1924년 마르부르크에서 철학 공부를 시작한 그녀는 20세기의 가장 중요한 철학자 중 한 명인 마르틴 하이데거를 스승으로 맞았다. 둘 사이에는 연정이 싹텄지만 하이데거는 가정을 깨트리고 싶지 않아서 얼마 안 가 그녀와의 관계를 정리했다.

아렌트는 마르부르크를 떠나 하이델베르크에서 칼 야스퍼스 밑에서 공부를 계속했다. 야스퍼스는 "사람은 아름답게 치장하여 세워진 '껍데기 집' 안에서가 아니라 자유 속에서 살고 생각해야 한다."라고 가르쳤다고 그녀는 추억한다.

1933년 나치가 집권했을 때 게슈타포에 체포당했던 그녀는 남편과 어머니와 함께 포르투갈을 경유해 미국으로 탈출하는 데 성공했다. 미국에서 그녀는 독일 유대계 주간지 〈건설〉에서 일했고, 뉴욕의 유명한 쇼켄 출판사의 편집장이 되었다.

한나 아렌트는 작가 라엘 바른하겐처럼 특정한 카테고리나 그룹으로 분류될 수 없는 사람들에게 특히 흥미를 가졌다. 하이네가 '우주에서 가장 풍부한 지성을 갖춘 여인'이라고 부른 바른하겐의 전기를 쓰면서 아렌트는 19세기에 유대인 여성이 독일 사회에 받아들여지는 것이 얼마나 힘들었을지 묘사했다. 그러나 다른 한편으로는 소속감을 가지지 못했다는 점이 바른하겐으로 하여금 자신만의 예술적 표현을 찾아 유럽의 가장 위대한 지성들 중 하나가 될 수 있는 힘을 부여했다고 말한다.

아렌트는 수도 없이 박해를 견뎠음에도 생각하는 데 있어 늘 당당하고 믿음이 깊고 세상을 사랑했다. 미래를 헤쳐 나가기 위해 인간은 과거로부터 배울 줄 알아야 한다고 생각했다. 특히 아렌트는 나치즘과 스탈린주의의 원인을 파헤치려 노력했다.

이 전체주의 체제들은 자유와 '경계 없는 생각'의 대척점에 서 있다. 전체주의는 차이를 증오하고 정치, 법, 오락, 교육, 학문 등 모든 것을 획일화하려 든다.

오늘날의 대중이 방향성과 판단력을 잃었기 때문에 나치즘과 인종주의가 생겨났다고 아렌트는 생각했다. 오늘날의 대중은 선동적인 캠페인에 저항력이 없어서 세상 어디서나(서구 민주주의 사회에서도) 언제나 전체주의 체제가 탄생할 수 있다. 아렌트는 전체주의 지배의 핵심이 공포 조장과 수용소라고 보았다. 수용소에서 공포를 조장함으로써 권력자는 인간을 완전히 지배하는 것이 가능하며 대중 사회의 개인은 누구나 언제든지 대체 가능한 가치 없는 여분의 존재임을 증명하려 한다.

1961년 아렌트는 〈뉴요커〉지에 과거 나치 친위대 중령이었던 아돌프 아이히만의 재판을 보도하려고 이스라엘로 갔다. 아이히만은 유대인 대량 학살의 최고위 조직자 중 하나였다. 전쟁 후 그는 아르헨티나로 탈주하는 데 성공했지만, 이스라엘의 비밀첩보원이 그를 추적해 이스라엘로 납치했다. 이 배경에서 나온 그녀의 '악의 평범성' 주장은 많은 논란을 불러일으켰다.

아렌트에 따르면 아이히만은 악마의 탈을 쓰고 행동한 것이 아니다. 그녀가 보기에 그는 권력의 그저 그런 하수인이었을 뿐이다. 법정 앞에서 아이히만은 자신이 수천 명의 다른 사람들처럼 의무를 다하고 상부의 명령에 복종했을 따름이라고 자기 변호를 펼쳤다. 만약 그가 거부했다면 다른 사람이 그의 '업무'를 대신 수행했을 것이다.

아이히만을 관찰한 결과 아렌트는 바로 이렇게 판단력과 사고력, 책임감이 실종된 인간들이 민주주의를 위험에 빠트릴 수 있다는 결론을 내렸다. 악은 평범하다는 아렌트의 주장은 의무를 다했을 뿐 아무것도 몰랐다는 뻔한 변명으로 양심을 달래려 들던 많은 독일인들을 기분 상하게 했다.

하지만 이스라엘에서도 그녀는 나치의 어용 단체였던 소위 유대인 회의가 제3제국의 게토에서 무슨 일을 했냐고 비판적인 질문을 던져 여러 사람을 불편하게 만들었다.

아렌트는 대중 앞에서 솔직하고 자유롭게 의견을 내세울 수 있는 용기에 대해서 논했다. 동등한 사람들 사이에서 자유롭게 오가는 토론은 결과가 열려 있다. 어떤 입장이 최종적으로 통과될지는 아무도 미리 알 수 없다. 종종 뜻밖의 주장이나 일리 있는 반박이 공개 토론의 방향을 바꾸기도 한다. 아렌트는 이 '즉흥성의 위험'이 토론에 부작용을 가져온다고 생각하지는 않았다. 오히려 예상치 못했던 전환이야말로 자유로운 소통의 소금과 같은 역할을 한다고 말했다.

평생 동안 아렌트는 고대 그리스의 민주주의를 모범으로 여겼다.

옛날 아테네 광장에서는 도시국가에 있어 최선의 정치적 해답을 찾기 위해 시민들이 동등한 위치에서 토론했다. 《Vita activa 혹은 행동하는 삶》(한국에서는 영역판을 번역하여 《인간의 조건》이라는 제목으로 출간되었다. - 역자 주)이라는 저작에서 아렌트는 기술했다.

폴리스 안에서 살아간다는 것, 정치적으로 산다는 것은 모든 안건에 있어 폭력과 강제가 아닌 말로 설득하고 결정 내린다는 뜻이다.

그렇게 내려진 결정을 실행에 옮기는 과업은 전문가들(전쟁 지휘관, 상인, 예술가)이 맡았다. 오늘날에는 상황이 반대가 되어 전문가들과 일명 '어쩔 수 없는 객관적 여건'이 정치적 의사 결정을 내린다.

대중민주주의가 지배하는 현대에는 종종 획일화된 판단이 난무하곤 한다. 그리고 아렌트가 성숙한 시민들을 배출해내는 터전이 되어야 한다고 주장한 공개 소통의 장이 더 줄어들고 있다. 인터넷과 핸드폰 등 매체의 발달로 사람들이 자신의 뜻을 밝힐 수 있는 새로운 방식이 등장했다. 하지만 이런 소통 방식은 사람들이 직접 얼굴을 맞대고 논거를 교환하는 시민모임이나 강연 같은 공개적 자리를 대체할 수 없다. 다른 이들과 힘든 토론을 거쳐 의견을 모아가는 대신 집에서 텔레비전(혹은 컴퓨터) 앞에 편히 앉아 있는 사람들이 점점 더 늘어나는 것은 우려할 일이다. 이러다가는 정치 무대에서 매일 똑같은 인물들이 똑같은 소리만 해대는 불임의 사회가 닥칠지도 모른다.

그래서 아렌트는 사람들이 직접 정치에 참여해야 한다고 호소했다. 그래야 가능한 다양한 관심사와 의견과 면모들을 알고 고려할 수 있다. 다양한 관점을 교류하는 다원주의 속에서만 함께 사는 세상이 이루어진다.

한나 아렌트는 베트남 전쟁이나 학생 운동, 미국의 인종 차별 등 그녀 시대의 뜨거운 화두에 늘 입장을 밝히는 것을 게을리하지 않았다. 그리고 그녀의 의견은 뛰어난 판단력과 지혜로 빛난다. 예를 들어 그녀는 68 운동이 아무 반성 없이 나치 체제에서 민주주의로 옮겨온 독일 기득권층을 비판하는 것을 환영했다. 그러나 동시에 그녀는 몇몇 학생 지도자들이 대중에게 무엇이 최상인지는 자신들이 더 잘 안다고 독선적인 태도를 취하는 것을 지적했다.

다원주의가 저절로 유지되는 게 아니라 끊임없이 위협받고 있음은 전 세계적으로 증가하는 근본주의가 증명한다. 그리고 세계화 또한 삶의 다양성을 위협한다. 전 세계에 퍼진 소비 산업과 오락 산업은 문화 획일화를 통해 일상 세계를 고만고만하게 만든다. 인간들이 오로지 금전적 여유와 편안한 여가 선용에만 신경 쓰는 세상은 아렌트가 원한 것이 아니었다. 그녀가 이상으로 삼았던 그리스의 폴리스에서는 시민들이 '공공의 안건(res publica)'을 중심에 놓았지 개인적 이익만을 좇지 않았다.

42 Simone de Beauvoir

"여자로 태어나는 게 아니라
여자로 길러지는 것이다."

시몬 드 보부아르 (1908년~1986년)

프랑스의 실존주의 소설가이자 사상가. 사르트르의 영향을 받아 실존주의를 익혔고, 여성
이 제한 없이 남성과 동등한 권리와 의무, 기회를 얻어야 한다고 주장했다. 《초대받은 여
자》, 《레 망다랭》 등의 소설을 발표하였고, 1949년 출간한 《제2의 성》에서는 남성들이 여
성을 '제2의 성'으로 만들었다고 주장해 큰 반향을 불러일으켰다.

시몬 드 보부아르의 책 《제2의 성》은 '여자로 태어나는 게 아니라 여자로 길러지는 것이다' 라는 문장으로 시작한다. 1949년에 나온 이 책은 여성 운동의 가장 중요한 이론서로 꼽힌다. 여기서 시몬 드 보부아르는 여성의 삶이 남편 그리고 아버지와의 관계를 통해 규정되는 것이 어떤 결과를 낳느냐는 질문을 던졌다.

이 책은 세계적인 성공을 거두었다. 보부아르는 남성들이 여성의 두 가지 약점을 이용한다고 기술했다. 하나는 아이를 낳아 기르고자 하는 소망이고 다른 하나는 남편과 가족과 함께 하고픈 소망이다. 남자들이 정신성으로 정의되는 반면 여자들은 육체적 특징으로 평가된다. 여자들은 재생산(아이, 가사)에 힘쓰느라 사회의 적극적인 역할에서는 소외된다.

책이 큰 성공을 거둔 후 시몬 드 보부아르는 전 세계를 여행하며 장폴 사르트르와 함께 베트남 전쟁과 알제리 전쟁에 반대 운동을 했다.

시몬 드 보부아르는 1908년 파리 몽파르나스 구역의 좋은 가문에서 태어났다. 그녀는 행복한 어린 시절을 보냈다고 회고한다. 아버지는 파리 고등 법원의 변호사였고 어머니는 독실한 가톨릭 신자였다. 1913년에서 1926년까지 그녀는 가톨릭계 여학교인 파리의 쿠르 데지르(Cours Désir)를 다니고 고등학교 졸업 시험을 쳤다. 열네 살 때 그녀는 어머니에게 자신은 신을 믿지 않으며 더 이상 미사에 가지 않겠노라 선언했다. 고등학교 졸업 후 그녀는 소르본 대학에서 철학을 공부했고, 라이프니츠의 철학적 논점에 대해 졸업 논문을 썼다.

시몬 드 보부아르는 프랑스 최초의 여자 철학 교사 중 하나였다. 명문 학교인 고등 사범학교에서 그녀는 인생의 동반자 장 폴 사르트르를 만났다. 그들의 소위 '열린 관계'는 유명하다. 두 사람은 파리 같은 구역의 각기 다른 집에서 살았고(그리고 호텔에서도 오랜 시간을 살았다) 평생 서로 존댓말을 썼다.

시몬 드 보부아르는 여성 운동이 온갖 적의와 욕설을 불러일으키던 시절에 여성 해방을 위해 나섰다. 알리스 슈바르처는 시몬 드 보부아르의 글 중 '그녀가 남자들 세상을 사는 여자라는 사실에 영향 받지 않은' 문장은 단 한 줄도 없다고 썼다.

시몬 드 보부아르는 1986년 사망하여 파리에서 장 폴 사르트르의 곁에 묻혔다.

《제2의 성》에서 그녀는 남성들이 여성을 '제2의 성'으로 만들었다고 주장한다. 그것은 역사의 흐름 속에서 남성들이 스스로는 주체의 위치를 차지하고 여성을 객체로 떨어트렸다는 뜻이다.

여성을 종속 상태로 몰고 간 특히 교활한 전략은 모성이었다. 시몬 드 보부아르는 모성 자체를 거부하지는 않았지만, 여성들이 어머니가 될지 안 될지를 스스로 선택할 수 있어야 한다는 입장을 취했다. 그녀는 어머니가 되기를 원하는 여성들에게 당시 사회 조건에서 어머니들은 아이들의 양육에 전념하느라 자유를 희생해야 한다는 점을 잘 생각하고 결정하라고 권했다. 오늘날에도 독일의 가정 장관 폰 데어 라이엔(기민당)은 시몬 드 보부아르와 비슷한 논조로 아이를 낳기를 소망하는 여성들이 직업을 포기해야만 하는 사태에 이르러서는 안 된다고 발언한다.

여성으로 태어나는 것이 아니라 길러진다는 시몬 드 보부아르의 주장은 남자와 여자 각 성별의 특징을 무시해도 된다는 뜻이 아니다. 그녀의 주장이 의미하는 바는 인간이 한 성별을 타고 났다는 이유로 특정한 역할에 고정되어서는 안 되며, 성 역할은 문화적 환경에 좌우된다는 뜻이다.

여자와 남자의 의무란 처음부터 정해진 것이 아니다. 남자와 여자가 각기 이러저러해야 한다고 기대를 뒤집어씌우는 건 사회적 관습이다. 예나 지금이나 여성의 지고한 임무이자 과업은 아이를 낳는 것이라고 믿는 사람들이 많다. 자연이 그리 정했다는 것이다. 여기에 시몬 드 보부아르는 모성이 여자들의 의무가 되어서는 안 된다고 반박했다. 《제2의 성》에서 그녀는 역사 속 여성상의 변천을 탐구하고 여성의 본질에 관한 신화들을 벗긴다.

그녀 자신은 독립적이고 비관습적인 삶의 방식을 선호했다. 그녀는 결혼하지 않았고 아이도 없었다. 그녀도, 그녀의 동반자였던 사르트르도 다른 파트너들과 성 관계를 가졌다. 그녀는 낙태가 형법으로 처벌되어서는 안 된다고 주장한 첫 세대였다. 보수파들은 시몬 드 보부아르가 남자들을 학살하려는 '꼴페미' 라고 욕했다.

여성 운동 진영에서는 그녀와 사르트르의 관계를 문제 삼았다. 여성 운동가들은 그녀가 지나치게 사르트르에게 의존한다고 여겼다. 아울러 그녀가 여성을 남성화시키려 한다는, 즉 여자들이 남자처럼 되기를 요구한다는 비판도 있었다. 시몬 드 보부아르가 사르트르의 그늘에 서 있긴 했지만, 그럼에도 여성 지식인으로서 자립적으로 살아갈 수 있었다는 점이 이 비판들을 희석시킬 수 있으리라.

여러 권으로 이루어진 회고록에서 그녀는 사르트르와의 삶을 묘사했다. 특히 그녀의 소설 《레 망다랭(Die Mandarins von Paris)》은 1950년대 파리의 지식인 세계를 엿볼 수 있는 중요한 텍스트로 오늘날까지도 자주 읽힌다.

당시 파리 지식인들은 카페에 모여 밤늦게까지 철학 문제를 토론하곤 했다. 파리 센 강의 왼쪽 강변에는 실존주의 지식인들의 모임터가 형성되었다. 줄리엣 그레코처럼 검은 옷으로 차려 입은 사람들이 장고 라인하르트의 집시 재즈 음악을 들으며 어떻게 남과 바꿀 수 없는 자신만의 실존을 살아갈 것인가 토론했다.

1943년에 출간한 첫 소설 《초대받은 여자》와 1947년의 저작 《애매성의 도덕에 관하여》에서도 시몬 드 보부아르는 자유 의지와 자기 책임성이라는 실존주의의 이상을 펼친다.

요즘 프랑스에서는 시몬 드 보부아르의 사상이 다시 유행하고 있다. 여성이 제한 없이 남성과 동등한 권리와 의무, 동등한 기회를 얻어야 한다는 그녀의 주장은 프랑스 국경을 넘어 전 세계적으로 남자들 사이에도 퍼졌다. 2008년 1월에는 국제 심사단이 '여성의 자유를 위한 시몬 드 보부아르 상'을 여성 권리 운동가 아얀 히르시 알리와 타슬리마 나스린에게 수여했다. 히르시 알리는 네덜란드와 미국에서 살고 있다. 방글라데시에서 태어난 나스린은 인도에 체류하고 있다.

두 사람은 이슬람을 비판했다는 이유로 근본주의자들에게 죽음의 위협을 당했다. 상의 심사단에는 줄리아 크리스테바와 알리스 슈바르처 같은 사람들이 포함되어 있었다.

시몬 드 보부아르가 세상을 어떻게 변혁시켰는지 보여 주는 것은 이 상만이 아니다. 그녀의 참여 없이는 오늘날 여성 독일 수상이나 여성 미 대선 후보가 나올 수도 없었을 것이다. 시몬 드 보부아르는 여성들이 남성들처럼 고등 교육을 받고 직업을 갖고 지도적 위치를 차지할 수 있도록 용감하게 투쟁했다.

"서두름이란,
설사 좋은 일을 하고자 하는
서두름일지라도 일종의
정신 장애를 드러낸다."

에밀 치오란 (1911년~1995년)

루마니아에서 태어난 프랑스 수필가로 철학의 비관주의와 허무주의를 대표한다. 실존주의의 부조리한 삶의 느낌은 여유 없음에서 비롯되며 나태, 느림, 휴식을 중요하게 인식함으로써 실존에의 허무함이 치유될 수 있다고 보았다. 주요 저서로는 《출생의 불이익에 대하여》, 《쇠락론》, 《절망의 정점에 대하여》 등이 있다.

에밀 치오란은 경구를 쓰는 실력이 뛰어나서 《잘못된 창조》와 《출생의 불이익에 관하여》라는 경구 모음집을 펴냈다. 아르투어 쇼펜하우어와 함께 그는 철학의 비관주의와 허무주의를 대표한다. 치오란은 차라리 태어나지 않는 것이 인간들에게는 제일 낫다고 지치지 않고 강조했다.

태어나지 않는 것이 최선의 상황임에는 의심의 여지가 없다. 불행히도 이 계율을 지킨 이는 없다.

치오란은 현대 사회의 정신없음, 소음, 속도와 의미 없는 서두름을 한탄했다. 치오란은 자유를 희생당한다는 이유로 정상적인 직업 생활을 꺼렸다. 그는 어떤 개인적 종속 관계에 빠지거나 심지어 관료 계급의 피라미드 안에 들어가기보다는 차라리 통 속에서 살았다는 고대 그리스 철학자 시노페의 디오게네스처럼 가난하게 지내기를 원했다. 그는 규정된 일자리를 거부하고 파리의 라틴 구역에서 소박하게 살았다. 1988년 그는 많은 상금을 주는 아카데미 프랑세즈의 폴 모랑 상을 거절했다. 자신은 그런 명예를 받을 필요가 없다는 뜻에서였다.

에밀 치오란은 1911년 루마니아 시비우 근방에서 그리스 정교 사제인 아버지와 헝가리인 어머니 사이에서 태어났다. 열 살 때까지 그는 시비우 근처에 위치한 낙원 같은 시골 마을에서 살았다. 그러나 그후 아버지가 그를 육만 명의 인구가 살던 도시 시비우의 김나지움에 보냈다. 그는 농부들과 목동들 틈에서 지내던 소박한 삶이 영영 사라졌음을 즉각 감지했다.

아버지가 나를 시비우로 보낸 그날, 좀 더 정확히 말하자면 그 시간을 나는 영원히 잊지 않을 것이다. 여행 내내 나는 천국을 잃어버렸다는 예감으로 그치지 않고 통곡했다.

시비우는 오스트리아-헝가리 제국의 중요한 국경 도시로, 독일, 루마니아, 헝가리 등 여러 국가 출신의 병사들이 주둔했다. 치오란이 이곳에 적응하기까지는 시간이 걸렸다. 어느 날 도서관을 발견했을 때 그는 비로소 이 도시에 정을 붙이기 시작했다. 시비우에서 지내는 동안 치오란은 불면증에 시달렸다. 치오란은 불면증이 한 인간에게 닥칠 수 있는 가장 큰 고통으로 감옥에 수감되는 것보다도 더 나쁘다고 말했다. 철학을 전공한 후 치오란은 브라쇼브에서 김나지움 교사로 일했지만 불면증 때문에 곧 그만두어야 했다. 1935년 사직한 그는 파리로 갔다.

치오란의 주요 저서 《쇠락론》은 1949년 시인 파울 첼란이 독일어로 번역했다. 치오란은 처음에는 몽마르트르의 호텔에서 묵다가 조촐한 다락방으로 옮겨갔다. 그가 교류한 사람들 중에는 사무엘 베케트와 외젠 이오네스코 등이 있다. 그는 이들과 실존주의의 부조리한 삶의 느낌을 공유했다.

치오란이 1995년 양로원에서 노환으로 사망했을 때 프라이부르크의 철학자 루트커 뤼켄하우스는 다소 냉소적으로 논평했다.

치오란은 장수하는 것에 성공한 자살 희망자들 중 하나가 되
었다.

그러나 치오란 자신은 언제나 자살 관념과 장수가 서로 모순되지
않는다고 설명했다. 삶의 최악의 상황에서 자살할 수 있다는 가능성
이 역설적으로 눈앞의 문제를 견뎌낼 수 있는 힘을 주어 결국에는 더
살아갈 수 있게 한다는 것이다.

치오란은 자신이 불면증 때문에 진보에 반대하는 비관적 철학자가
되었다고 주장한다. 잠을 못 잔 사람의 눈에는 해가 뜨거나 지거나 그
게 그거기 때문에 어쩔 수 없이 숙명론자가 된다는 것이다. 비몽사몽
의 반쯤 깬 상태에서 인간은 죽음을 느낀다. 이 무기력한 수동성이 인
간에게 절망을 자아낸다. 많은 사람들은 역사와 미래에 의미를 부여
해 절망을 극복하려 애쓴다.

그러나 치오란이 보기에 그것은 잘못된 길이며 심지어 치명적인
결과를 불러올 수도 있다. 역사와 미래에 의미를 부여하는 인간들은
특정한 이상을 위해 다른 이들을 희생시키는 광신주의로 빠지는 경
향이 있기 때문이다. 치오란에 따르면 역사도 삶만큼이나 무의미하
다. 역사에 의미란 없다. 그저 진보의 이름으로 희생된 수많은 이들이
있을 뿐이다. 인간은 존재의 우연성과 삶의 무의미를 극복하려 노력
하지만 만들어진 의미와 이상에서는 종종 광신주의가 탄생한다.

실존의 허무함을 대하는 적합한 태도는 그 슬픈 사실을 인정하고 나태하게 지내는 것이다. 치오란은 나태를 긍정적으로 평가했다. 나태한 이들은 역사의 배반자들이다. 그들은 시간의 종말에 올 구원이 아닌 바로 지금 이 자리의 편안함을 추구한다. 삶의 피상성과 우연성을 깨달은 그들은 불필요한 토론 따위로 피곤하게 살지 않는다.

1973년에 펴낸 《출생의 불이익에 관하여》에서 치오란은 인간 스스로가 우주 속에서 이름도 의미도 없는 존재라는 사실을 견뎌내지 못하는 건 허영 때문이라고 주장했다. 인간은 일상을 영위하기 위해 창조되었다. 그런데 철학자며 예언가들은 진리와 선함과 아름다움에 대한 어마어마한 이상을 만들어냈다. 그 대단한 이상들에 비하면 존재의 허무함에 대한 깨달음은 '밤의 지식'이다. 밤의 지식은 사회 심리학적 상태와 느림과 휴식의 의미에 관한 중요한 인식을 가져다준다.

서두름이란, 설사 좋은 일을 하고자 하는 서두름일지라도 일종의 정신 장애를 드러낸다.

치오란의 철학은 동아시아의 지혜와 닮은 데가 있다. 만약 치오란이 기존의 세계 종교들 중 하나를 택해야 했다면 아마도 불교를 고려했을 것이다. 불교는 종교들 중 가장 인간들에게 요구하는 바가 적고 가장 많은 자유를 허락한다. 장차 유럽에는 불교에 귀의하는 사람들이 더 늘어날 것이다.

치오란은 광신주의와 행동주의에 맞서 싸웠다. 절대적인 수동성 또한 비인간적이기는 마찬가지다. 하지만 치오란은 나태가 삶을 대하는 한 방식이 될 수 있다고 보았다.

삶의 위기에 처한 인간들에게 치오란은 천천히 공동묘지를 둘러보라고 권유했다.

20분간 묘지를 거닐어라. 그 후에도 당신의 근심은 완전히 사라지지는 않겠지만 적어도 다른 것에 덮여 거의 잊힐 것이다.

특히 젊은 사람들은 실패에 대한 두려움에 시달린다. 이런 위태로운 상황에는 묘지 산책 같은 비관습적인 방법이 제일 효과가 좋다고 치오란은 말했다.

치오란은 현대 사회에서는 기술의 발달로 많은 분야에서 시간 절약이 가능해졌는데도 정작 사람들은 시간을 누리지 못함을 비판했다. 지나치게 많은 일정이 스트레스를 가져오고 사람들을 나가떨어지게 만든다. 어떻게 딸을 유치원에 데려다 주고 정시 출근해서 일을 한 후 슈퍼마켓에서 장을 보고 시간 맞춰 수영장에 갈 수 있을까?

치오란이 아직까지 살아 있다면 대도시의 분주함이 더 심해진 것을 보고 씁쓸해 할 것이다. 빨간 불이 되기 전에 길을 건너기 위해, 그리고 버스와 지하철을 놓치지 않겠다고 사람들은 뛰어다닌다. 현대 사회에서 인간들의 핵심 임무는 속도를 내는 것이다. 직장인이든 은퇴한 이든 시간이 없다며 계산대에서든 버스 앞에서든 줄 앞에 서기 위해 안달한다.

이 여유 없음에 대한 치유법으로 만년의 치오란은 문학이나 철학보다도 음악을 더 선호했다. 그는 직접 글을 쓰는 것은 거의 그만두고 고전 음악을 듣는 데 점점 더 많은 시간을 할애했다.

바흐는 나의 신이다. 바흐를 이해하지 못하는 자는 길 잃은 자다. 바흐를 이해 못 한다니 상상도 할 수 없는 일이지만 정말로 그런 이들이 세상에는 있다.

"우리는 시시포스가 행복한 인간이었다고 상상해야 한다."

알베르 카뮈 (1913년~1960년)

프랑스의 소설가이자 극작가. 문학 작품을 통해 인간 사회의 부조리를 표현했으며, 인간을 변혁하는 일에 주목했다. 단편 소설 《이방인》에서 인간 소외에 관한 문제를, 《페스트》에서는 절망 속에서 삶의 의미를 찾는 사람들을 통해 인간 존엄성을 나타냈다. 44세의 나이로 노벨 문학상을 받았다.

죽음까지 속여 넘길 정도로 교활했던 시시포스는 신들에게 호된 벌을 받아 지옥으로 떨어졌다. 거기서 그는 무거운 바윗덩이를 산꼭대기까지 굴려 올려야 한다. 정상에 다다르자마자 바위는 도로 산 아래로 굴러 떨어지고, 시시포스는 중노동을 처음부터 다시 시작한다.

프랑스계 알제리 철학자 알베르 카뮈는 '시시포스의 신화'에서 시시포스의 운명을 현대 인간들이 처한 처지의 상징으로 선택했다. 시시포스처럼 오늘날의 인간들도 노동원칙에 묶여 있다. 아침 일찍 일어난 인간들은 정시에 출근하기 위해 만원 버스나 지하철을 타겠다고 서두른다. 그래서 얻는 게 무엇인가? 이 모든 노력의 목표는 무엇인가? 많은 사람들이 자신의 삶에서 결국 무엇이 남는지, 살아야 하는 가치가 무엇인지 자문한다.

그럼에도 카뮈는 시시포스와 현대인들이 행복해질 수 있다고 주장한다. 허무함의 체험도 긍정적인 결과를 낳을 수 있다. 삶의 부조리를 깨닫는 편이 소비 사회나 정치 이데올로기의 우상 같은 잘못된 이상에 계속 매달리는 것보다 낫다!

카뮈는 알제리에서 프랑스계 집안의 아들로 태어났다. 유년 시절 그의 집안은 가난해서 알제리의 노동자 구역 벨쿠르에 있는 방 두 칸짜리 집에는 카뮈와 형제, 어머니, 할머니, 불구인 아저씨가 함께 모여 살아야 했다. 아버지는 스물여섯 살의 나이로 제1차 세계대전의 마른 전투에서 전사했다.

고등학교 졸업 후 그는 알제리 대학에서 철학을 공부했다. 졸업 논문 주제로 그는 북아프리카 철학자들인 플로티노스와 아우구스티누스를 선택했다. 1940년 카뮈는 알제리를 떠나 프랑스 레지스탕스의 저항기관지 〈전투〉의 창간에 참여했다. 처음에는 장 폴 사르트르와 친했지만, 1951년 카뮈가 《반역자》를 출판한 다음해 두 사람은 갈라섰다. 사르트르는 카뮈에게 철학적 깊이가 없다고 지적했고, 카뮈는 사르트르가 소련 연방을 지지한 것에 등을 돌렸다.

1947년에 펴낸 소설 《페스트》로 그는 명성을 얻었다. 《페스트》와 여러 소설, 희곡을 써낸 공로로 1957년 12월 10일 그는 노벨 문학상을 수상했다.

카뮈는 1960년 1월 4일 루르마랭에서 파리로 가던 중 교통사고로 출판업자인 미셸 갈리마르와 함께 죽었다.

소설 《페스트》에서 카뮈는 전염병 페스트가 도는 끔찍한 상황에서도 어떻게 삶의 의미를 찾을 수 있는지 묘사한다. 두 주인공 리외와 타루는 한 명은 무신론자고 다른 한 명은 기독교 신자이다. 두 사람은 함께 전염병에 맞서 싸우기 위해 이데올로기의 차이를 극복한다. 이념 차이를 이유로 다투기에는 인간들의 삶이 너무나 큰 위험에 처해 있다. 소설에서 가장 아름다운 대목은 리외와 타루가 한밤중에 지중해에서 함께 헤엄치는 장면이다.

몇 분간 그들은 같은 박자에 같은 힘으로, 세상에서 떨어져 외롭게 헤엄쳤다.

나란히 헤엄치면서 두 사람은 서로가 상반된 세계관의 대표자가 아닌 함께 전염병에 맞서 싸우는 동지임을 느낀다.

시시포스가 그랬던 것처럼 현대인들에게도 날마다 해야 하는 일들은 진절머리나고 의미 없는 것으로 여겨진다. 어차피 끝에 가면 늙고 병들어 죽는 일만 남았다. 그러나 카뮈에 따르면 우리로 하여금 언제나 다시 바위를 위로 굴리게 하는 반작용 힘도 존재한다. 부조리하게 들릴 수도 있지만, 바로 인생이 유한하고 헛되기 때문에 삶의 매 순간이 더더욱 소중해진다. 엄밀히 보자면 유한성과 죽음이 삶의 가치를 드높인다. 만약 우리가 영원히 산다면 개개의 짧은 순간들이 무슨 의미가 있겠는가?

그림자 없이는 빛도 없다. 인간은 밤 또한 알아야 한다.

카뮈는 절제와 자연의 아름다움을 찬양하는 '지중해적 사고'를 지지했다. 죽음을 의식하는 덕택에 실제적인 낙관주의를 펼칠 여지가 생긴다. 호화로운 사치도 필요 없다. 건강과 자연의 아름다움을 느낄 수 있는 감수성만 있으면 된다.

카뮈는 시멘트로 뒤덮인 현대 대도시를 거부했다. 특히 알제리 해안 도시 오랑의 신개발 구역에서 그는 잘못된 도시 건축의 예를 보았다. 오랑 같은 도시에서는 모든 것이 죽음의 정기를 내뿜는다. 말로 다 할 수 없는 권태가 이곳을 지배한다. 그에 반해 그는 인간의 손에 닿지 않은 자연이 남아 있는 지역에서는 새로운 힘이 솟았다. 그는 일기장에 적었다.

> 이 풀의 향기와 별빛, 이런 밤에, 영혼이 넓어지는 이런 저녁
> 에 어떻게 세상을 부정할 수 있을까? 세상의 힘과 강함을 내가 느
> 끼고 있는데?

무엇보다도 화창한 알제리에서 보낸 어린 시절과 청년 시절의 추
억에서 카뮈는 우울증에 맞서 싸울 힘을 냈다. 지중해 인간들의 쾌활
함에서 삶을 언제나 새로이 긍정하는 법을 배울 수 있다고 그는 말했
다. 인간은 삶을 살아야 한다. 이 사실을 이해하고 받아들이는 자는
행복해질 기회 얻는다. 위험한 폐결핵을 앓았던 카뮈처럼 날마다 죽
음을 대면하는 자는 삶의 가치를 제대로 알아볼 줄 안다. 예를 들어
알제리 근처 로마 유적으로 유명한 티파사의 아름다운 빛을 지켜보
며 카뮈는 행복감에 압도되었다.

> 봄에 티파사에는 신들이 거한다. 그들은 태양과 그을은 쑥의
> 향으로 이야기한다.

산문집 《결혼, 여름》 중 〈티파사에서의 결혼〉의 한 대목이다. 삶 전
체의 의미는 알 수 없다 해도 우리는 삶 속의 귀중한 것들을 즐길 수
있다. 비극의 조명 속에서 현재의 행복은 뚜렷해진다.
카뮈는 다양한 사회 체제가 삶의 부조리를 변화시키는 데는 거의

기여할 수 없다고 믿었다. 이 문제를 놓고 그는 사르트르와 다투었다. 사르트르는 카뮈가 지나치게 수동적이라고 비난했다. 자기 혼자 삶의 태도를 바꾸는 걸로는 부족하고 세상의 억압받는 자들을 위해 나서야 한다는 것이 사르트르의 주장이었다. 사르트르는 카뮈가 자연과 행복, 바다의 기쁨, 남국의 빛 등을 쓰는 데 취해 도시의 프롤레타리아들에게는 이 모든 게 그림의 떡이라는 걸 잊고 있다고 말했다. 그러나 카뮈는 소유물을 더 공정히 분배한다고 인간의 실존적 문제가 해결되리라고는 믿지 않았다. 사르트르의 입장에 가까운 사회주의자와 공산주의자들의 정치 프로그램에 따르면 인간들이 우선 가난하고 힘든 세월을 견뎌야 더 나은 미래가 찾아온다.

　카뮈는 정치 이념의 약속도 죽은 후 천국에 대한 종교적 약속도 믿지 않았다. 그가 주목한 것은 정치가 아닌 인간의 일상을 변혁하는 일이었다. 우리는 끊임없이 바위를 굴리면서도 바로 이 노동 덕택에 삶의 가장 간단한 것들에서 질리지 않는 기쁨을 얻는 법을 카뮈에게서 배울 수 있다.

"모래 위에 그려진 얼굴이
바다거품에 씻겨가듯
인간 또한 사라지리라
장담할 수 있다."

미셸 푸코 (1926년~1984년)

푸아티에 출생의 프랑스 철학자로 후기 구조주의를 대표한다. 그에게 있어 인간의 천성과 현실은 확고하게 고정된 것이 아니었으며, 삶의 가장 흥미진진하고도 중요한 면모는 삶 자체를 바꾸는 것이었다. 《지식의 고고학》, 《감시와 처벌》, 《광기와 비이성》 등의 저작에서 그는 서구 문명의 인간상을 비판하였다.

1965년 1월 5일 튀니스에서 비행기가 이륙한 직후, 푸코는 비행기 안에서 튀니스 해안을 내려다보며 엽서에 기록했다.

모래 위에 그려진 얼굴이 바다거품에 씻겨가듯 인간 또한 사라지리라 장담할 수 있다.

푸코가 인간의 멸종에 대해 말했다고 오해하는 사람도 있을 것이다. 그러나 푸코의 의도는 그것이 아니었다. 《지식의 고고학》에서 그는 좀 더 자세히 설명했다.

인간이 존재하기를 멈추리라 말한 것은 물론 인간이라는 생명체, 혹은 사회적 존재가 지구라는 행성에서 사라질 거라는 예언이 아니다.

푸코는 인간이 사라진다는 표현으로 인간의 본질을 정의하는 일이 (인간은 이성을 가진 존재라는 아리스토텔레스의 정의든 자유를 선고당한 존재라는 사르트르의 정의든) 부질없음을 나타내려 했다. 그는 인간에 대한 정의가 해당 문화권에 좌우된다고 주장했다. 각기 다른 문화권에서는 선한 인간이란 어떤 인간인가, 혹은 인간이란 무엇인가를 두고 관념의 차이를 보인다는 것이다.

미셸 푸코는 1926년 10월 15일 푸아티에에서 명망 있는 외과 의사

폴 푸코와 그의 아내 안느 마리의 아들로 태어났다. 아버지는 그가 자신처럼 의학을 전공하기를 바랐지만, 파리 고등 사범학교에서 푸코는 철학과 심리학에 점점 더 관심을 갖기 시작했다. 아마도 억압된 동성애 성향 때문이었는지 그는 대학 시절 자살을 기도했다.

정신병리학 전공을 졸업하고 그는 짧은 기간 동안 릴의 철학과에서 심리학 조교로 일했다. 1955년 그는 점점 답답하게 느껴지는 프랑스를 떠나 웁살라(1955~1958), 바르샤바(1958~1959), 그리고 함부르크(1959~1960)에서 프랑스 문화원 책임자로 있었다. 1960년에서 1966년 사이 그는 클레르몽 페랑의 대학에서 처음에는 강사로, 이후에는 교수로 심리학과 철학을 가르쳤다. 그 후에는 튀니지의 대학에 2년간 객원교수로 있었다. 뱅센에서 얼마간 체류한 후 그는 1970년 파리의 유명한 콜레주 드 프랑스에서 사상 체제의 역사를 가르치는 교수가 되었다. 푸코는 만년에 일본의 선불교에 대한 관심이 커졌고 종종 캘리포니아의 버클리 대학에서 강의를 했다. HIV 바이러스에 감염된 그는 1984년 57세의 나이로 사망했다.

휴머니즘이 신화에 불과하며 휴머니즘 없이도 인간 세상은 유지된다는 푸코의 주장은 처음 봐서는 말이 안 되는 것 같다. 푸코의 이 명제를 이해하기 위해서는 그가 서구의 인간상에 행한 비판을 먼저 알아봐야 한다.

그의 주장에 따르면 서구 문명은 흔히 내세우는 것과 달리 실은 그다지 관용적이지도 않고 인간적이지도 않다. 17세기와 18세기부터 특정한 사회 기준에 걸맞지 않은 자들은 소외 차별당했다. 흔히 '인도적'이라거나 '휴머니즘적'이라는 용어는 긍정적으로 쓰인다. 예전에는 고문과 잔인한 사형 제도가 존재했지만 오늘날은 인도적으로 형벌이 집행된다고 선전들을 한다.

1975년에 펴낸《감시와 처벌》에서 푸코는 이 널리 퍼진 견해에 다른 시각을 제기한다. 절대주의 시대에 이루어진 잔인한 처형은 지배자의 권력을 과시하고 무시무시한 예를 보여 신민들을 겁먹게 하는 기능을 했지만, 정작 사람들의 일상생활에는 아무 영향을 미치지 않았다. 근대적인 감금 처벌이 도입되면서 상황은 반전된다. 감금 처벌은 과거의 사형처럼 공개적인 구경거리가 되지는 않지만 더 큰 사회적 파장을 미친다고 푸코는 말한다.

19세기 이래 형벌은 감금된 자의 육체를 24시간 내내 감시하는 방식으로 이루어졌다. 감옥에서 개발된 훈육 기술은 효율성과 생산성의 이름으로 근대 사회의 다른 곳에까지 퍼져 나갔다. 공장에서, 병원에서, 학교에서 인간의 육체는 훈육되고 제어당한다. 그릇된 행동으로 눈에 띄는 인간들에게는 제재가 가해지거나 치유가 행해진다.

푸코는 현대의 '인도주의적 권력'이 두 가지 층위에서 행사된다고 본다. 한편으로는 인간의 육체에 직접적인 훈육이 가해지고(가만히 똑바로 앉아 있기, 주어진 노동 리듬에 따르기) 다른 한편으로는 건강이라는 명목으로 '생체(bio) 권력'이 행사된다. 생체 권력이란 인간의 모든 발달 단계에 국가가 개입하여 육체적, 정신적 기준에 맞춰지도록 감시하고 조치를 취하는 것을 뜻한다.

건강에 대한 감시의 한 예로는 금연을 들 수 있다. 생체 권력과 훈육 권력을 통해 현대의 '정상화 사회'는 인간들에게 도움과 치유를 제공하는 거대한 기관으로 변모한다. 이 과정을 '인도주의적' 변화라 부를 수도 있겠지만, 반드시 그렇지는 않다.

푸코는 동성애자, 광인, 범죄자, 노숙자 등 '정상'에서 떨어져 나간 인간들에게 관심을 가졌다. 그들의 예로 푸코는 '사회'에 속하지 않은 인간들에게는 얼마나 쉽게 혐의가 뒤집어씌워 지는지 증명하려 했다. 푸코는 두 가지 중요한 주장을 펼쳤다. 하나는 광기나 성처럼 어떤 사회에서 터부시되는 주제와 인간 부류가 바로 그 사회의 핵심을 알려준다는 것이다. 두 번째로 푸코는 대부분의 사람들이 '자연스럽고', '정상적'이며 '당연하다'고 여기는 사회적 풍습, 즉 감금 형벌이나 성을 다루는 방식이 실은 특정한 역사적 맥락에 의거한 것이며 따라서 다시 변경될 수 있음을 주장했다. 《말과 글》의 마지막 네 번째 책에서 적었듯 푸코는 겉보기에는 확고한 관습과 기준들로 구성된 세계 속에서도 '우리가 얼마만 한 자유를 가지고 있는지, 그리고 얼마나 많은 변화가 가능한지' 보여 주려 했다.

권력의 전략에 대한 대응으로 푸코는 '스스로를 돌보는' 윤리를 개발했다. 이것은 자신과 주위 세상을 반성적으로 돌아보는 태도를 가리킨다. 푸코에게 삶의 가장 흥미진진하고도 중요한 면모는 바로 삶 자체를 바꾸는 것이었다. 푸코가 보기에는 언제나 변화없이 습관에 집착하여 머물고자 하는 소망이 곧 악의 근원이다. 늘 동일한 것에 대한 집착에 대항하여 푸코는 변화가 얼마나 큰 자유를 가져다줄 수 있는지 강조했다.

존재 방식을 바꾸기만 하면 진리의 문이 열린다.

 푸코의 핵심 개념은 '변모'다. 푸코는 질서와 신념과 규정 체제의 변모를 주창했다. 변화를 두려워하는 자는 습관의 노예가 되고 만다.

 푸코는 우리가 무엇이 인도주의적인지 지나치게 서둘러 결정 내리지 않고도 구체적인 사안부터 차근차근 변화시키는 게 가능하다고 말한다. 이를테면 학교에서 점수를 매기는 게 인도적일까, 아니면 점수와 낙제 제도를 없애는 것이 더 인도적일까? 인간의 천성과 관련해서는 쉽게 답을 내릴 수 없다. 왜냐하면 인간이란 무엇인지 규정할 수 없기 때문이다. 오늘날 사회복지사와 심리학자, 치유자, 의사와 교사들은 인간들을 개선하기 위해 끊임없이 노력한다. 그 과정에서 인간 개개인과 그들의 능력을 '훌륭하다'와 '그다지 훌륭하지 않다'로 구분 짓는 기준이 생긴다. 이 기준을 통해 인간의 미래가 결정되는데도 기준의 정당성을 의심하는 자는 없다.

 푸코에게는 인간의 천성도 현실도 확고하게 고정된 것이 아니었다. 푸코의 저작을 읽은 사람들은 무엇이 '정상'이고 '비정상'인가라는 질문과 관련하여 세상을 다른 눈으로 보게 될 것이다. 오늘은 진리였던 것도 내일은 낡은 것이 되어 모래 위에 그려진 얼굴처럼 바다거품에 씻겨 사라질지도 모른다.

"일상의 삶은 역사의 비밀스러운 효모다."

아그네스 헬러 (1929년~   )

헝가리의 철학자. 모든 위대한 문화적 업적이 일상적 삶이 욕구와 갈등을 해결하려는 와
중에 이루어졌다고 여겼으며, 일상과 정치, 예술, 학문, 사회의 영역을 생산적으로 화합시
키고자 했다. 오스트레일리아로 이주해 환경 정책에 대한 많은 저작들을 발표하였으며, 도
덕 3부작을 발표하였다.

헝가리의 철학자 아그네스 헬러는 인간의 일상을 철학의 든든한 출발점으로 삼았다. 1970년에 출간한 《일상의 삶》에서 그녀는 '일상의 삶은 역사의 비밀스러운 효모다'라고 썼다. 인간은 일상 속에서 스스로를 빚고 창조한다.

개개의 인간은 일상 속에서 스스로를 무수한 형태로 형상화한다. 그는 자신의 세계를, 직접적인 주변 환경을, 그리고 자기 자신을 빚어내는 것이다.

일상을 바꾸려 하지 않는 사람들과 혁명을 도모하는 것은 어리석은 일이다. 혁명이 일어나도 사회 지도층만 물갈이될 뿐 보통 사람들의 삶 속에서는 옛 권력 구조가 지속될 것이다. 헬러의 철학은 공동체의 삶에서 거대 구조가 아닌 미시 구조에 주목한다. 그녀는 개인이 성공적으로 일상을 영위하려면 어떤 기준이 필요한지 탐구하고자 했다.

유대인인 헬러는 헝가리에서 보낸 어렸을 적과 젊은 시절에 끔찍한 체험을 했다. 네덜란드의 안네 프랑크처럼 아그네스 헬러도 약탈하고 돌아다니는 헝가리의 파시스트들에게 언제 붙들려 강제수용소로 끌려갈지 모르는 위험 속에 살았다. 그녀는 몇 번이나 호송되었다가 끈질긴 생존의지와 행운 덕에 목숨을 구했다. 그녀는 도나우 강가에서 총살될 예정인 포로들 틈에 휩쓸려 들어간 적이 두 번이나 있었다. 그러나 알 수 없는 이유에서 마지막 순간 처형이 중단되었다. 아버지 팔 헬러는 아우슈비츠에서 살해당했고, 그녀와 어머니는 온갖 국적의 유대인이 모인 부다페스트의 게토에서 이루 말할 수 없이 비참한 처지로 살아남았다. 전쟁 후 그녀는 헝가리 수도 부다페스트에서 유대인 김나지움을 다녔고, 졸업 후 부다페스트 대학에서 우선 물리와 화학을 전공했다.

초기에 헬러는 마르크시스트였다. 그러나 1968년 소련의 전차부대에 의해 '프라하의 봄'이 끝나자 그녀는 이런 형태의 마르크시즘은 완전히 거부하게 되었다. 1985년 그녀는 헝가리에서 오스트레일리아로 이주해 사회연구를 위한 뉴스쿨(New School for Social Research)에서 한나 아렌트의 후임으로 교수직을 맡았다.

현대의 환경 정책에 대한 것을 비롯해 많은 저작들을 출판한 후 헬러는 1989년 《일반 윤리》, 1990년 《도덕의 철학》, 1996년 《인격의 윤리》라는 도덕 3부작을 펴냈다. 은퇴 후 그녀는 일 년 중 각기 절반을 부다페스트와 뉴욕에 번갈아 체류하며 보낸다. 헬러는 1981년 함부르크의 레싱 상을 받았고, 1995년에는 브레멘의 한나 아렌트 상, 2006년에는 덴마크 최고의 문화상인 소닝 상을 수상했다.

헬러는 모든 위대한 문화적 업적이 일상적 삶의 욕구와 갈등을 해결하려는 와중에 이루어졌다고 여겼다. 일상과 비일상의 경계를 그녀는 서로 다른 두 가지 행동방식으로 구분했다. 일상에는 요리를 하거나 장을 보러 가거나 아이를 키우는 등의 활동이 속한다. 이런 활동들을 할 때도 주의를 기울이긴 하지만, 예술과 철학, 학문적 활동을 할 때만큼 큰 집중력이 필요하지는 않다. 후자의 일을 할 때는 다른 데 정신 팔지 말고 완전히 집중을 해야 한다.

간단한 예로 차이를 밝혀 보자. 아침 식사를 하고 신문을 읽으면서 라디오에 흘러나오는 고전 음악을 듣는다면 일상의 영역이다. 하지만 저녁에 콘서트홀에서 모차르트의 소나타를 집중하여 듣는 것은 일상의 삶 밖이다. 예술, 종교, 학문과 철학을 통해 인류는 세상을 이해하고 세계관을 형성하려 한다. 헬러는 이 일상 밖의 영역을 '스스로를 위한 객관화(objektivation)'라고 불렀다. 스스로에게 걸맞은 세계관을 만들어내기 위해 인간은 일상 밖의 활동을 한다.

일상의 삶도 의미가 있음은 부인할 수 없다. 그러나 우주 속에서 인간의 위치를 해석하고 자유, 사랑, 인류 같은 개념을 익히는 일은 일상의 삶이 아닌 대상화 활동을 통해 이루어진다. 헬러는 일상과 일상 밖의 영역이 서로 영향을 준다고 생각했다.

일상과 비일상적 활동 및 사고 형성 사이에 만리장성이 놓여 있는 것은 아니다.

오로지 예술과 창조적 활동에 매달리는 것도, 반대로 일상의 영역에서만 움직이는 것도 편협한 일이다. 헬러는 일상과 정치, 예술, 학문, 사회의 영역을 생산적으로 화합시키고자 했다. 두 영역 중 하나를 등한시하는 이는 반쪽짜리 인간이다.

그녀는 자신의 스승 게오르그 루카치가 세상을 학자이자 지식인의 입장에서만 보았다고 비판했다. 루카치에게는 절친한 친구와의 우정이나 사랑마저도 철학적, 이념적 흥미에 비하면 우선순위가 떨어졌다. 반대로 문학, 예술, 정치 등에 대해서는 아무것도 알려 하지 않는 인간들도 있다. 이런 사람들은 인류의 중대한 의문들을 접할 기회를 스스로 포기한 셈이다.

헬러는 때때로 일상 밖의 영역에 '체류하는' 것이 개인의 삶을 풍요롭게 해 준다고 여겼다. 이 체류를 통해 인간은 자신만의 사적인 욕구를 얼마간 제쳐두고 인류의 커다란 의문에 몰두하는 법을 배운다. 그 후 다시 일상으로 돌아온 개인은 예전보다 더 강하고 정화된 인간이 되어 일상과 인생을 더 사람답게 살아간다.

일상에서 출발하여 비일상의 영역에 머물렀다가 다시 일상으로 돌아가는 것이 올바른 과정이다.

도덕 3부작의 마지막 책에서 헬러는 현대의 인격 윤리 문제를 탐구한다. 그녀는 신의 율법이든(종교) 도덕적 자유든(칸트) 아니면 연민(쇼펜하우어)이든 무언가 인간 개개인을 초월한 준거가 있어야 윤리가 존재할 수 있다는 결론을 내린다. 초월적인 가치를 내면화한 사람만이 더 나은 인간이 될 수 있다.

헬러의 일상의 삶 이론을 간단하게 요약하자면 개인은 스스로의 삶을 나름대로 빚어나가되 쾌락 원칙만을 따라서는 안 되고 가치와 인류의 커다란 질문들을 고려하며 살아야 한다. 헬러는 인간들이 각자 힘닿는 영역 안에서(일상의 삶과 조직에서) 삶을 변화시켜 새로운 발전을 시작하고 다른 사람들에게 모범이 될 것을 주창했다. 개개의 인간들, 조직들, 공동체가 태도와 삶의 계획을 바꾸면 그 여파는 온 사회에 이어질 것이다. 자본주의 아래에서는 소외된 삶뿐이라고 주장하는 철학자들은 일상의 삶의 근본적인 다원성을 놓치고 있다고 헬러는 생각했다. 헬러는 모든 사람의 일상 속에 사랑과 안온함, 동경이 깃들 수 있음을 깨달아야 한다고 역설했다.

"간단하게 말하자면 이성은 언어 속에 자리하고 있다."

위르겐 하버마스 (1929년~)

독일의 철학자이자 사회학자. 의사소통을 철학 체계의 중심으로 삼고, 언어와 대화가 이성적인 해결에 가장 중요한 수단이라고 보았다. 현대 시민 사회에서 하버마스의 소통이론은 갈등을 해결하는 실마리임이 점차 드러나고 있다. 주요 저작에는 《의사소통 행위이론》, 《이질성의 포용》, 《공론장의 구조변동》 등이 있다.

위르겐 하버마스는 현대 독일에서 가장 유명한 철학자다. 그는 사회적, 법적 표준이 어떻게 생겨나는가에 대한 담화 이론으로 명성을 얻었다. 하버마스는 이성적인 해결을 찾을 수 있는 가장 중요한 수단이 언어, 혹은 대화라고 생각했다.

1978년 출간된 대담집 《헤르베르트 마르쿠제와의 대화》에서 하버마스는 '간단하게 말하자면 이성은 언어 속에 자리하고 있다'라고 말했다. 무엇이 합리적이고 옳은지는 처음부터 확정된 것이 아니라 논거를 교환하면서 점차 드러난다. 911 테러 이후 그는 이런 극도의 폭력이 벌어진 후에도 상호이해에 기반을 둔 철학을 펼칠 수 있겠냐는 질문을 받았다. 하버마스는 테러의 등장이야말로 제때 다른 문화권과 대화를 나누어야 한다는 자신의 주장을 입증한다고 대답했다. 이해받지 못했다고 느끼고 증오를 가득 품기보다는 서로 대화를 나누는 것이 낫다. 하버마스는 전 세계를 두루 돌아다니며 다른 사람들과 토론할 기회를 놓치지 않음으로써 소통으로 합리를 이루자는 주장을 실행에 옮겼다.

위르겐 하버마스는 1929년 6월 18일 뒤셀도르프에서 태어났다. 굼머스바흐에서 고등학교를 졸업한 후 그는 괴팅겐, 취리히와 본에서 철학, 역사, 심리학, 독문학과 경제학을 공부했다(그의 다양한 관심사는 후에 쓴 주요 저작 《의사소통 행위이론》(1981)에서 결실을 본다. 이 책에서 그는 철학과 사회이론을 결합하고자 했다).

1954년 하버마스는 본에서 독일 관념론 철학자였던 셸링에 대한 논문으로 박사 학위를 취득했다. 셸링은 인간의 이성을 거의 종교의 경지로 숭상했다. 그에 반해 하버마스는 독일 철학의 지나친 관념주의를 순화시키고 이성에 대한 믿음을 세속적 차원에서 형상화하려 했다. 그의 철학은 인간의 일상체험을 출발점으로 삼는다. 하버마스는 일상을 '삶의 세계'라고 부른다. 보통 때는 일상생활에서 사람들이 별문제 없이 함께 살아간다. 하지만 만약 서로 간에 의견이 달라지거나 오해나 충돌이 생겨나면 어떻게 될까? 어떻게 대화를 통해 갈등을 극복하고 보편적인 합의를 도출해낼 수 있을지를 숙고하는 하버마스의 철학은 바로 이럴 때 유용해진다.

1961년 하버마스는 〈공론장의 구조변동〉을 교수 자격 논문으로 제출하고 하이델베르크의 철학 교수직을 얻어 1964년까지 가르친다. 1964년에서 1971년까지는 프랑크푸르트 암 마인의 괴테 대학에서 철학과 사회학 교수로 일했다. 68 운동 당시 그는 사회에 반발하여 들고일어난 대학생들에게 진짜로 대화를 할 의지가 결여되었다고 지적했다. 하버마스는 학생들이 무작정 행동부터 하고 보는 것과 호치민 지지 구호를 외치는 등 사회주의 혁명을 미화하는 것을 비판했다.

1971년 하버마스는 슈타른베르크로 옮겨가 막스 플랑크 연구소에서 칼 프리드리히 폰 바이츠재커와 함께 과학 기술 세계에서의 삶의 조건에 대한 연구를 이끌었다. 1983년 그는 프랑크푸르트 대학교에 사회학과 철학 교수이자 사회연구 학장으로 돌아와 1994년 은퇴할 때까지 머물렀다.

그는 숄 남매 상, 칼 야스퍼스 상, 테오도르 호이스 상, 독일 서적 유통 연맹의 평화상 등의 수많은 상과 문화와 학문 분야에서 세계적으로 가장 권위 있는 교토 상도 수상했다.

하버마스는 정치적 토론에 적극 참여하는 철학자여서 비판도 많이 받았다. 그는 한번은 자신이 생애의 절반을 비판을 듣고 반박하느라 보냈다고 표현했다. 그가 생애 동안 중요한 업적을 이루어냈다는 점에 대해서는 이제는 아무도 의심하지 않는다.

그의 담론윤리에 자주 쏟아진 비판 중 하나는 사람들이 어떤 문제에 대한 답을 합의했다고 해서 그 답이 꼭 진실이라는 보장은 없다는 점이다. 도덕에 대한 '정상적인' 이해에서 벗어나는 사안을 사람들이 합의하는 상황도 있을 수 있다.

이 이의 제기에 반박하기 위해 하버마스는 '이상적인 대화상황'을 위한 성립조건을 내세웠다. 즉 '이성적이고 폭력 없는' 대화를 위한 기준과 규칙, 전제 조건을 찾아내는 것이 하버마스가 주장한 담론윤리의 핵심이다. 이를테면 이상적인 토론에서는 조작과 압력이 판을 쳐서는 안 되며, 하버마스의 표현에 따르자면 오로지 '더 나은 논거만이 강요 아닌 강요로써' 기능한다.

하버마스는 우리가 다른 이들을 깔보지 않고 동등한 상대로 여겨야 한다고 주장했다. 그리하여 그가 발표한 책 중 하나는 《이질성의 포용》이라는 제목을 갖고 있다. 그는 스스로가 종교적으로 '음치'라고 밝혔음에도 2004년 당시 아직 요제프 라칭어 추기경이었던 교황 베네딕토 16세와 대화하는 시간을 가졌다. 하버마스는 오로지 과학만이 중시되는 세상에서 다시 종교의 지혜와 논거를 들을 수 있는 기회를 가지는 것은 참 중요한 일이라고 밝혔다.

교황과 하버마스는 곧 인간을 복제하게 될지도 모르는 유전자 기술에 함께 우려를 보였다. 하버마스는 복제되거나 유전적으로 조작된 인간은 다른 인간에 의해 천성이 좌우된다고 말했다. 만약 내 유전자에 다른 사람이 개입하여 내가 외부의 프로그램에 맞춰 살게 된다면 인간들 사이에서 평등의 원칙이 깨지는 셈이다.

이 예는 하버마스가 평등과 대화를 얼마나 중시하는지 보여 준다. 다른 사람의 의사를 묻지 않고 혼자서 이성이란 이러저러한 것이라고 결론을 내려서는 안 된다. 칸트처럼 하버마스도 공공연히 의견을 말하고 교환할 수 있는 기회가 보장되는 것이 얼마나 중요한지 강조했다.

하버마스는 현대 문명에서 개인이 어쩔 수 없는 상황의 압력이 더욱 심해질 것을 우려했다. 우리의 직접적인 일상 세계에는 아직도 '상징적 상호작용'을 나눌 수 있는 섬 같은 공간들이 남아 있다. 상징적 상호작용이란 인간이 서로에게 아직 의미를 갖고 있고 인간적 견지에서 상대에게 흥미를 간직한 소통 형태를 뜻한다.

그러나 역사가 진행되면서 다른 종류의 체제논리가 형성되었다. 관료적, 경제적 체제에서 개인은 주어진 기능을 수행해야 하는 존재고, 이 상황에서 개인적 흥미와 이해는 발 디딜 곳이 없다. 하버마스는 근대의 이러한 변혁을 근본적으로 거부하지는 않았다. 이 경향이 문제가 되는 것은 추상적인 체제논리가 인간관계에서 알맹이를 빼내고 부수려들 때다. '체제가 삶의 세계를 식민지화' 하는 셈이다. 짧게 요약하자면 경제와 국가가 '점점 복잡해지면서 삶의 세계의 상징적 재생산에 점점 더 깊이 끼어드는 것'을 하버마스는 내적 식민화라고 표현했다.

예를 들자면 하버마스는 가정에서 아이를 키우는 일이나 학교 수업에서 아이들을 교육시키는 과정이 법적인 기준을 통해 지나치게 빡빡하게 규정되는 바람에 학교나 가정에서 본래의 인간관계가 불가능해지는 사태가 벌어져서는 안 된다고 주장했다. 학교 교육과 가정에서의 양육은 인간들이 단순한 기능 수행자가 아닌 서로에게 의미를 가지는 존재라는 기반에서 출발해야 한다. 얼굴 없는 권력이 삶의 세계에 지나치게 개입하는 것은 현대 사회의 강력한 조류긴 하지만 어쨌든 하나의 조류에 그친다. 삶의 세계가 식민지화되어 가는 이 과정에 제동을 걸어 막는 것도 가능하다. 예를 들자면 개인들이 서로 얼굴을 맞대는 직접적인 교류에 지금까지보다 더 무게를 둘 수도 있을 것이다.

하버마스는 삶의 세계와 체제를 이을 수 있는 안목을 키우자고 말한다. 개인과 개인이 인간적인 차원에서 결정하는 게 더 나은 사안도 있고, 법적, 경제적 메커니즘으로 규정하는 게 더 나은 분야도 있다. 이를테면 교육 체제가 점점 더 복잡해지고 관료화되는 것이 교육의 근본적인 주요 원칙과 배치되는지 등의 문제를 생각해 볼 수 있다.

현대 시민 사회에서 하버마스의 소통 이론은 갈등 해결의 실마리를 마련하는 중요한 방법임이 드러난다. 증오와 폭력이 판을 치게 만들기보다는 한 번이라도 더 함께 대화를 나누는 편이 낫다. 하버마스의 주장과 비슷한 맥락에서 오늘날 도시에서 사회적으로 민감한 구역에는 가두 상담원(직접 거리에 나가서 가출 청소년이나 노숙자, 마약 중독자들을 돌보는 사회 복지사들을 가리킨다. - 역자 주)이 청소년들의 고민을 들어 준다. 학교에서는 중재자를 양성한다. 학생들 간에, 혹은 학생들과 교사들 사이에 갈등 상황이 생기면 종종 학생들 스스로 중재의 역할을 맡는다. 동유럽에 정치적 격변이 닥쳤을 때는 사회 주요 집단이 '원탁'에 모여 어떻게 하면 전체주의 체제에서 민주주의 구조로 평화롭게 옮겨갈 수 있을지를 논의했다. 오늘날 관리부서과 경영, 관청 등의 영역에는 가능한 한 일방적인 조치가 아닌 대화로 갈등을 해결해야 한다는 공감대가 퍼져 있다.

"현실은 극사실적이다."

장 보드리야르 (1929년~2007년)

프랑스의 철학자이자 사회학자. 현대 사회에서 실재가 사라지고 기호와 기술이 그 자리를 차지하고 있다며, 현실이 극사실적이라고 비판하였다. 《상징적 교환과 죽음》, 《시뮬라크르와 시뮬라시옹》, 《환각과 가상》, 《비디오 세계와 차원 분열적 주체》 등의 저작을 발표했다.

미디어와 리얼리티 쇼가 넘쳐나는 세상에서는 진실과 껍데기, 실제와 허구가 점점 더 섞여간다. 카메라 앞에서 사람들이 서로에게 극단적인 소리를 하고 모욕을 주다가 다시 만나 화해하는 쇼 프로그램은 높은 시청률을 자랑한다. 이때 카메라 앞에 펼쳐지는 감정들은 진짜인가 아니면 단지 미디어를 위해 연출된 것인가?

프랑스 사회학자 장 보드리야르는 현대의 세상이 '극사실적'이라고 했다. 매체(라디오, 텔레비전, 인터넷 등)와 기호 체계(광고, 로고, 안내판)가 현실을 너무나 꾸며놔서 무엇이 진짜고 무엇이 허구인지 구별이 불가능해졌다. '현실 자체가 오늘날은 극사실적이다'라는 말로 보드리야르는 우리가 정치, 사회 그리고 우리 자신의 삶 속에서 실제와 연출을 구별하는 일이 점점 더 힘들어지고 있음을 가리켰다.

랭스에서 태어난 보드리야르는 독문학을 전공한 후 중학교에서 독일어 교사로 일했다. 베르톨트 브레히트의 시와 페터 바이스의 작품을 프랑스어로 번역하기도 했던 그는 1968년 파리 낭테르 대학에서 학문적 경력을 쌓기 시작했다. 그곳은 마침 5월 68 운동이 출발한 곳이기도 하다. 마르크시스트 철학자 앙리 르페브르의 조교 일을 한 후 보드리야르는 1968년 사회학을 가르치는 자리를 얻었다.

1970년대에 그는 외국에 오래 체류했는데, 특히 라틴아메리카에서 객원 교수로 있었다. 1976년에는 《상징적 교환과 죽음》을 출간했는데, 도입부의 인용문은 이 책에서 딴 것이다. 이 책에서 보드리야르는 현대 사회에서 언어가 점점 더 아무렇게나 쓰이고 표현력을 잃고 인공적이 되어 간다고 기술했다. 이 주장을 그는 뒤이은《Kool Killer 혹은 기호의 반란》혹은 〈비디오 세계와 차원 분열적 주체〉 그리고 《환각과 가상》 등의 저작에서 더 발전시켰다.

　보드리야르는 '시뮬라시옹'(Simulation, 라틴어로 가장, 위선, 속임수를 뜻하는 'simulatio'에서 나왔다. 'similis'는 비슷한, 유사한, 동일한 등의 의미이다) 이라는 개념을 철학에 도입했다. 이를 가지고 그는 현대 세상에서 실재가 사라지고 있음을 표현하려 했다. 오늘날에는 기술과 기호가 실재의 자리를 대신 차지하고 있다. 우리는 흔히 기호가 내용을 담고 있으며, 예술 작품은 현실의 삶의 문제들을 다룬다고 생각한다. 그러나 보드리야르는 기호가 그간 세월 동안 지나치게 자립해서 더 이상 실제의 현상이 아닌 기호 자신과만 연관을 유지하게 되었다고 말한다. 《서기 2000년은 오지 않는다(Das Jahr 2000 findet nicht statt)》에는 이렇게 적혀 있다.

　바로 뉴스와 정보 때문에 사건과 역사가 사라질 위기에 처했다. 하이파이 음향 장치 때문에 음악이 사라지려 한다. 지나치게 발전한 실험 때문에 과학은 대상을 잃어버릴 위험에 빠져 있다. 포르노그래피 때문에 성이 사라지기 일보 직전이다. 실제에 극히 근접하여 완벽하게 복제해낸 것들의 효과가 어디나 퍼져 있다. 시뮬라시옹의 효과다.

〈비디오 세상과 차원 분열적 주체〉라는 논문에서 보드리야르는 오늘날의 인간들이 새로운 기술과 비디오 세상을 무비판적으로 수용한다고 적었다.

우리는 이 새로운 움직이는 영상, 숫자가 매겨지고 차원 분열적이며 인공적인 합성 영상을 갈망한다. (중략) 우리가 이 영상에서 원하는 것은 풍부한 상상력이 아니라 피상성의 소용돌이다.

그러나 인공적 세계에 지나치게 빠져드는 자는 현실과의 연결을 금세 잃고 만다.

오늘날 우리는 화면과 인터페이스 속의 상상 안에서 산다. (중략) 만약 소통이 이렇게나 간단하다면 무엇 때문에 서로 이야기를 나누어야 하는가?

시스템을 더 인간적으로 개혁하는 것은 불가능하다. 인간적이라는 단어가 무슨 의미인지 아는 사람은 더 이상 없기 때문이다. 과열된 미디어들이 아직도 반응하는 유일한 소재는 테러리즘이다. 테러리즘은 사람들의 흥미를 끌어 시청률을 확 높인다. 우리 문명은 여러 면에서 외설적이 되었다. 문명은 비대하게 증식하는 중이다. 육체의 증식(사람들은 점점 더 비만해진다), 정보의 증식, 기록의 증식, 환경오염의 증식 등등.

보드리야르는 서구 문명의 상처를 짚어 보인 철학자였다. 서구 문명은 개인이 자유롭게 가능성을 펼치는 것을 이상으로 내세우지만 정작 인간 개개인이 사회 속에서 어떤 자유를 추구해야 하는지는 모른다. 20세기의 역사는 악의 힘이 선의 힘만큼이나 빠르게 '해방' 될 수 있음을 충분히 증명했다. 보드리야르는 21세기에는 끔찍한 재앙이 넘쳐나서 후에 20세기를 되돌아 보면 히틀러나 스탈린 같은 독재자가 상대적으로 무해해 보일 거라고 예견했다.

보드리야르가 끔찍한 사건을 예견하는 능력은 이미 입증되었다. 그는 이미 1970년대에 뉴욕 세계 무역센터를 두고 고층건물을 둘씩이나 쌍으로 서 있어 서구 문명의 오만함을 특별히 상징하고 있기 때문에 장차 무너지고 말 것이라고 예언했다. 게다가 서구인들은 자신들에게 주어진 자유와 스스로 결정 짓는 권리를 마음속 깊이 지긋지긋하게 여기게 된 지 오래라고 그는 말했다. 이전 시대에는 주인과 노예, 귀족과 농노, 자본가와 노동자라는 분류가 존재했다. 당시에는 적어도 누가 주인이고 누가 노예인지는 확실히 알 수 있었다. 그러나 보드리야르가 보기에 오늘날 세상에는 주인은 없고 노예들만 남았다. 임무 수행 위주로 돌아가는 현대 사회는 농노들의 사회다.

현대인들은 그들 자신 용도의 노예가 되었다. 그들은 스스로의 임무와 과업을 주인으로 섬긴다. 완전히 해방되었으면서도 완전한 노예의 몸이다.

《숙명적 전략》에서 보드리야르는 현대에 널리 퍼져 있는 '자기답게 살아야 한다'라는 조언을 비판한다. 자기 자신의 틀에 묶이는 것만큼 진부한 것도 없다.

옛날 옛적 잘생긴 브럼멜(Beau Brummel)이라 불리던 멋쟁이는 벌써 그 점을 알았다. 잘생긴 브럼멜은 결정을 내려야 할 일이 있으면 차라리 하인에게 물었다.

그림처럼 아름다운 호수를 내다보며 잘생긴 브럼멜은 몸을 돌려 하인에게 질문했다.

"어느 호수가 더 내 마음에 들까?"

자기 자신이 지겹고, 미리 정해진 삶이 지겨워진 사람들은 점점 더 위험한 스포츠를 통해 운명과 대면할 기회를 찾는다. 보드리야르는 보트로 세계 일주를 하는 사람과 홀로 암벽 등반을 하는 사람, 위험한 동굴 탐사에 뛰어드는 사람과 정글에서 전쟁놀이를 즐기는 사람들이 늘고 있음을 가리킨다. 인간들은 암벽을 오르고 보트를 몰고 몸을 매다는 위험 속에서 자아를 찾으려 한다. 어디서나 미리 정해진 프로그램이 실행을 기다리고 있는 오늘날에는 인간의 힘을 넘어선 미지의 운명을 체험한다는 것이 특권이 되었다. 유전자 기술의 발달로 이러다 미래에는 숫제 맞춤형 인간들이 생산될지도 모른다.

여기까지 보면 보드리야르가 서구 문명의 예리한 비판자로 보일 것이다. 그러나 보드리야르 문체의 특징은 그가 현대 세계를 묘사하면서도 직접적인 비판은 삼간다는 데 있다. 그가 자신이 분석하는 현대 세계의 변화를 긍정적으로 보는지 아니면 비판하고 있는지 읽는 사람은 확신할 수 없다.

이렇게 소극적인 입장을 취하는 이유를 보드리야르는 오늘날 비판이 의미 없어졌기 때문이라고 설명한다. 누구나 자신이 말한 것의 결과에 신경 쓸 필요 없이 내키는 대로 떠들 수 있는 것이 현대 세상의 특징이라는 것이다.

보드리야르는 서구 국가들에서는 의미 없는 '코드(시뮬라시옹)'들이 내용 있는 언어를 대체하게 되었다고 말한다. 그는 '기호들이 반역을 일으킬 것'과 테러리즘의 여파로 체제가 내파를 겪을 것을 예견했다.

보드리야르는 전통적 의미의 정치가 더 이상 존재하지 않는다고 본다. 모든 정치적 에너지가 익명의 체제 속으로 흡수되었기 때문이다. 프랑스에서 학생들이 일으킨 체제 반항적 68 운동과 온 세상의 다른 예들이 이를 증명한다. 그런 체제 반항적 운동은 오히려 자본주의를 강화시켰다. 그는 《악의 투명성》에서 이렇게 말했다.

우리는 이미 모든 길을 (중략) 다 가보았다. 오늘날 모든 것은 해방을 맞았고 게임은 끝났으며 우리는 다 함께 다음과 같은 결정적인 질문 앞에 서 있다. 환락의 잔치가 끝난 후에는 무엇을 할 것인가?

보드리야르는 새로운 발전과 기술을 철학적으로 옳게 평가하는 것이 얼마나 힘든 일인지 보여 준다. 예전의 기계파괴 운동가들처럼 새로운 변화를 비판만 하는 것은 철 지난 태도다. 그렇다고 나 몰라라 하는 것도 잘못되었다. 보드리야르는 현대의 변모에 적당히 거리를 두면서도 편견 없이 흥미를 가지고 관찰하는 입장을 취했다.

특히 《아메리카》라는 책에서 그는 현대에 대해 양가적인 태도를 보인다. 여기서 그는 냉방 장치가 된 자동차를 타고 애리조나의 사막을 지나던 경험을 서술한다.

나는 운석을 닮은 미국을 보고자 했다. 미국 사회와 문화가 아니라 고속도로 위의 텅 비고 절대적인 자유를, 오로지 빠르게 지나가는 사막과 모텔들, 광물질의 표면만을 나는 찾았다.

미국은 기술적 가능성의 나라, 텔레비전 화면과 외면과 광고가 지배하는 나라다. 보드리야르는 미국이라는 국가를 상영 중인 한 편의 거대한 영화로 해석했다. 아무 텔레비전 쇼나 틀면 나오는 주인공들이 어쩌면 정말로 옆집에 사는 이웃들보다 더 현실적으로 보인다. 그러나 그는 기술과 자연풍경, 고유의 라이프 스타일이 합쳐진 미국이라는 나라에서는 유럽인들이 이해하기 힘든 긍정적인 삶의 느낌 또한 솟아난다고 적었다.

낙원. 샌타바버라가 낙원이고, 디즈니랜드가 낙원이다. 미국은 낙원이다. 낙원은 바로 이렇게 때로는 음산하고 단조롭고 피상적이다. 그래도 그것은 낙원이다. 다른 낙원은 존재하지 않는다.

"텍스트 밖의 세상은 없다."

자크 데리다 (1930년~2004년)

알제리 출생의 프랑스 철학자. 텍스트의 개념을 폭넓게 정의하며, 따라서 텍스트에 정확한 해석은 없으며 광범위하게 맥락을 고려해야 한다고 주장했다. 《근원 저편에》, 《다른 곳》, 《에크리튀르와 시차성》 등의 저작을 발표하였으며, 2004년 췌장암으로 사망했다.

지각은 존재하지 않는다든가, 고유 명사는 실제로는 고유하지 않으며, 자의식은 광기로 인한 혼동이고, 태초에 전화기가 있었다는 등의 발언으로 프랑스 철학자 자크 데리다는 많은 동료 철학자들을 도발했다. 데리다의 의도는 동료들을 놀리거나 관심을 끌어 보자는 게 아니라(데리다는 내성적인 사람이었다) 깨달음에는 딱히 정해진 출발점이 없음을 보여 주자는 것이었다.

사고나 해석을 정해진 한 지점에서만 시작해야 한다는 법은 없다. 예를 들어 데리다의 저작 《근원 저편에》에 나오는 '텍스트 밖은 없다'라는 인용문을 설명하는 이 챕터를 나는 지금 쓰고 있는 것과는 다른 내용으로 쓰기 시작할 수도 있었다. 이를테면 데리다의 고향인 알제리를 언급하면서 동향 사람인 카뮈와 비교를 하거나 두 사람 사이에 있었던 전화 통화 내용을 내세워 주의를 환기할 수도 있었을 것이다. '텍스트 밖은 없다'라는 데리다의 말은 모든 것이 문맥 속에 존재한다는 뜻이다.

데리다는 텍스트를 해석할 때 가능한 한 광범위하게 맥락을 고려해야 한다고 주장했다. 때로는 작은 디테일이 해석을 거치면 뜻하지 않은 큰 중요성을 가졌음이 드러날 수도 있다. 데리다는 텍스트라는 개념을 굉장히 넓게 정의한다. 세상, 현실, 역사, 기관, 정치적 상황, 육체, 춤 등 모든 것이 텍스트로 읽힐 수 있다.

데리다는 생각에는 정해진 고정점이 없어서 마치 글로 쓰인 텍스트처럼 서로 중첩된다고 여겼다. 중첩된 생각의 의미는 결코 명확하게 파악될 수 없으며, 데리다의 주장에 따르면 단지 하나의 흔적, 또는 끝없이 이어진 흔적들을 남길 뿐이다. 하나뿐인 정확한 해석이란 없다. 텍스트의 근원이란 다의성 속에 감추어져 있기 마련이다. 데리다는 모든 발언과 텍스트는 지시와 해석이 엮인 고리와도 같다고 말했다. 라틴어 어원 'texere(천을 짜다)' 부터가 텍스트란 의미들이 명확하지 않게 서로 교차되어 조직된 '직물' 임을 보여 주고 있다.

데리다는 알제리 변두리에 위치한 엘 비아르의 유대인 집안에서 태어났다. 어릴 적 그는 또래 아이들의 반유대적인 공격에 시달렸다. 아마 이 경험이 후에 데리다를 모든 형태의 인종주의에 반대하게 만들었을 것이다. 'Circonfession(고백(confession)과 할례(circoncision)를 합친 단어)' 이라는 제목의 자서전에서 데리다는 자신의 어린 시절을 역시 북아프리카에서 태어난 고대 철학자이자 교부 아우렐리우스 아우구스티누스와 연관 지어 회상한다. 1950년 그는 파리에서 대학 공부를 시작했으나 시험에 떨어지고 심리적 문제에 시달리면서 신경 발작까지 일으켰다.

50세에 이르러서야 데리다는 그간 펴낸 저작들 덕택에 철학 박사 학위를 받고 교수 자격을 얻을 수 있었다. 1968년 그는 뱅센에서 신개혁 대학의 구조를 조직하는 위원회에 들어갔다. 1975년 그는 다른 이들과 함께 GREPH(철학 교육을 위한 탐구 모임, Le Groupe de Recherche sur l' Enseignement Philosophique)을 창설하여 철학 수업 예산을 깎으려는 프랑스 정부의 계획을 중지시키고자 했다. 1983년 데리다는 〈예술은 아파르트헤이트에 저항한다〉 전시회에 참여했고, 아파르트헤이트에 반대하는 문화 기금 단체와 '넬슨 만델라를 위하여' 라는 작가 위원회 창설을 위해 힘썼다. 얼바인의 캘리포니아 대학에 교수직을 얻은 데리다는 분석주의 철학자들의 적대에도 불구하고 미국에서 커다란 명망을 얻었다. 이라크 전쟁 후 그는 위르겐 하버마스의 편에 서서 미국의 일방적 정책을 규탄하고 강한 유럽을 지지했다. 데리다는 오랫동안 암과 투병하다 2004년 10월 사망했다.

텍스트가 따로 핵심이나 근본 의미를 갖지 않고 단지 끝없이 무언가를 가리키며 얽혀 있는 기호들의 집합일 뿐이라면 텍스트 중 어떤 부분이라도 나름대로 중요할 것이다. 데리다의 논문들은 놀라운 주장들로 가득 차 있다.

그는 니체가 남긴 조각 원고들 중 아주 사소해 보이는 한 문장 '나는 우산을 깜빡했다'에 갑자기 주목한다. 이 문장의 의미가 무엇일까? 어째서 니체는 그 문장을 적었을까? 우리는 알 수 없다! 데리다는 이 문장을 온갖 방향으로 해석할 수 있다고 주장했다. 이것은 니체가 다른 곳에서 들은 인용문을 적은 것일지도 모른다. 어쩌면 니체가 자신만의 암호 체계를 갖고 있어서 거기에 따르면 이 문장이 특정한 의미를 가질 수도 있다. 우리는 아무것도 확신할 수 없으며 영원히 정답을 알 수 없을 것이다. 그러나 니체가 그 문장을 적은 의도를 알지 못함에도 우리는 '나는 우산을 깜빡했다' 라는 문장 자체는 즉각 이해할 수 있다. 데리다는 이것이 우리들의 언어가 전체적으로 기능하는 방식의 예라고 여겼다.

우리는 단어와 문장의 정확한 의미와 기원을 알지 못하면서도 말을 하고 알아듣는다. 말하는 것의 진짜 의미를 스스로 모르는데도 어떻게든 언어 소통은 이루어지는 것이다. 누군가의 말을 100퍼센트 완전히 이해하는 것은 불가능하다. 심지어 자기 자신이 하는 말의 의미도 완전히 확신할 수 없다.

일단 입에서 튀어나온 말은 독자적인 생명을 얻는다. 단 하나의 단어라도 풍부하고 요령 있게 해석할 경우 새로운 차원의 의미들이 탄생함을 데리다는 《다른 곳(L' autre cap)》이라는 저작에서 작가 폴 발레리의 텍스트를 예로 들어 보여 주었다. 처음 보았을 때 '곶(cap)'이라는 단어는 '머리', '목적지' 혹은 '툭 튀어나온 지형'을 뜻하는 단어(cape, cap)로 여겨질 수 있다. 그러나 그 후 데리다는 '곶(cap)'이라는 단어를 어느 텍스트의 일부인 '선장(captain)', '챕터(chapter)' 등의 개념과 연관 짓고는 '자본(capital)'이라는 경제적 의미와 유럽의 문화적 정체성의 중심지라는 '수도'의 개념까지 잇는다. 이런 대담한 해석에 데리다 특유의 때때로 이해하기 힘든 문체까지 더해져 다른 포스트모더니즘 사상가들은 그에게 반발하기도 했다. 데리다는 곧 논란의 한복판에 선 사상가 중의 하나가 되었다.

특히 벨기에 출신의 물리학자이자 학술 언론인인 앨런 소칼은 데리다의 사상 스타일과 데리다가 대표하는 포스트모더니즘 철학에 반감을 가졌다. 시비를 좋아하는 이 물리학자는 교묘한 방식으로 포스트모더니즘 철학자들을 망신 주기로 마음먹었다. 어느 미국 학술지에 그는 〈경계 넘기: 양적 중량의 변형적 해석학〉이라는 논문을 기고했다. 제목이나 내용이나 모두 말이 안 되는 헛소리였다. 소칼은 프랑스 포스트모더니즘 저작들에서 아무 문구들이나 뽑아내 짜맞췄는데, 학술지의 담당 편집자는 그 기고문이 아무 뜻도 없음을 알아차리지 못했다. 이를 통해 포스트모더니즘은 사기이며, 미국에서 프랑스 이론이라면 무턱대고 수용하고 있음을 드러내려는 게 소칼의 의도였다.

이러한 공격에도 데리다는 오늘날 가장 영향력이 큰 현대 철학자 중 한 명으로 평가받는다. 기존 철학이 해석의 여지를 너무 적게 허락하고 진실과 거짓, 선과 악, 부정과 긍정, 순수와 더러움, 위와 아래 등을 지나치게 엄격하게 가르려 든다는 데리다의 비판은 여러 철학자들에 영향을 주었다. 쥘리아 크리스테바, 루스 이리가레이, 질 들뢰즈 등은 이분법적인 단순한 분류에 저항하기 위해 힘을 모았다. 데리다처럼 그들은 다수가 '좋은 의도'로 '어리석은' 소수를 꺾으려 드는 것을 비판했다.

이와 같이 데리다의 철학은 정치적 함의도 지닌다. 데리다는 정치의 목표가 더욱 정의로운 사회를 만들어내는 데 있다고 보았다. 그러나 그는 완전히 정의로운 사회는 있을 수 없다는 사실 또한 의식하고 있었다. 정의가 무엇인지 그 뜻을 보편적으로 못 박을 수는 없다. 그저 구체적인 상황 속에서 매번 새로 해석되고 규정될 뿐이다. 나와 다르게 생각하고 해석하는 이의 자유를 보장할 때만 '민주주의가 올 수 있다'라고 보았다. 데리다의 철학은 고착된 사고 구조와 도덕 관념에 저항한다. 그는 미국 철학자 주디스 버틀러 등의 여성주의 담화에도 영향을 미쳤다.

"인간적인 것이 무엇인지는 늘 새로 배워나가야 한다."

주디스 버틀러 (1956년~   )

미국의 철학자이자 페미니즘 이론가. 페미니즘, 퀴어 이론, 정치철학, 윤리학 등 다양한 분야에 흥미를 가지고 있다. 기존 페미니즘 정치학에 문제를 제기한 《젠더 트러블》, 성적인 이원성이 가진 토대를 해체하는 《의미를 체현하는 육체》 등의 저작을 발표했다.

미국 철학자 주디스 버틀러는 911 후 〈폭력, 애도, 정치〉라는 정치
적 에세이에서 테러 희생자들을 애도하는 문제를 다룬다. 여기 그녀
는 조지 W. 부시 대통령이 펼친 미국 보복 정책의 몇몇 단면을 비판
했다. 미국인이 자국인 희생자들만을 애도할 뿐 미국이나 미국의 연
방 국가의 공격으로 사망한 무수한 사람들은 미국 대중들을 상대로
한 보도에 언급조차 안 되고 있음이 그녀의 눈에 띄었다. 또한 팔레스
타인 사람들 모임이 미국에서 애도 광고를 내려다 거부당한 적도 있
었다.

　　베트남 전쟁 때만 해도 상황은 달랐다. 당시에는 종군기자들이 네
이팜 폭탄의 치명적인 영향을 고스란히 보여 주었다. 미국과 전 세계
에서 베트남 전쟁에 대한 반대 운동이 크게 일어난 데는 이 보도들이
한몫했다. 그러나 이라크 전쟁에서는 언론이 상대편의 희생자들에
대해서는 쉬쉬하기 때문에 대중들은 반대편의 희생자에게는 전혀 감
정이입할 수 없다. 반대편의 인간들은 인간이 아니라 싸워야 하는
‘요소’일 뿐이다.

　　버틀러는 미국인들의 이런 경직된 태도를 고대 희곡 〈안티고네〉에
서 총애를 잃은 폴리네이케스가 매장되지 못하도록 막는 등장인물
크레온과 비교한다. 이러한 무지뿐 아니라 테러 2주 후 이제 애도는
충분하다고 결정 내린 부시의 태도 또한 인간성의 계율에 어긋난다
고 버틀러는 말한다. 인간이 얼마나 슬퍼해야 하는지 결정할 권리는
정치가들에게 없다. 누구나 원하는 만큼 애도할 권리를 가져야 한다.

　　버틀러는 ‘인도적’ 혹은 ‘인간적’이라는 개념들이 확고히 정의된

게 아니라 언제나 새로 발견, 체험되어야 한다고 주장했다. 인도주의적이라는 것은 자선 행사에 기부를 하거나 궁지에 처한 다른 이를 돕는 행위만을 뜻하는 것이 아니다. 정말로 인도적으로 살려면 다른 인간들과 그들의 체험을 열린 마음으로 받아들이기 위해 스스로 정체성의 일부를 내놓을 준비도 되어 있어야 한다. 이것이 '인간적인 것이 무엇인지는 늘 새로 배워나가야 한다' 라는 말의 의미다.

주디스 버틀러는 헝가리와 러시아 피가 섞인 유대인 집안에서 태어났다. 어릴 적부터 그녀는 철학과 신학 책을 읽었다. 1974년 그녀는 예일 대학에서 철학 공부를 시작하여, 1978년과 1979년 하이델베르크 대학에서 수업을 받았고, 1982년 예일 대학에서 석사 학위를 받았다. 2년 후 그녀는 독일 관념주의에 대한 논문으로 철학 박사 학위를 취득했다.

1988년부터 그녀는 페미니즘 이론에 대해 영향력 있는 논문들을 썼다. 1990년에는 그녀의 가장 유명한 책인 《젠더 트러블(Gender Trouble)》이 출간됐다. 1993년 버틀러는 버클리 대학의 수사학 교수가 되었다. 같은 해 그녀는 《의미를 체현하는 육체(Bodies that matter)》를 낸다. 정치 이론을 계속 연구하고, 가정과 친족의 기능을 탐구하면서 버틀러는 안티고네 이야기를 매번 다시 소재로 삼는다.

버틀러는 소위 젠더(gender)학의 대표적인 학자로 유명하다. '젠더' 는 성 심리학에서 나온 개념으로 성별은 생물학적이 아니라 심리적, 사회적으로 구별된다는 뜻을 담고 있다. 버틀러는 생물학적 성별 개념을 해체하고 대신 개별적 인간들이 각기 자신이 속한다고 느끼는 심리적 성별을 강조했다. 그녀는 아이들을 남자 아이와 여자 아이로 구별하는 게 억지스럽다는 도발적인 주장을 했다. 신생아를 생물학적 성별 외에 몸집이 크고 작다거나 몸무게가 무겁고 적고의 다른 기준으로 분류할 수도 있다는 것이다. 태어나자마자 생물학적으로 성별이 나누어짐으로써 아기들은 정체성이 강압적으로 규정되는 인생 최초의 체험을 한다.

《젠더 트러블》에서 버틀러는 인간을 두 가지 성으로 나누는 것이 자연스러운 일이 아니라 사회적 규정에 불과하다는 핵심 주장을 내세운다. 모든 사회는 남자와 여자라는 성별 구분 기준만이 당연한 것으로 받아들여지고 다른 기준은 생겨날 수 없도록 온갖 수단(제도와 절차, 언어기술, 관습)을 동원한다. 버틀러는 성적 정체성이 생물학적으로 주어지는 것이 아니라 언어 관습에 의해 구축된다고 여겼다. 버틀러는 성적 정체성을 다원적이고 개인주의적인 시각으로 보지 않고 남자와 여자는 본래 다르다고 믿는 몇몇 여성 운동가들을 비판했다.

버틀러는 '인간적'이라는 개념이 자기 자신의 그림자를 뛰어넘어 다른 사람들의 세상에 이입할 수 있음을 뜻한다고 생각했다. 다른 문화권과 삶의 방식을 서구적 관점에서 합리성, 계몽, 학문적 엄밀함 같은 서구의 가치 체계로 판단해서는 안 된다.

버틀러는 이슬람 문화권에서 여성이 머리를 가리기 위해 써야 하는 부르카를 여성 억압의 상징으로 보는 다른 여권 운동가들과 다른 입장을 취한다. 버틀러는 부르카의 착용을 지지할 만한 근거도 있다고 주장한다. 부르카는 공동체와 종교, 가족에 대한 소속을 상징함으로써 여성들에게 안정감을 줄 수 있다. 부르카를 쓰면서 자부심을 느끼는 여성도 있을 수 있다. 한편으로는 부르카를 통해 겸허함이라는 미덕을 체득한다는 해석도 가능하다. 부르카를 쓴다고 해서 여성의 능력이 무조건 제한된다고 볼 이유는 없다. 버틀러는 다른 문화를 가능한 한 긍정적으로 이해하려고 했다. 그래서 자립성과 해방, 계몽에 주안점을 두는 여성 운동가들은 버틀러를 크게 비판했다.

버틀러는 개인의 자주성과 해방이 서구 문명의 중요한 성취이긴 하지만, 그것만이 우리 삶의 핵심은 아니라고 여겼다. 사람들은 사회적 관계에 얽혀 있으며, 다른 인간들의 도움에 전혀 의존하지 않고는 살아갈 수 없다. 특히 어린 시절과 노년에 타인의 도움이 중요해지지만, 인생의 다른 시기 역시 외부의 도움이 필요하기는 마찬가지다. 자아와 주체의 독립성을 과대평가하는 것에 대한 경고를 버틀러는 다음과 같은 질문에 담았다.

너 없이 내가 무엇이랴?

사회적 관계와 인연 속으로 걸음을 내딛으면서 우리는 남들로부터 얻기만 하는 게 아니라 우리 자신의 일부 또한 나누어 준다. 사랑하는 사람을 잃을 때면 그 사람 자체뿐 아니라 우리의 일부 또한 함께 사라진다. 나는 여기 서 있고 다른 사람들과 객체는 다른 편에 서 있다고 나누어 생각하는 것은 환상이라고 버틀러는 말한다. 태초부터 우리를 형성해 온 것은 주변 세계와 환경이었다. 그저 혼자 힘만으로 자의식을 형성할 수 있다고 믿는 것 또한 잘못이다.

버틀러는 우리가 타인 없이는 자신이 누구인지 알 수 없다고 주장한다. 다른 이들과의 관계가 사라지면 우리는 방향을 잃을 것이고 스스로가 어디 서 있는지 알지 못하게 될 것이다.

우리를 형성하는 관계 중 일부가 사라지면 우리는 더 이상 스스로가 누구인지, 혹은 무엇을 해야 할지 알 수 없게 될 것이다.